应用文写作

主　编　平　措　多吉平措
副主编　王洁琼　江　洋　普布卓玛
参　编　（按姓氏笔画排序）
丁　岚　左燕梅　宋泽华　季　凤

南京大学出版社

图书在版编目(CIP)数据

应用文写作 / 平措，多吉平措主编. -- 南京 ：南京大学出版社，2020.1(2020.11 重印)
ISBN 978-7-305-22874-2

Ⅰ. ①应… Ⅱ. ①平… ②多… Ⅲ. ①汉语—应用文—写作—高等学校—教材 Ⅳ. ①H152.3

中国版本图书馆 CIP 数据核字(2020)第 003847 号

出版发行 南京大学出版社
社　　址 南京市汉口路 22 号　　邮　编 210093
出 版 人 金鑫荣

书　　名 应用文写作
主　　编 平　措　多吉平措
责任编辑 高　军　刁晓静　　编辑热线 025-83592123

照　　排 南京南琳图文制作有限公司
印　　刷 徐州绪权印刷有限公司
开　　本 787×1092　1/16　印张 14.5　字数 320 千
版　　次 2020 年 1 月第 1 版　2020 年 11 月第 2 次印刷
ISBN 978-7-305-22874-2
定　　价 38.00 元

网址：http://www.njupco.com
官方微博：http://weibo.com/njupco
官方微信号：njupress
销售咨询热线：(025) 83594756

前　言

为了适应我国社会主义市场经济发展的需要，培养复合型合格人才已成为各高等院校的共识。一专多能、文理兼通的大学毕业生，在目前就业形势严峻的情况下，广受社会欢迎已是不争的事实。应用文写作是一门文化基础课，也是一门职业技能课，还是一门人文素质课。当今实用学科越来越受各高校的重视，不单是文科院校，更有许多理工科院校都把这门课程列入专业教学计划。学生通过对这门课程的认真学习，既能掌握应用文写作的基本要领又能提升人文素养。

本书不是一本探讨应用文写作理论的学术专著，而是着眼于应用文写作实用性的教材。对必须涉及的写作理论，尽量提纲挈领，不去铺陈；叙述简要精练，少用生僻的词汇；辅以丰富新鲜的范文，供读者学习、分析。力图使读者掌握应用文各常用文种的写作技巧，有效地提高写作水平。

本书简明实用，理论阐释结合例文，避免面面俱到，根据少数民族地区学生的学习情况，选择常用文种，减轻学生的负担。在写作设计上，体现了自治区内岗位能力需求的多样性。

本书在编写过程中，借鉴、援引了国内许多专家学者的有关教材、论文和论著，网络中的资料，未一一注明出处，在此一并致谢。

由于编者水平有限，且都是忙碌在教学第一线的老师，时间、精力有限，书中不当之处在所难免，敬请各位专家、同学和广大读者提出宝贵意见。

编　者

2019 年 10 月

目　录

第一章　绪　论

第一节　应用文概述

一、应用文的概念

在日常的生活、学习和工作中，应用文的使用非常广泛，与人联系沟通少不了书信、条据；学习和工作中需经常使用计划、总结；政府机关指导工作需要用公文；工商企业经营需要用合同；大学生毕业实习时，要提高对毕业实践的认识，需要撰写毕业实践报告……它使用的范围广、频率高，在社会生活的各个领域中发挥着巨大的作用。那么，什么是应用文呢？

1979 年上海辞书出版社出版的《辞海》对应用文的解释是：应用文是人们在日常生活、工作和学习中所应用的简易通俗文字，包括书信、公文、契约、启事、条据等。定义很简单，但没能概括出应用文的本质特征。“简易通俗”只是应用文的一个方面，而不是全部特征。将国务院办公厅颁布的《国家行政机关公文处理办法》中的规定推广开来，则应用文的定义应为：应用文是机关团体、企事业单位以及人民群众在日常工作、生产和生活中办理公务以及个人事务时，交流情况、沟通信息所使用的，具有直接实用价值和惯用格式的一种书面交际工具。这个定义规定了应用文的本质特征，使它明显区别于其他文体，又涵盖了应用文的基本特性。应用文写作就是研究应用文写作规律、特点、要求、方法技巧等的一门实用科学。

二、应用文的产生和发展

应用文写作，在我国历史悠久、源远流长。应用文的起源至迟可以追溯到殷商社会晚期，也就是距今 3 000 多年前，可以说人类自从有了文字，也就有了应用文的使用。

像殷墟出土的甲骨卜辞，商周时期的钟鼎文，《周易》中的卦、爻辞等，都是应用文的原始形态。所以，如果说神话是中国文学的“祖先”，那么甲骨文则是应用文的“祖先”了。

随着文字和社会生产的发展，应用文也逐渐地发展并丰富起来。奴隶社会是应用文的萌芽期，先秦的《尚书》是我国最早的应用文写作专集，其中收录了典、谟、训、诰、誓、命等文书，对我国的公文写作有着深远的影响，标志着公文写作初具规模。秦、汉两代是应用文发展、成熟的重要时期。

秦统一中国后，规定了国家机关的文书制度，如嬴政将“令”改为“诏”。汉承秦制，把皇帝对臣下的文书定为制、诏、刺、策四种，臣对君的文书定为章、奏、表、议四种。

三国、魏晋南北朝是应用文继续发展的时期。魏晋南北朝时期，在理论研究方面也有了新的发展，刘勰对各种应用文的起源、演变、写作特点做了概括和阐发，对应用文的规范化起了很大作用。

以后各个朝代，应用文都有相应发展。在长期的写作实践中也产生了不少优秀的作品，如邹阳的《狱中上梁王书》、李斯的《谏逐客书》、司马迁的《报任少卿书》、贾谊的《论积贮疏》、诸葛亮的《出师表》、魏徵的《谏太宗十思疏》、王安石的《答司马谏议书》等，这些千古名篇均可列入应用文的范畴。

到了民国时期，应用文有了较新的发展。1911 年辛亥革命后，南京临时政府颁布了一个公文程式条例，专门规定了公文名称和使用范围，废除了几千年封建王朝使用的制、诏、诰、刺、题、奏、表、笺等名目，表现了革命党人反对封建专制的思想，也是公文制度上的一次重大改革。1928 年国民党中央政府对公文程式又做了一些新规定，其中比较重要的一点是规定公文的写作要用白话文，使用新式标点符号。

中国共产党成立后，从建立自己的机关开始，就相应地有了自己的公文写作规范。1942 年，陕甘宁边区政府颁布了《陕甘宁边区新公文程式》，为以后文书工作的健全和发展奠定了基础。中华人民共和国成立后，在各个革命时期，进行了一系列改革和完善工作，规定了一些公文文体，制定了公文处理办法，在文字上提倡白话文，要求工农化，通俗易懂。1951 年 4 月，中共中央办公厅、政务院秘书厅在北京召开了全国秘书长会议，讨论、通过并颁布了《公文处理暂行办法》。这个文件是中华人民共和国成立后第一个公文法规。1957 年国务院印发了《关于公文名称和体式问题的几点意见(稿)》，1981 年国务院办公厅发布了《国家行政机关公文处理暂行办法》，1987 年国务院办公厅又发布了《国家行政机关公文处理办法》，1993 年 11 月 21 日国务院办公厅对这个办法做了修订，重新发布，自 1994 年 1 月 1 日起施行。对党政公文的文种、格式、处理等诸方面的事项做了明确的规定。这些对于提高机关公文质量和公文管理水平起了重要作用。特别是国务院 2000 年 8 月 24 日发布的《国家行政机关公文处理办法》，宣布 1994 年 1 月 1 日施行的《国家行政机关公文处理办法》作废，并宣布 2001 年 1 月 1 日起施行“通知”规定的公文处理办法。新的《国家行政机关公文处理办法》，对原办法规定的文种有所增删，从此国家机关公文处理，按新的办法施行。

随着我国经济的发展和对外交往的日益频繁，应用文的种类也越来越多，新的文种不断涌现。除了国家法定的行政公文外，应用于日常工作的应用文和用于特定行业的专业应用文，无论在文种还是使用范围方面，都远远超过了以往任何一个历史时期，并且呈现出繁荣发展之势。

三、应用文的作用

我国的应用文历史悠久，源远流长。它的用途非常广泛，使用频率很高，在不同的历史时期起着不同的作用。在今天这样一个新的时代，它的作用主要体现在以下几方面：

(一) 传递信息作用

应用文是上下级信息往来的纽带,也是向各有关方面传递信息的有效工具。比如上下级之间的上情下达,下情上报;各单位之间的信息交流、经验交流,以此取人之长,补己之短,互相促进,共同提高。像应用文中的通知、报告、简报、消息、广告、商场调查等各类应用文体,实际上主要还是起着传递信息的作用。

(二) 宣传教育作用

党和政府通过应用文下达各种文件、法规、制度,向广大干部群众宣传党和国家的方针政策,各地区、各部门、各企业也通过应用文推广先进经验,表扬先进人物,批评揭露不良现象,以此来提高人们的思想认识,规范人们的行为,保障社会的安定,推动社会的健康发展和长足进步。

(三) 沟通协调作用

在当前的社会活动中,任何人、任何单位都免不了与外界接触、打交道。应用文就是协调沟通的重要工具。比如开业,要向工商管理局申请执照;双方合作,需要签订协议合同;销售产品,要策划广告、发函等,都需要用应用文联系,以此来促进业务的开展,加强各方的联系。应用文表达清晰、准确,对于各类事务的顺利开展、各个部门的有效沟通均有较大的促进作用。

(四) 凭证资料作用

在社会生活中,应用文也是开展工作,解决、处理问题的依据和凭证。像法律文件、经济合同等本身就是作为文字依据而存在的,一旦出现问题、纠纷,依靠这些凭证,可通过法律追究对方责任,维护自身利益。像上级下达的文件、党和政府颁布的法规、有关方面的规章制度,都可作为开展工作和检查工作的依据。另外,一些重要的应用文也是历史档案资料,要了解某一时期的政治、经济情况,或某一方面的生产经营情况,只要查阅当时存档的应用文,就可以知道。有些冤假错案在事后也能凭借这些档案得以澄清,还其本来面目。

四、应用文的种类和特点

(一) 应用文的种类

按照应用文的使用范围和内容性质来划分,应用文的种类有:

1. 公务文书

公务文书又可以分为党政公文和事务文书。

(1) 党政公文

党政公文指《党政机关公文处理工作条例》所规定的文种。包括命令(令)、决定、决议、公告、通告、通知、通报、公报、议案、报告、请示、批复、意见、函、纪要等十五种。

(2) 事务文书

事务文书包括计划、总结、简报、调查报告、述职报告、竞聘报告、规章制度、会议记录、会议讲话稿、开幕词、闭幕词等。

2. 行业专用文书

行业专用文书指的是专业性较强的文书。主要有：

第一，财经文书：如市场调查报告、市场预测报告、经济活动分析报告、可行性研究报告、审计报告、经济合同、招标书、投标书等。

第二，司法文书：如起诉状、答辩状、上诉状、判决书、公证书等。

第三，科技文书：如科技论文、科技报告、毕业设计报告、实验报告、产品说明书等。

第四，传播文书：如消息、通讯、特写、广告等。

行业专用文书还有外交、军事等方面的专用文书。

3. 日常文书

如申请书、感谢信、表扬信、日记等。

（二）应用文的特点

应用文作为一种文体，与文学作品的写法相比较，除具有一定的共性外，还有其独特的个性。共性是指它们在文章构成因素方面是相同的，都要确定主题，都要选用材料，都要合理布局等。个性是指应用文在目的、对象、作用和写作格式等方面与文学作品有很大的区别。一般来说，我们以往经常写的大都是记叙文、议论文等文体，讲究语言的生动形象、情节的跌宕起伏，采用多种描写手法，进行多样的抒情等。但这些作文的写法，不能套用到应用文的写作中去。一个学生平时作文写得很好，应用文不一定能写好，只有了解掌握应用文写作的特点，才能写好应用文。应用文写作的特点主要有以下几种：

1. 严格的真实性

应用文写作必须讲究真实、客观，实事求是地反映问题，反映情况，不允许像文学创作那样，虚构或进行艺术再加工，“杂取种种人，合成一个”，追求艺术形象的典型，深入反映生活的本质。应用文写作中所涉及的人与事，一定要确有其人其事，情节、数字、细节都不能虚构，必须反复核对，经得起检验，否则就会歪曲事实，误导对方，不仅达不到解决现实生活中实际问题的目的，还会给工作造成很大的损失，给社会带来不良影响。

2. 内容的实用性

应用文产生于人们社会活动的实际需要，是为人们实际生活服务的，因而应用文的主要特点在于“实用”。“实用”是应用文与文学作品的主要区别之一。文学作品的创作是“有感而发”，主要是表达人们的喜怒哀乐、抒发理想、反映现实。而应用文的写作主要是为了解决实际问题，是“为实用而作之文”。像与远方朋友沟通联系的书信；借款所立的字据；向上级汇报工作、反映情况要写的报告等，如果没有实用性，应用文也就失去了存在的价值。所以应用文往往被人称为实用文。

3. 明确的针对性

应用文的写作都有明确、直接的对象。如请示、批复、报告、函等都有明确的主送机关；书信和条据，要写明接收书信和条据的人或单位，他们是特定的阅读对象。即使是一些广告、启事也是针对有关消费者、知情者的，只不过对象的范围大一些。而文学作品的读者对象往往具有广泛性与不确定性，一部作品出版发行以后，任何人都可以购买或借来阅读。

4. 格式的固定性

应用文在其发展的过程中，根据实际需要，逐渐形成了比较固定的格式。这些文体格式，有的是实践中约定俗成的，有的是在约定俗成的基础上由国家规定的。在相当长的时间内，有着相对的稳定性，必须共同遵循，不允许随意改变，如公文有公文的格式，经济合同有经济合同的格式等。这些惯用的格式，是多少年来人们在写作应用文的过程中，约定俗成，逐步形成的，人们习以为常，写起来顺手，看起容易理解，容易接受。当然，应用文的格式也不是一成不变的，随着社会的发展，人们思想观念的变化，应用文写作格式也会随之发展变化。

5. 较强的时效性

所谓时效性，即一定时间内的社会效用。一般而言，文学作品的时效性不明显，一部好的作品可以千古传诵，一个优秀的艺术形象可以影响一代又一代的人。而应用文是为了解决实际问题而写的，它发挥作用同客观现实密切相关，无论事务大小，都必须及时反映，拖延时间会给生产生活带来影响。因此，在撰写应用文时要强调时间因素。如签订合同时，应注明生效期和失效时间；撰写工作总结与调查报告时要注明时间，以备今后的查考；写会议通知，一定要在开会之前完成，否则就一点效用也没有了。

6. 语言的平实性

由于应用文应事而作，注重实用，所以它的语言也讲究务实。就如叶圣陶先生所说："公文不一定要好文章，可是必须写得一清二楚，十分明确，句稳词妥，通体通顺，让人家不折不扣地了解你说的是什么。"应用文的语言不能含混笼统，也不能有歧义，要简洁、朴实、明白、准确、规范，便于读者理解和执行。因此，简明扼要、准确平实是应用文写作的基本特点。

第二节 应用文写作的基本要求

一、应用文写作的基本要求

应用文具有不同于其他文体的特点、作用，在写作上也有其独特的要求。具体地说，就是在主题、材料、结构、语言等构成要素方面有其基本的要求，主要体现在以下四个方面：

（一）主题单一、显露、深刻

主题是文章的中心意思，是作者的意图、主张或看法在文章中的体现。一般来说，文学作品主题复杂,具有多样性。应用文写作则要求一文一事,主题必须单一、明确,就是较长的文件,也要求只有一个中心思想,围绕中心,不枝不蔓,一气贯通。

应用文通常是围绕一件事提出一个基本观点。切忌“横看成岭侧成峰”,一会这,一会那,摆出几个观点,提出几种意见,杂然前陈,头绪纷乱,听之不知所云,无所适从。篇幅短小的请示、函、批复之类的应用文,一般是请示一件事,或回答一个问题,容易集中单一,而较复杂的总结、调查报告、情况分析之类,除基本观点之外,还有从属观点。从属观点受基本观点的统帅,围绕基本观点并分布于各处,主从之间关系密切,相互照应,有着内在的逻辑联系;它们相互依存,互为一体,有如江河小溪,终归大海。这样就构成了一个有机的整体。古人所谓“立意要纯,一而贯摄”就是这个意思。这样可以使重点突出,防止行文关系混乱,防止下笔千言,离题万里,从而提高工作效率,利于问题的解决。文学作品的主题要求含蓄、曲折,强调以情动人、令人回味。而应用文则要求直截了当地点明主题,表明态度,提出解决问题的措施和办法,对文章所涉及的各类问题,必须有明确的观点立场,应该怎么做,解决什么问题,达到什么目的,都要明确地表达出来。主题的深刻是指文章的主题要有思想深度,通过对事实材料的叙述、说明,揭示出蕴藏在事物内部的本质意义,发人深省,耐人寻味。客观事物纷繁复杂,对它的分析认识是要在层层深入的过程中完成的。因此,在应用文写作中作者必须善于透过客观现象的表面,认真思考,深入挖掘,才能使主题深刻。所以说,单一、显露、深刻是应用文主题的特点,也可以说是对应用文主题的要求。

(二)材料真实、典型、新颖

应用文写作对材料是十分依赖的,常言道“巧妇难为无米之炊”,为了表现主题我们需要收集一系列材料,或综合或取舍运用到文章的写作之中,使主题真实立体地表现出来。应用文写作要求所用材料为主题的表达所必需,不能可有可无,更不能游离于主题之外,或同主题相悖。因此,应用文写作的取材十分严谨,主要是现实的、与本部门有关的材料,而且必须保持材料的真实性,对材料涉及的时间、地点、数据、事实过程及结果都不能任意改动,否则就会使材料本身的价值发生变异,导致歪曲事实,弄虚作假的后果,失去应用文的主题应有的价值,不仅不能解决问题,还可能产生负面效果。如某单位的工作简报上载:

> 某领导干部一向清廉,从 1996 年至今十年间,共拒贿 63 次,款项 12 450 元;拒收物品 42 件,计有录音机、毛料、名烟酒等价值共约 5 200 元;拒吃 120 余次。堪为廉政建设的表率。

所举的事实和数字令人怀疑。既然一向清廉,为什么行贿者还会接连不断地行贿,而且次数竟如此之多?再说,行贿多是在暗中进行,那么多的拒贿次数和款项物品是怎样统计出来的?所以,在选材时,必须经过核实,不能道听途说,不能偏听偏信,更不能凭空想象,应用文要求的真实是“绝对的真实”,也就是说所有材料要确凿无误、持之有据。对搜集到的材料要反复核实,在材料的解释上,也要有科学的态度,实事求是。

典型的材料是指能揭示事物本质、反映主旨、阐明观点的材料，它能起到以一当十、以少胜多的作用，从而使文章具有很强的说服力和感染力。典型材料可以是一个具体的事例，一些有说服力的数据和一些带有普遍性的现象。同时要注意材料的新颖性，善于选用那些反映新情况、新问题、新经验、新思路的材料，材料新颖才有吸引力和价值。我们应善于收集那些新近产生的材料，如新事实、新政策、新的统计数据、新发现的问题等，并从新的角度重新审视其意义，提出新观点，这样的文章才有影响力。

（三）结构完整、谨严、固定

应用文的结构是指文章内容的组合和构造，也就是安排材料组织成文的方式。文章内容的结构形式必须符合事物的发展规律，结构安排要有逻辑性，结构要完整，简单明了，层次清楚。动笔前先构思，把那些零散材料进行分析、归纳，根据主题表达的需要，把它们组织成一个有机整体。此外要注意划分段落，做到各段既有单一性，又有完整性，即每段只能有一个中心思想，不能把一些互不相干的意思放在一个段落里。同时，一个意思要在一个段落里说完全，说透彻，不要把一个完整的意思拆散。做到既有“断”，又有“联”，分之为一段，合则为全篇。不能顾此失彼，造成结构的不完整，影响文章内容的表达。应用文的结构安排具有层次清楚、逻辑性强的特点，它注重结构的严密性，写作中要有严密的思路，布局上要谨严有序，这样才能浑然一体。固定是指应用文的结构固定，格式规范，这是各类应用文非常重要的一个特征。各种不同的应用文体都具有相对稳定的规范化的结构模式，我们应熟悉和掌握应用文的这些规范化的结构模式，在写作中根据主题的需要合理安排结构，使写作更快速，阅读更便捷，以适应实际工作需要，提高办事效率。

（四）语言准确、简明、规范、平实

正确的思想，要通过准确的语言文字来表达。各种文体对语言文字的要求不尽相同。应用文由于它的特殊作用，在文字表达方面，首先必须符合客观实际，符合逻辑，除了概念准确、恰当外，还要符合语法修辞的规范，判断推理合乎逻辑，使人准确无误地理解文章的内容。

应用文的务实功能决定了它的篇幅一般较短，而且要写得简明扼要、文约事丰。这就要求我们在写作时不仅要做到直截了当，抓住要害，用最少的文字，准确、严密地表现最丰富的内容，还要注意推敲词语，力戒堆砌、重复、赘余，从而使行文简洁精练，增强文章的表现力。应用文语言的规范是指行文必须符合国家的有关规定，使用一些规范化的固定词语和一些专业文书写作的规定用语，照章办事，不得各行其是，以免造成混乱，影响办事效率。语言的平实是指文章要通俗易懂，朴实无华。应用文写作不为欣赏，而为实用，其最终目的都是说明原委、介绍情况、陈述事实、总结规律，要求作者客观地、朴实地把事情的来龙去脉交代清楚，如故作艰深，就会令人望而却步，影响行文的效果。因此，要注意用语的浅显平易，通俗易懂，避免使用生僻的词语，尽量不用冗长的复句。用于社会公共服务的文件，更要注意词语平和而有礼貌。一位中文系大学生写的第一份会议通知如下：

重要会议请君出席

全体职工同志们：

啊！今天的会议是多么重要啊！大家一定会群情振奋，踊跃参加的。地点就在宽敞明亮的东二楼大礼堂。时间是午睡后精力充沛、神清气爽的三点整。欲知会议内容多么重要，开会后自见分晓。

这份会议通知误将文学语言以及抒情、设置悬念等艺术手法滥用到讲究庄重色彩的公文写作中去。应用文写作的语汇特征如下：

1. 使用固定的事务性语汇

应用文大多用于处理事务；这就逐步形成一系列用法较为固定的事务性专用词语。这些词语虽非法定，但已约定俗成，尤其是在公务文书中使用，有助于文章表达的简练。应用文中称谓、经办、引述、表态、请求等意思的表示都有较固定的语汇，如：

表称谓：本、我、贵、你、该、其等；

表经办：经、兹经、业经、未经、拟、拟办、拟定、审定、审议、审发、审批等；

表引述：接、近接、前接、悉等；

表呈递：呈上、转呈、送上、递交等；

表结尾：为要、为盼、为荷、为宜、特此函复、现予公告等；

表征询：当否、妥否、是否可行、意见如何等；

表承接：现通知(通报、总结、答复、报告)如下、拟采取如下措施、为了(根据)……现决定等；

表开头：为、为了；根据、依照、遵照、按照；关于、由于、鉴于；兹、兹有、兹派、兹介绍等；

表态度：批准、不同意、照办、参照执行等。

2. 大量使用专业术语

应用文最重要的特征就是实用性，无法回避各行各业的大量的专业术语。专业术语较多是应用文区别于文学作品的重要特征。应用文作者熟悉专业业务，准确使用专业术语，体现出应用文写作语言简明、准确的特点。

3. 规范使用新生缩略词

应用文中的缩略词是在学习、流传过程中为广大读者所认同的新生词汇，它随客观现实需要应运而生，具有很强的时代性。如“五讲四美”“三个代表”“入世”“三农”等。但写作中应注意，使用的缩略词一定是规范的、已经为社会所认可的词语，不能是自造的、晦涩难懂的词语。

4. 文言词汇活跃

应用文的历史很长，在长期使用过程中，有一些凝练、典雅的古典词汇流传应用至今，在列举的固定事务性语汇中已有所体现。又如“妥否”“承蒙”“希予接洽为荷”等，表现出应用文庄重大方的语言风格。

总之，主题单一、显露、深刻，材料真实、典型、新颖，结构完整、严谨、规范，语言准确、简明、规范、平实，是应用文所应具备的基本特征，也是对应用文写作的基本要求。

【例文】

恋爱的真谛（节选）

李燕杰

什么叫爱情？不同的人有着不同的回答。有人把它比作鲜花，从中可以获得无限的幸福；有人把它比作苦酒，给人以痛苦和忧愁。这些无疑都是片面的。爱情是一种复杂、圣洁、崇高的感情活动，它关系到事业、理想和人生。它是由两颗心灵弹拨出来的和弦，而不是单独一方面发出的独奏曲。因此，恩格斯说过，爱情要以“互爱为前提”，要获得真正的爱情，除了男女双方要有共同的理想基础之外，还要在性格、感情、志趣、气质等方面投合默契，互相倾慕，情真意合。它是由衷强烈的，来不得半点勉强凑合。

许多人都读过《红楼梦》，在宝玉面前有两个爱情对象，一个是林黛玉，一个是薛宝钗，相比之下，哪个真美，哪个假美？开始贾宝玉在爱情生活上的确不够专一，时而觉得黛玉妩媚，时而觉得宝钗端庄，动摇在两个爱情之间。后来，为什么宝玉把爱情转移到了潇湘馆呢？这不仅仅是因为黛玉有妩媚的容貌，更主要的是她追求的高尚生活，有与腐败的现实生活相悖的丰富的内心世界；是因为他俩有共同的理想，共同的爱好，共同的语言。他们俩相亲相爱，黛玉每天用高尚的、纯洁的、专一的爱情影响着宝玉；宝玉每天也用自己美好的心灵影响着黛玉。他们爱得那么专、那么纯、那么深沉。但是在那个时代，爱情和婚姻是漠不相关的两件事。自由与纯真的爱情只能以悲惨的结局而告终。最后宝玉被骗与宝钗结婚，黛玉在病床上结束了自己的生命。真正的爱情被践踏，美满的婚姻被埋葬。这就是那个时代，那个社会造成的悲剧。

今天，在我们这个国家里，造成爱情悲剧的时代偏见和社会根源已经不复存在了，我们这一代青年男女，有更充分的条件去追求至真、至善、至美的爱情生活。但是倘若我们忘记了爱情应当是一个人心灵中最美好的情感的表现，不能摆正爱情在自己生活中的位置，那么也难免演成新的悲剧，或者亵渎了男女青年之间这种圣洁的感情。现在有些青年人就不知道什么叫爱情，谈恋爱时只看对方的容貌、金钱、地位，如有位女青年公开提出她找对象只有两个条件，一是漂亮，二是有钱，不谈感情，找到合乎条件的对象后就结婚了，可是真正的结果是结婚没有多久就离婚，这样能获得真正的幸福吗？

爱情不是儿戏，不是可以买卖的商品，它需要的是一颗纯洁的心，专一而真挚的感情，共同的思想，共同的追求，这就是恋爱的真谛，也就是上面两个故事从正反两个方面使我们做出的结论。

（资料来源：曾利文《应用写作》，中南工业大学出版社，2005 年）

【例文简析】

这是一篇演讲词，全文以“什么是爱情”设问切入，以宝、黛、钗爱情悲剧和现实生活中人们的爱情观剖析推论，以“共同的思想，共同的追求”作结深化，较好地回答了一个人们十分关注的话题。整个演讲词写作主旨鲜明,材料典型,给了我们很好的启示。

二、学习应用文写作应注意的几个问题

(一) 注重政治理论修养,提升分析和认识问题的能力

应用文写作,是研究问题,处理工作,进行交流,解决问题的工具。谈到应用文写作,人们往往只注重写作技巧,有人甚至片面认为这只是“文章写得漂亮不漂亮”的问题。其实,写好应用文书,首要的是政治理论修养,是分析问题和认识问题的能力。很难设想,一个缺乏应有的马克思主义理论修养的撰稿人员会写出既能反映事物的本质,又能较好体现国家的方针政策的文书来。注重政治理论修养,重要的是要掌握分析和认识问题的武器,认真学习马列主义、毛泽东思想的基本原理,了解党和国家的方针政策,深入社会实际,才能以正确的立场、观点、方法去认识事物、分析问题、解决问题。

有了正确的理论指导和正确的思想方法,就能够从各种错综复杂的现象中,抓住事物的本质,鉴别出是非曲直,做到观点鲜明,立场坚定;就可能用正确的观点统率纷繁复杂的材料,写出思想内容比较深刻的应用文书来。同时,还要认真学习和掌握党的方针政策,领会上级部门有关的指示精神,时刻关心和了解社会主义现代化建设的大局,了解国内外形势的发展变化。这样就可以胸有全局,站得高,看得远,能够把一个部门和单位的局部工作,同整个事业的大局联系起来;也能以开阔的视野,敏锐的政治眼光,及时抓住问题的症结,写出思想深刻,内容真实、符合实际的应用文书。由此可见,有较高的政治理论水平对提升撰写者分析和认识问题的能力起着重要作用,没有较高的政治理论水平是写不好应用文的。

(二) 熟练掌握专业知识,具备必要的知识积累

应用文要写得适合不同的需要,不仅要有扎实的文字功夫,还要熟悉世事、练达人情,对相关专业有深入的了解、对各种问题有敏锐洞察。文字功夫、专业知识、负责精神与协调能力,都不可或缺。这就需要我们必须掌握专业知识,精通业务,具有必要的知识积累,如较高的政治理论水平、丰富的生活阅历、深厚的专业知识及综合知识;较强的篇章结构能力、语言表达能力、把握文体特征能力等。知识贫乏,不熟悉业务,不深入了解情况,不可能写出内容充实、材料精确的应用文来。只有具备了深厚的专业知识,在写作时才能把事情叙述清楚,把道理讲明白,把要求提明确。

应用文是为了解决生产生活中的实际问题而撰写的,每个行业、每个单位、每个部门都有自己的业务和工作要求,所涉及的相关文件,不论内容和文字,都必须具有科学性,符合本部门的实际,符合客观事物的规律。因此,要写好应用文既要向书本学习,提高自己学习的自觉性和主动性,也要虚心求教,勤于动笔,在写作实践中摸索规律,持之以恒,有目的有步骤地提高自己的写作水平,从而使自己真正能够精通业务,具体地把党的方针政策和日常工作中出现的新情况、新问题结合起来,撰写出内容实在、能够指导业务工作的,质量较高的应用文。

（三）多读多写，理论与实践相结合

学习应用文写作，学生要经过模仿、熟悉、自如三个阶段，对范文、例文的分析和模仿是学习应用文写作的重要途径。文章是客观事物的反映，这种反映是人们的头脑对客观事物所做的能动反映，是作者对客观事物进行积极思维，深入认识的创造性成果。

在学习中我们要重点阅读一些写作格式规范的经典范文、名篇，反复去研读、仔细去揣摩，从中领悟"应该怎么写"和"不该怎么写"，掌握应用文写作的一些基本规律，开拓思路，善于借鉴，掌握技法，在阅读中思考，从而提高分析评价应用文的能力。掌握了这些规律，还需要勤于实践，只有理论领悟和实践历练两个方面并重，持之以恒，克服困难，才能将应用文写作知识转化为写作能力。因此，只要我们掌握写作规律，从多方面进行坚持不懈的努力，学好应用文写作也绝非难事。

（四）字斟句酌，提高写作水平

文字是写作的主要载体，任何一种作品都有文字使用上的独特要求。应用文注重实用，具有准确、简明、规范、平实的基本特点，叶圣陶先生说过："公文……必须写得一清二楚，十分明确，句稳词妥，通体通顺，让人家不折不扣地了解你说的是什么。"这样的境界，是作者在文字表达上的终极目标。由于文字具有丰富性、复杂性，要想提高写作水平，唯一的办法是多读多写，要经常练习写多种体裁的文章。还要做有心人，注意搜集生活中和各种材料中的生动活泼的语言。这样日积月累，积少成多，由生到熟，写作时就会得心应手。

对于初学者来说，首先要熟悉与掌握公文的语言特点，要做到用词准确，养成辨析词义的习惯，熟悉并正确运用语法，注意语言的规范性；其次还应注意行文的主体风格，特别要做到语言精练简洁，不说套话、废话。毛泽东在《工作方法六十条（草案）》中曾经指出："文章和文件都应当具有这样三种性质：准确性、鲜明性、生动性。准确性属于概念、判断和推理问题，这些都是逻辑问题。鲜明性和生动性，除了逻辑问题以外，还有辞章问题。现在许多文件的缺点是：第一，概念不明确；第二，判断不恰当；第三，使用概念和判断进行推理的时候，又缺乏逻辑性；第四，不讲究辞章。看这种文件是一场大灾难，耗费精力又少有所得。一定要改变这种不良的风气。"毛泽东讲的"三性"，正是对文字表达能力的集中概括。因此，我们必须在加强语言修养上下功夫，以切切实实的努力，提高表达技巧，最后达到能娴熟运用语言文字的目的。

应用文写作能力是一个人综合能力的反映，几乎涉及一个人全部的内在素质。提升政治、理论、文化知识、实践能力等方面的修养，是提高一个人内在素质的根本途径，也是提高应用文写作能力的必由之路。我们正处在人类社会飞速发展、科学高度发达的时代，以写作的方式来表达思想认识，概括科学成果，储存精神财富，成为人们重要的创造活动。因此加强写作训练，提高写作水平对人们交流思想、传递信息以及提升我们全民族的文化素质无疑具有重要的意义。

思考与练习

简答题

1. 什么是应用文？应用文的作用有哪些？
2. 应用文有哪些特点？
3. 文学创作与应用文写作有哪些差异？

第二章　法定公文

微信扫一扫
获取本章二维码资源

公文是公务文书的简称，是国家党政机关、企事业单位、人民团体等组织实行管理、处理政务、事务的，具有特定格式的那些文书。古人称公文写作是“经国之大业，不朽之盛事”。公文有广义、狭义之分。广义的公文，包括法律、财经、文教、外交、军事等各行各业的专用文书。随着时间的推移，社会的发展，有些文书不合时宜被废弃不用，新的文书又不断应运而生。狭义的公文，原先是指 1996 年 5 月 3 日中共中央办公厅发布的《中国共产党机关公文处理条例》中规定的 14 种主要公文和 2000 年 8 月 24 日国务院办公厅发布的《国家行政机关公文处理办法》中规定的 13 种行政公文。现在特指 2012 年 4 月 16 日中共中央办公厅、国务院办公厅联合印发的《党政机关公文处理工作条例》中规定的 15 种公文：命令(令)、议案、公告、通告、决定、意见、通知、通报、报告、请示、批复、函、纪要、决议、公报，以下分别进行论述。

第一节　命令(令)和议案

一、命令(令)

(一) 命令(令)的含义

命令是国家机关依照有关法律公布行政法规和规章，宣布施行重大强制性行政措施，嘉奖有关单位及人员时使用的文种。按照使用习惯，有时命令简称为“令”，例如通缉令、嘉奖令、戒严令等。

(二) 命令(令)的特点

1. 作者的限定性

国家主席、全国人大常委会委员长、国务院总理及各部门行政首长，以及省、市(地)、县人民政府及其领导人，在法定权限内可以使用命令。党派、企事业单位、人民团体以及基层部门不能使用命令。

2. 作用的强制性

命令的强制性大大高于其他下行公文。各种法律规章大都通过命令形式发布，受令单位和有关人员必须绝对服从，坚决执行，不能有丝毫偏差，没有商洽变通的余地，更不允许抵制和违反，否则将受到惩处。俗话说“令行禁止”“军令如山”，充分反映了命令的强制性特征。

3. 行文的严肃性

古语有云："慎乃出令，令出惟行。"由于命令具有极高的权威性和突出的强制力，因此，使用命令必须严肃慎重，不可轻发，不能滥用，更不能出尔反尔，朝令夕改。否则，命令将严重贬值，失去"令行禁止"的威慑力。

4. 内容的限定性

命令主要用于颁布各种法律法规和行政规章，指挥和处理重大事件，内容所及都限于重大问题，具有相对稳定性。寻常公务和一般工作要求，无须使用命令发布。

(三) 命令(令)的内容和结构

命令一般由标题、编号、受令机关、正文、签署和成文日期等部分组成。

1. 标题

命令的标题有多种形式：一是"发文机关＋事由＋文种"，如《国务院中央军委关于给武警部队抗洪抢险先进单位及个人授予荣誉称号和记功的命令》，行政令、嘉奖令的标题通常采用这种写法。二是"发文机关(或机关首长)＋文种"，如《中华人民共和国主席令》《中华人民共和国国务院令》等，多适用于任免令和发布令。三是"事由＋文种"，如《向全国进军的命令》等。

2. 编号

命令的编号有两种方法：一是当标题三要素齐全时，采用公文发文字号来编号。二是当用领导人名义签署命令时，编号用流水号，即从该届政府或领导人任职时开始编排，至任期届满为止。下届新政府或领导人任职后重新编号。

3. 受令机关

当命令限定发给某些单位时，要在正文前顶格标明受令机关。普发性命令则不需要标明受令机关。

4. 正文

命令正文的表述方式，因种类不同而有所差异，主要分为篇段合一式、二段式、三段式三种形式。

(1) 篇段合一式

主要用于发布令，通篇只有一个段落，基本内容是说明发布什么法规以及该法规的实施日期。如"《中华人民共和国居民身份证法》已由中华人民共和国第十届全国人民代表大会第三次会议于 2003 年 6 月 28 日通过，现予公布，自 2004 年 1 月 1 日起施行"。

(2) 二段式

行政令、任免令多采用这种方式。第一段主要说明发布此令的目的或根据，第二段写明命令的具体内容，即命令做什么和怎样做。

(3) 三段式

主要用于嘉奖令。第一段写明嘉奖理由，即嘉奖对象的功勋业绩，交代时间、地点、事件、原因、过程、结果等要素，使人们了解有关事迹的基本情况，知道为什么要嘉奖。第二段写嘉奖的目的与嘉奖内容，可以授予荣誉称号，也可以记功、晋级或给予奖金等，既重视精神鼓励，也不忽视物质奖励。第三段写明希望和号召，对受嘉奖者给予勉励，同时更注重号召人们向受奖人员学习。

5. 签署

即在正文右下方标明发文机关名称或领导人职衔、姓名，以证实公文的法定效力。

6. 成文日期

在签署之下，写明制发命令的年、月、日。

(四) 命令(令)的写作要求

第一，命令是具有最高权威性和强制力的文件，必须严格按照法定权限制发文件，不能越权行文。

第二，命令所针对的事项必须是重要问题或重大事件，一旦发布，就要求不折不扣地执行，没有商量的余地。因此，撰写命令时，要斟酌是否的确需要发布命令，防止小题大做，更不能随意发号施令。

第三，命令正文的写作，要求表意十分准确，切忌模棱两可；语言庄重严肃，简洁精练；语气斩钉截铁，坚决肯定；令行与禁止相辅相成，前者规定应该做什么和怎样做，后者规定不准做什么和不准怎样做。正确运用禁令语言，有的命令则是禁语较多，寓令于禁。

第四，要明确规定命令的生效施行日期，确保行文的时效性。

【例文】

中华人民共和国主席令

第五十七号

《中华人民共和国出境入境管理法》已由中华人民共和国第十一届全国人民代表大会常务委员会第二十七次会议于2012年6月30日通过，现予公布，自2013年7月1日起施行。

中华人民共和国主席　胡锦涛

2012年6月30日

二、议案

(一) 议案的含义

议案适用于各级人民政府按照法律程序向同级人民代表大会或人民代表大会常务委员会提请审议事项。

议案有很多种类，这里介绍的议案是人民政府向人民代表大会提请审议事项时使用的正式行政公文。议案按照内容来划分，可以分为重大事项议案、立法议案、批准条约议案等。

中国共产党系统的各级机关不使用议案。

(二) 议案的特点

1. 收发文机关的限制性

作为行政公文,议案只能是人民政府向同级人民代表大会及其常务委员会制发,从这个角度看,议案类似于平行文。

2. 严格的法定程序

议案的提交和受理均有严格的程序要求,议案的内容范围、提出和处理时限等在法律上也有严格规定,必须遵照执行。

3. 主旨的单一性

拟写议案也要遵守"一文一案"的原则,不得将两件或两件以上的不同事项写进同一议案,以便于对议案的表决和处理。

4. 受理的期复性

议案经同级人民代表大会或人民代表大会常务委员会受理认定后,必须给予处理和答复。

(三) 议案的内容和结构

议案由标题、主送机关、正文、发文机关、发文时间、附件等部分组成。

1. 标题

采取完整结构,即"发文机关名称+事由+文种",如《国务院关于提请审议〈中华人民共和国外商投资企业和外国企业所得税法(草案)〉的议案》。

2. 主送机关

要将同级人民代表大会及其常务委员会名称在正文之前顶格书写。

3. 正文

议案的正文主要由立案理由、具体事项和审议请求三部分组成。

(1) 立案理由

阐述提出议案的原因、根据和目的,要客观、明了。

(2) 议案事项

即议案所提出的请求审议的具体事项,主要包括重大事项案、立法案、选举案、罢免案、预决算案等。提请审议事项多数以附件形式附在正文之后,以备审议。

(3) 审议请求

即结语部分,多用"以上议案,请审议"或"现提请审议"等惯用语来表述。

4. 发文机关

既可署发文机关名称,也可署发文机关行政首长姓名。

5. 发文时间

即按照规范写明发文的年、月、日。

6. 附件

议案正文之下通常注明需要审议的法规草案或其他有关文件。

(四) 议案的写作要求

第一,议案内容必须符合国家和人民的利益,符合现行法律法规和有关方针政策。为此,应搞好调查研究,广泛听取各方面意见,严格进行可行性论证,保证所提方案切实可行。

第二,要熟悉收文机关(同级人民代表大会及其常务委员会)的职权范围,根据法定职权行文。如果某一事项的审议权属于同级人民代表大会或其常务委员会,就必须提请其审议;如果属于政府职权范围内的事项,则不必提出议案。

第三,议案要言之有理。一定要将理由和根据说明清楚,文字表达要准确严谨、条理分明。

【例文一】

国务院关于提请审议兴建长江三峡工程的议案

全国人民代表大会:

长江是我国第一大河,流域面积占全国总面积的19%,养育着全国三分之一的人口,工农业总产值约占全国的40%,在全国国民经济发展中占有重要地位。长江中下游的洪水灾害历来频繁而严重。新中国建立以来,国家在长江流域进行了大规模的防洪建设,对保障中下游地区的经济建设和人民生命财产安全,发挥了很大的作用。但由于多方面的原因,长江资源还没有很好开发利用,水患尚未根治,上游洪水来量大与中下游河道特别是荆江河段过洪能力小的矛盾,依然十分突出,一旦发生特大洪水,堤防漫溃,将直接威胁荆江两岸江汉平原和洞庭湖区的1 500万人口和2 300万亩良田,人民群众的生命财产和一批重要的大中城市、工矿企业和交通设施,将会遭受巨大损失,严重影响国民经济全局。这是我们国家的心腹大患。

如何解决长江的防洪问题,更好地开发长江资源,中共中央和国务院一直很重视,社会各界也十分关注。经过几十年来的治理实践和对各种意见、方案的反复研究和认证,解决长江中下游的防洪问题,必须采取综合治理措施。兴建三峡工程是综合治理的一项关键性措施。三峡工程兴建后,可将荆江河段防洪标准由目前的十年一遇提高到百年一遇;配合其他措施,可以防止荆江河段发生毁灭性灾害;还可减轻洪水对武汉地区及下游的威胁。同时,三峡工程还有发电、航运、灌溉、供水和发展库区经济等巨大的综合经济效益和社会效益。三峡工程建成后年发电量840亿千瓦·时,占目前我国年发电总量的八分之一,可为华东、华中和川东地区的经济发展提供重要的能源,可以大大提高川江航道通过能力,万吨级船队有半年时间可直达重庆,为发展西南地区的经济

和繁荣长江船运事业创造条件。三峡工程还有利于长江中下游城镇的供水，有利于南水北调。总之，三峡工程的兴建，对于加快我国现代化建设进程，提高综合国力，具有重要意义。

国务院对兴建三峡工程历来采取既积极又慎重的方针。近40年来，有关部门和大批科技人员对三峡工程做了大量的勘测、科研、设计和试验工作。特别是1984年以来，社会各界提出了许多新的建议和意见。一些同志本着对国家、人民和子孙代高度负责的精神，对库区百万移民的安置、生态与环境的保护、上游泥沙的淤积、巨额投资的筹措和回收等疑难问题，从不同角度提出各自的意见，这些意见对于开拓思路、增进论证深度、完善实施方案，起到了十分有益的作用。

经过多年的研究、认证和审查，三峡工程坝址选在湖北省宜昌市三斗坪镇。工程的拦河大坝全长1 983米，坝顶高程185米，最大坝高175米。水库正常蓄水位175米，总库容393亿立方米。水电站总装机容量1 768万千瓦。工程静态总投资570亿元(1990年价格)。主体工程建设工期预计15年。工程建设第九年，即可发电受益，预计在工程建成后不太长的时间里，即能偿还全部建设资金。国务院三峡工程审查委员会对可行性研究报告进行了认真审查，认为三峡工程建设是必要的，技术上是可行的，经济上是合理的，随着经济的发展，国力是可以负担的。

三峡工程规模空前，技术复杂，投资多，周期长，特别是移民难度很大。对于已经发现的问题要继续研究，妥善解决，对今后可能出现的各种困难和问题，要有足够的思想准备。要谨慎从事，认真对待，使工程建设更加稳妥可靠，努力把这项造福当代、荫及子孙的事情办好。

国务院常务会议经过认真讨论，同意建设三峡工程。建议将兴建三峡工程列入国民经济和社会发展十年规划，由国务院根据国民经济的实际情况和国家财力物力的可能，选择适当时机组织实施。

国务院总理　李鹏

1992年3月16日

【例文二】

××市人民政府关于提请审议
废止《××市城市流浪乞讨人员收容遣送规定》的议案

市人大常委会：

今年6月20日，国务院公布了《城市生活无着的流浪乞讨人员救助管理办法》，并宣告废止《城市流浪乞讨人员收容遣送办法》。鉴于《××市城市流浪乞讨人员收容遣送规定》是依据国务院《城市流浪乞讨人员收容遣送办法》而制定的，为了使地方性法规与行政法规相统一，拟订了《废止〈××市城市流浪乞讨人员收容遣送规定〉的决定(草案)》，现提请审议。

市长：××(印章)

××××年×月×日

第二节　公告和通告

一、公告

（一）公告的含义

公告是一种典型的告知性公文，大多用于国家领导机关依法向国内外宣布重要事项或法定事项。如国家机关颁布法律法规，宣告重大国事活动，公布国家领导人选举结果，公布重大科技成果或需要国内外周知的重大行动安排，以及人民法院、航空运输、海关、邮政、银行等特殊部门告知某些重要事项等。

根据发文目的及其内容，公告可以划分为三大类：告知性公告、发布性公告、事项性公告。

（二）公告的特点

1. 作者限定

由于公告所涉及的事项特别重大，所以一般由国家领导人，全国人民代表大会及其常务委员会，国务院及其有关部委，地方人民代表大会及其常务委员会，地方各级政府等领导机关制发。基层单位不具备相应职权，因此不宜使用这个文种。

2. 庄严宣告

公告不是告诉社会各界一般情况，而是代表国家或政府庄严郑重地“宣告”重大事项。所以在使用时应当慎重，避免出现“小题大做”的情况。

3. 内容单纯

公告的内容单一而具体，即一则公告公布一件事。告知事项十分重大，有些公告是专门对外发布的，如“新华社授权公告”。

4. 受众广泛

公告的受文对象一般不做具体限定，涉及所有社会组织和公民个人。它比其他任何一种公文发布和告知的范围都要广泛。

5. 表达简洁

告知的表达采用直述其事的方式，简洁明了，不做议论发挥，语气庄重严肃。

（三）公告的内容和结构

公告大多由标题、正文、签署和发文日期四个部分组成。因其直接对外发布，因此在规格形式上与其他文种有所差别。

1. 标题

公告的标题一般由发文机关，事由和文种三部分组成，如《中华人民共和国海关总署关于简化进出口旅客通关手续的公告》。

2. 正文

内容简单的公告，采用篇段合一式的格式，直陈其事。如果内容相对复杂，可把全文分为两大层次：第一层次写公告的依据或原因，要求言简意赅；第二层次写公告的具体事项，可分项写。结尾处多用“现予公告”“特此公告”等结语。

3. 签署

对外张贴的公告，要署发文机关的全称，加盖发文机关印章，以示庄重；也可以由签发文件的领导人在落款处签署姓名或代以签名章。

4. 发文日期

发文机关之下写明发布公告的年、月、日。

（四）公告的写作要求

第一，应注意公告的发文权限。它原则上由国家的较高级领导机关使用，用来向国内外公布重大事宜，基层单位和业务部门不能滥用这个文种。

第二，要明确公告的使用范围。它用于告知重大事项，其内容涉及面广，有必要令中外周知。一般性内容不必告知国内外，也不宜使用公告公布。

第三，力求篇幅简短，谨防歧义。行文时一般不必专门讲什么道理，只是直陈其事，不绕弯子。语言要明确肯定，语义要单一，力戒含糊其辞，出现歧义。要通过高质量的文字表达，维护公告简洁凝练、严肃庄重的特点。

第四，对公告所涉及的事实应反复核实，确保准确无误，以免造成不良影响。

【例文一】(告知性公告)

关于禁止从索马里进口木炭的公告

第 27 号

按照《中华人民共和国对外贸易法》有关规定，为履行我国承担的国际义务，执行联合国安全理事会第 2036(2012)号决议，禁止从索马里进口木炭(HS 税则号 4402，不论木炭是否原产于索马里)。本公告自 2012 年 6 月 1 日起施行。

中华人民共和国商务部

（印章）

二〇一二年五月二十二日

【例文二】(发布性公告)

北京市人民代表大会常务委员会公告

《北京市实施〈中华人民共和国文物保护法〉办法》已由北京市第十二届人民代表大会常务委员会第十四次会议于××××年×月×日通过，现予公布，自××××年×月×日起施行。

特此公告。

北京市第十二届人民代表大会常务委员会
××××年×月×日

【例文三】(事项性公告)

拉萨至林芝高等级公路建成段试运行公告

经西藏自治区人民政府批准,拉萨至林芝高等级公路建成段2015年9月15日11时投入试运行,试运行期为2015年9月15日至2016年3月15日。为保证道路交通安全畅通,试运行期间由公安交通管理部门,根据公路通行标准实行管制措施。

根据《中华人民共和国道路交通安全法》第三十九条之规定:公安交通管理部门根据道路和交通流量的具体情况,可以对机动车、非机动车、行人采取疏导、限制通行、禁止通行等措施。在试运行期间,对行人、非机动车、摩托车、残疾人专用车、拖拉机、履带车、低速载货汽车、三轮汽车、轮式专用机械车、悬挂试车号牌和教练车号牌,以及中型、重型、半挂货运车辆和其他设计时速低于70 km/h的车辆采取禁止通行措施。同时,公安交通管理部门将严格按照公路设计时速80 km/h的标准对机动车进行速度限制。

试运行结束后,交通运输部门和公安交通管理部门将根据社会反映、速度监测、安全管理经验积累、安防设施完善运行情况对限行车辆、速度限制再做调整。

请广大司乘人员积极配合,严格遵守本公告内容,自觉服从公安交通管理部门和路政管理部门的指挥管理。

特此公告。

西藏自治区交通运输厅 西藏自治区公安厅
2015年9月14日

二、通告

(一) 通告的含义

通告用于公布社会各有关方面应当遵守或者周知的事项。

通告具有行政约束力和法律效力,其适用范围内的社会各有关方面均应遵守或广泛知晓,如果违反将被追究责任。因此,通告要注明发布机关,执行机关和通告规定条款生效的时间。由于通告是直接面向广大公众的公文,需要其适用范围内的所有人员能及时了解,掌握,所以发布时可以采用张贴、登报等方式,以使大家周知。

(二) 通告的特点

1. 应用领域的广泛性

主要表现在以下三个方面:一是涉及内容广泛,政治、经济、文化各个领域,各行各业,凡需要社会公众遵守和周知的事项均可在通告中发布;二是发布方式多样,无论是政府公报,还是张贴、登报、电视、广播等途径都可发布;三是使用单位广泛,机关、团体、企事业单位都可使用通告。

2. 信息内容的周知性

通告直接面向告知范围内的人员，要求人们普遍了解和知晓有关事项，明确政策法令，严格规范自己的行为，而不是在系统内部逐级下达。因此，通告大多数不必写明主送机关。

3. 作用效力的强制性

通告的政策法规效力和制约性很强。它常常对某些事项做出严格规定，适用范围内的人们必须遵守和执行，不得违反，否则将予以教育、处理以至法律制裁。

4. 语言表达的通俗性

通告直接面向社会上的广大群众，因此，通告事项要使用朴实简明，通俗易懂的语言来表述，如此才能达到行文目的。

（三）通告的内容和结构

通告由标题、正文、发文机关署名和成文时间四个部分组成。

1. 标题

通告的标题可以三要素齐备，即由发文单位、事由和文种组成，如《××市人民政府关于实施交通管理措施的通告》；也可以由发文机关和文种组成，如《中华人民共和国公安部通告》等。

2. 正文

通告的正文通常是告知某些具体事项和对某些方面做出明确规定，要求告知对象严格遵循。因此，正文多由三部分组成：

第一部分，简要交代通告的根据或目的，以增强发文的权威性和针对性。

第二部分，准确说明通告的具体事项。如果内容较多，为使条理清晰，要采用分条列项的方式表达。

第三部分，提出贯彻通告的明确要求，如使用“请认真遵照执行”或“特此通告”等习惯用语来结尾。

3. 发文机关署名

在正文之后写明发文机关名称。

4. 成文时间

在发文机关之下写明发文的年、月、日。

（四）通告的写作要求

第一，通告的内容要遵守一文一事原则，主旨要明确。通篇围绕一个中心写出通告事项，表达的内容要清楚明白，使阅读对象有章可循、有规可依。

第二，通告具有法定的约束力，因此，对于“允许做什么”“禁止做什么”“做了以后怎么惩处”等内容要明确规定。有些通告以规定禁止事项为主，要求人们不得违反，因此必须仔细斟酌，避免出现不妥之处而造成发文单位的被动。

第三，尽管通告的约束力很强，但是它毕竟不是单独立法，通告的内容要有法可依，要注意在内容上，在处罚规定上不能与现行法律规章相抵触。

第四，通告的语言要求通俗易懂，语气要庄重严肃，不能使用不容易理解的专门术语或冷僻的词汇，以免影响群众理解和遵守，语气要坚决、肯定，具有不容置疑的权威性。

【例文】

北京市人民政府
关于治理公路货运超载超限的通告

京政发〔2003〕26号

为贯彻落实国务院进一步加强道路交通安全工作电视电话会议精神，预防和减少道路交通事故，保障交通安全畅通，维护道路、桥梁和公路设施，保护生态环境，根据有关法律法规和规章的规定，现就有关事项通告如下：

一、本市行政区域内禁止载物超过车辆行驶证核定载质量的车辆（以下简称超载车辆）和未经批准的超限运输车辆通行。

二、超限运输车辆确需在公路上行驶的，必须携带本市路政管理部门批准证件，按要求采取有效的防护措施；影响道路安全的，还应当获得公安机关批准；运载不可解体的超限物品的，应当按照指定的时间、路线、时速行驶，并悬挂明显标志。

三、超载车辆和未经批准的超限运输车辆在本市公路上行驶的，一经发现，由公安交通管理部门和路政管理部门按照职责分工责令改正，当事人应当在指定的场地卸载超载货物。

在指定场地卸载超载货物的，应当与卸载保管方签订货物保管合同，按规定支付装卸和保管费用。逾期不领取货物的，保管方可以依照合同约定变卖货物，并以变卖价款冲抵保管费用。变卖价款冲抵保管费用外尚有结余的，由保管方通知当事人领取，拒不领取的，公证提存。通知及公证提存的费用从变卖价款中支取。

四、超载车辆和未经批准的超限运输车辆在本市公路上行驶的，公安交通管理部门和路政管理部门应当依照《中华人民共和国道路交通管理条例》《中华人民共和国公路法》等法律法规和规章的规定给予行政处罚；违法行为对公路造成损害的，当事人还应当依法赔（补）偿损失。

五、本市对违法行驶车辆实行登记制度，定期向车辆注册地有关部门通报车辆违法行驶情况。

六、从事公路货物运输的单位和个人应当自觉接受公安交通管理部门和路政管理部门依法进行的监督管理。对阻碍、拒绝执法人员依法执行公务或者围攻、殴打执法人员的，由公安机关按照《中华人民共和国治安管理处罚条例》的规定予以处罚，构成犯罪的，依法追究刑事责任。

七、本通告自××××年12月1日起施行。

特此通告。

北京市人民政府

××××年××月××日

(五) 通告与公告的主要区别

通告与公告都具有公布性和知照性特点,使用时要特别注意二者的不同点。

1. 发布范围不同

公告是告知中外的公文,发布范围最为广泛;通告只是在国内一定区域或业务范围内发布,例如国庆期间天安门实施交通管制的通告,只针对天安门广场范围,只在国庆期间生效。为了加强管理,或者为了某种临时需要,均可发布通告,以使人们知道或遵守某些事项。

2. 重要程度不同

公告所涉及的都是特别重大的事项;通告所涉及的是相对较为一般的事项。

3. 作用性能不同

公告以宣布重大消息为主要目的,一般对告知对象没有直接的强制力或约束力;通告不仅要告知消息,而且对适用范围内的所有单位和人员都具有明显的强制力和约束力。

第三节　决定和意见

一、决定

(一) 决定的含义

决定是党政机关、社会团体、企事业单位对重要事项或重大行动做出决策和安排时制发的指挥决策性文件,对下级机关的工作或某项活动具有强制性影响。

决定既可以用于宣布党和国家的重大决策,也可以用于宣告重要事项及其处理结果,还可以用于贯彻上级指示精神,部署重要工作,做出有关机构设置及人事安排的决策,或者用于撤销下级单位不适当的决定以及重要事件后的表彰奖励和批评惩处等事项。

(二) 决定的基本特征

1. 指挥性

决定是对下级单位或某一方面的工作提出重要的指导性意见,确定具体措施及实施方案,要求下级单位依照执行,具有比较强的指示方向的作用。

2. 权威性

决定一经做出,对下级工作或所辖系统内有关事项具有强制约束力,收文单位和个人必须严格执行。

3. 单纯性

决定具有一文一事的特点，不杂陈多种事项。

4. 决断性

“决”就是拿主意、拍板，“定”就是不能再改变，从中可见决定的决断色彩很浓。发文机关根据有关方针政策以及形势需要，在法定的范围内，有权对有关事项、问题、行动做出决策和安排，不受其他因素、条件的限制。例如，《全国人民代表大会常务委员会关于批准〈上海合作组织成员国关于地区反恐怖机构的协定〉的决定》，就是我国最高国家权力机关依照法律和国际反恐怖活动形势的要求所做出的重要决策，表明了中国政府的鲜明立场。

（三）决定的分类

根据内容和用途的不同，决定可以分为以下六类：

1. 法规性决定

是由同家权力机关或具有相应职权的政府机关制定、修订和发布施行的法规性文件或行政法规。例如，《全国人民代表大会常务委员会关于惩治侮辱中华人民共和国国旗国徽罪的决定》，对刑法做出了补充规定。文中指出：“在公共场合故意以焚烧、毁损、涂划、玷污、践踏等方式侮辱中华人民共和国国旗国徽的，处以三年以下有期徒刑、拘役、管制或者剥夺政治权利。”这个决定，成为审理侮辱国旗国徽犯罪行为的法律依据。

2. 政策性决定

用来对重要问题进行政策交代或政策引导，或直接规定重大方针政策，对全局工作具有重要而深远的影响，如《中共中央关于经济体制改革的决定》等。

3. 批准性决定

主要用于国家机关批准或修改某些具有立法意义的文件，如《中华人民共和国建设部关于修改〈城市房屋权属登记管理办法〉的决定》等。

4. 部署性决定

用于制定重大决策或部署重要工作，如中共十六届四中全会通过的《中共中央关于加强党的执政能力建设的决定》等。

5. 知照性决定

这类决定不要求收文机关办什么事，只需知晓、了解有关事项，如《国务院关于授予作家巴金“人民作家”荣誉称号的决定》（国发〔2003〕27 号）。

6. 奖惩性决定

用于对重要人物、单位、事件的褒奖或惩处事项，如《国务院关于表彰全国计划生育工作先进单位的决定》《国务院关于处理“渤海二号”事故的决定》等。

（四）决定的内容和结构

决定一般由标题、主送机关、正文、落款等部分组成。有的决定需要在会议上讨论通过，则在标题下以“题注”形式注明通过决定的会议名称和日期，正文写完后，结尾不再落款。

1. 标题

决定的标题一般有两种形式：一种是由“事由＋文种”构成，如《关于严惩严重危害社会治安的犯罪分子的决定》；另一种是由“发文机关＋事由＋文种”构成，如《全国人民代表大会常务委员会关于惩治侵犯著作权的犯罪的决定》等。

2. 主送机关

决定属于重要的下行文种，要概括写明收文机关名称。例如，《国务院关于进一步推进相对集中行政处罚权工作的决定》的主送机关是“各省、自治区、直辖市人民政府、国务院各部委、各直属机构”。没有特定收文对象的决定，则不需要写主送机关。

3. 正文

根据决定种类的不同，决定的正文有基本型、三段型、直叙型三种结构模式：

（1）基本型

由“原因＋决定事项”两个部分构成。即首先简要说明决定的原因、目的或根据，然后阐明决定内容。可以着重从行文目的写起，如“为了加强对城镇待业人员的管理，决定……”；也可以着重从根据写起，如“省人民政府第十八次常务会议研究，决定……”。凡是内容较少的决定，可以紧接在原因之后写出决定事项。奖惩性决定大都采用这种结构形式，前后两个部分基本属于因果关系。内容较多的决定，应当采用分条列项的方法阐明决定事项，以便受众阅读和执行。

（2）三段型

由“原因＋决定事项＋号召”三个部分构成。即在基本型的基础上，增加发出号召或提出实施要求部分。重大政策性决定、部署性决定，大都采用三段型的结构方式。

（3）直叙型

采用起笔入题方式，直接阐明决定事项，如《北京市人民政府关于修改〈北京市城市建筑物外立面保持整洁管理规定〉的决定》的写法：“市人民政府决定对《北京市城市建筑物外立面保持整洁管理规定》做如下修改：一、第一条修改为：‘为了保持建筑物、构筑物外立面的整洁、美观和完好，根据《北京市市容环境卫生条例》，制定本规定。’”

以上三种正文结构模式，只是基本的参考形式。在实际写作中，正文到底如何安排，应视表现主旨的具体需要而定，没有千篇一律的模式。

4. 发文机关与成文日期

一般的决定在落款处注明发文机关和成文日期。经会议讨论通过的决定，发文机关和成文日期采用“题注”的形式，在公文标题之下的括号内标明。例如，“二〇〇四年九月十九日中国共产党第十六届中央委员会第四次全体会议通过”。

（五）决定的写作要求

第一，决定属于重大决策性公文，其内容必须与党和国家的有关方针政策、现行法律法规、上级单位的规定精神保持一致；在内容安排上要考虑决定的长久影响，务求决定中所提出的各项原则与措施务实而稳妥，观点正确，是非清楚，政策界限分明。

第二，决定重在对重大问题或事项做出规范与部署，所以原因部分要写得简明扼要。写发文的法律根据时，引用法律条文不能有丝毫偏差；写决定的理由时，要讲得清楚、透彻、详细。若是根据形势发展需要所做出的决定，就要讲清形势，阐明意义。

第三，决定事项是决定的核心与实质性内容，必须紧紧围绕发文主旨和中心议题。决定事项，有的很简短，只是一两句话；有的则事项较多，就必须分条说明。有的决定的条文理论性、政策性、规定性很强，则各项内容一定要实事求是，符合客观实际，制定的政策措施要经得起实践的检验，具有针对性和可行性。有的决定主要不是阐明什么理论和政策，而是要讲"做什么"和"怎样做"，那就要将这两点写清楚、具体、准确。

第四，撰写决定，一定要注意政策的连续性。新的决定应该是过去同类决定的继续和发展，要能够对党的建设、经济建设和社会进步等起到推动作用。

第五，决定事关重大，影响深远，所以必须注意结构严谨、文字准确简洁、避免歧义。

【例文一】

西藏自治区人民政府关于2012—2013年度
西藏自治区科学技术奖励的决定

藏政发〔2015〕51号

为深入贯彻落实党的十八大、十八届三中、四中全会精神，加快实施创新驱动发展战略，推动我区科技进步和创新工作，根据《西藏自治区科学技术奖励办法》（西藏自治区人民政府令第126号）的规定，经2015年4月17日自治区人民政府第6次常务会议研究决定，对在促进西藏科技进步事业和经济社会发展中做出突出贡献的科技工作者给予奖励，授予"西藏主要农作物秸秆与栽培牧草混合青贮关键技术研究"等7项成果2012—2013年度西藏自治区科学技术奖一等奖；授予"西藏高原设施蔬菜主要土传病害发生规律及综合防控技术研究"等12项成果2012—2013年度西藏自治区科学技术奖二等奖；授予"西藏飞蝗发生规律及可持续防控技术研究"等19项成果2012—2013年度西藏自治区科学技术奖三等奖。

希望全区广大科技工作者向获奖者学习，进一步解放思想、开拓进取、勇于创新，为推动我区科技进步和经济社会跨越式发展做出更大贡献。

附件：2012—2013年度西藏自治区科学技术奖名单

西藏自治区人民政府

2015年6月8日

【例文二】

××大学关于对王春燕的处分决定

各学院：

王春燕，女，系我校金融学院金融学专业2016级学生。

该生于2018年12月30日在学校组织的线性代数课程期末考试中，违反考试管理规定，顶替孟超羚参加考试。王春燕的行为严重干扰了正常的考试秩序，并在同学中造成恶劣影响。

上述事实，证据充分，依据《××大学学生纪律处分规定》第二章第七条第四款之规定，决定给予王春燕同学开除学籍处分。

××大学(印章)

2018年2月27日

二、意见

(一) 意见的含义

意见适用于对重要问题提出见解和处理办法，是使用较广泛的文种。

(二) 意见的特点

根据《国务院办公厅关于实施〈国家行政机关公文的处理办法〉涉及的几个具体问题处理意见》的精神，从行文关系角度说，意见是比较特殊的文种，下行文、上行文和平行文都可以使用。

1. 作为下行文的意见

意见具有指导和指示的功能，应当向下级提出明确的要求，以便下级遵照执行。如文中没有明确的要求，下级可参照执行。

2. 作为上行文的意见

意见具有请示的功能，可以按照请示的程序和要求办理。所提意见如涉及其他部门职权范围，主办部门应召集相关部门的负责人出面进行协商。如难以达成共识，可列明各方的理由和依据，提出建设性意见，与有关部门会签，然后报请上级单位处理或给予答复。

3. 作为平行文的意见

提出的意见可供对方参考。

(三) 意见的内容和结构

意见的结构模式与撰写方法如下所述。

1. 标题

意见的标题可以写明发文机关、事由和文种，如《中共中央国务院关于促进农民增加收入若干政策的意见》;也可以省略发文机关,只写事由和文种,如《关于扶持城镇退役士兵自谋职业优惠政策的意见》。

2. 题注或落款

属于在会议上通过的意见,应当在标题之下以题注的方式标明通过意见的会议名称或通过意见的具体日期。不属于在会议上通过的意见,则按照公文落款的方式来处理,即在正文右下方写明发文机关名称或加盖印章,下面写明成文日期。

3. 正文

意见的正文一般都比较长,所以应特别注意层次分明。一般分开头、主体和结尾三部分。开头应讲明制发意见的缘由、政策依据及发文意义,有时也要说明发文背景。这部分应简明扼要。主体是意见的核心内容,一般要采用分条列项的方式,表明对有关问题的态度和处理意见,也可以拟制相应的小标题,统领各部分内容。结尾要强调实施要求或重要性,提出希望等。

(四) 意见的写作要求

1. 要找准行文角度

意见具有多重“身份”,行文比较灵活。因此,找准行文“角度”很重要。如果是请求上级审批的意见,应按请示的要求来写;如果是向下级行文,就要提出符合实际、具体可行的政策与措施要求,切实发挥指导作用;如果是向同级单位提出意见,则应以协商的态度,阐明本单位的意见和主张。

2. 要讲究语言得体

不同的行文方向,需要运用相应规格的语言表达方式。请示性的意见,语言和语气要向请示靠拢;计划指导性的意见,语言和语气要具有指示性的特色,态度坚决而肯定。总之,意见在文字表述上应当做到准确、简明、得体。

3. 要注重条理清晰

意见大多篇幅较长。为了达到良好的表达效果,必须保证结构严谨、言之有序、层次分明、富有条理性。一般采用分条列项的方式表达,或适当设置小标题,突出发文机关的见解和主张。

4. 要注意主题集中

撰写意见,应围绕一个主题,将问题的性质、特点与解决办法讲深讲透,切忌洋洋洒洒、漫无边际、主题分散。同时,还要注意符合党和国家的方针政策、法律法规,从实际出发,提出正确的主张与切实可行的方法措施。

5. 要讲究政策性

意见是发文单位政策见解的体现,起草人必须深刻理解和掌握党和国家的有关方针政策,以此作为提出意见的指导思想,这是写好意见的基础。起草人要掌握大量第一手资料,善于对事物的本质进行分析研究,反映事物的发展规律。

【例文】

拉萨市人民政府关于加快推进气象现代化建设的意见

各县(区)人民政府、市直各委、办、局,各人民团体:

为全面贯彻落实党的十八大、十八届三中、四中全会精神,加快建设与拉萨跨越式发展和长治久安相适应的现代气象业务服务体系。根据《国务院关于气象事业发展的若干意见》(国发〔2006〕3号)、《西藏自治区人民政府关于加快气象事业发展的决定》(藏政发〔2006〕41号)、《西藏自治区人民政府与中国气象局推进西藏气象事业跨越式发展合作协议》和《拉萨市人民政府关于加快气象事业发展的实施意见》(拉政发〔2007〕8号)精神,经市政府同意,现就加快推进全市气象现代化建设提出如下意见:

一、充分认识加快推进气象现代化建设的重要性和紧迫性

气象现代化是我国社会主义现代化的重要组成部分,是气象综合实力不断提升的重要标志,也是气象服务经济社会发展、保障人民群众安全福祉的重要手段。加快推进气象现代化,是保障全面建成小康社会和建设社会主义现代化事业,实现"中国梦"的必然选择,是落实"四个全面"战略布局,主动适应经济发展新常态,全面推进拉萨跨越式发展和长治久安的必然要求。当前,全球气候变化引发的资源环境生态矛盾日益突显,应对气候变化、防灾减灾形势也更加严峻。气象工作作为防灾减灾的有力手段,政府公共服务的重要内容,有效应对气候变化和保障生态文明建设的有效途径,具有不可替代的基础性、先导性、保障性作用,各县(区)人民政府、市直各单位要站在全局和战略的高度,充分认识加快推进全市气象现代化建设的重要性和紧迫性,进一步统一思想,提高认识,准确把握气象现代化建设工作总体要求,不断增强工作使命感和责任感,以扎实有效的举措不断推进全市气象现代化建设再上新台阶。

二、总体要求

(一) 指导思想。高举中国特色社会主义伟大旗帜,以邓小平理论、"三个代表"重要思想、科学发展观为指导,认真贯彻落实党的十八大、十八届三中、四中全会精神,贯彻落实习近平总书记系列重要讲话精神和"治国先治边,治边先稳藏"的重要战略思想,主动适应经济发展新常态,坚持公共气象服务发展方向,紧紧围绕自治区对拉萨市提出的"充分发挥首府城市首位度作用"的总体要求,坚守维护社会稳定和保护生态环境两条底线,全力推进实施"六大战略",确保全市经济持续快速健康发展,努力建设"美丽家园,幸福拉萨"。以深化改革和科技创新为动力,以转变发展观念、提质增效、夯实基础为主线,以保障拉萨经济社会跨越式发展和长治久安,改善民生,保护生态环境为宗旨,以推进气象信息化、集约化、标准化为抓手,以实现公共气象服务均等化为着力点,以提高防灾减灾、应对气候变化和生态文明建设为重点,大力推进气象工作法治化、气象业务现代化、气象服务社会化建设。

(二) 总体目标。到2020年,建立基本满足国家气象事业需求、高度自动化的综合观测网络;搭建基本满足拉萨市气象防灾减灾和生态文明建设需求、城乡全覆盖的公共气象服务体系,加快实现公共气象服务均等化;全市气象预报预测、气象服务和生态环境监测与评估整体实力达到全区先进水平；全市气象基层基础设施和工作生活条件全面改善，履行公共服务和社会管理能力位于全区前列，气象科技创新能力进一步加强，气象人才队伍整体素质全面提升，自我发展能力显著增强。

三、主要任务

（一）提高防灾减灾气象保障能力。建立多灾种气象灾害风险预警一体化业务，建成城乡全覆盖的“五级”气象灾害防御体系，实现气象灾害天气预警向气象灾害风险管理转变；丰富便民警务站公共服务内涵，以提供定点、定时、多要素的高标准、全方位、精细化气象保障服务产品为目标，积极构建以城市片区为应急管理单元，覆盖全市的网络化、智慧化气象灾害风险评估和风险预警一体化业务，显著提升城市安全运行能力；建设拉萨气象灾害和突发公共事件预警信息发布系统，制定政府预警信息权威发布管理办法，建成气象预警信息快速传播“绿色通道”，加快推进公共气象服务均等化进程，最大限度地降低气象灾害损失，有力保障地方经济发展和农牧民群众增产增收。

（二）提高气象服务能力。围绕国家生态安全屏障建设和生态文明建设需求，建设与之相适应的现代农牧业气象服务体系和气象服务示范区。面向城市、交通、旅游特色经济园区和特色农牧产品基地发展战略等需求，开展特色专业气象服务；常态化开展城市空气污染、环境气象业务，开展重大建设项目的气候可行性论证，不断提高气候风险管理水平和适应气候变化的能力。强化人工影响天气基地及标准化作业炮点建设，将人影作业、弹药等安全管理纳入地方维稳工作总体安排部署和监督检查，不断提高人工影响天气服务能力和效益。

（三）提高气象灾害预报预测精准化水平。优化业务布局，调整业务流程，建立覆盖到乡镇的气象要素预报业务系统，开展全要素、全站点、多时效、多种类（定量、概率、站点、格点）天气预报。建立短时强降水格点预报系统，制作 30 分钟间隔 5 千米分辨率的定量降水估测业务产品和 6 小时间隔的短时强降水概率预报产品。到 2020 年，要实现强对流天气预警提前量提高到 25 分钟以上，暴雪预警准确率达到 65%，灾害性天气落区预警精细到乡镇。加强中小河流洪水、地质灾害、空气质量、交通旅游和农用天气等专业专项气象预报业务建设，提高专业专项预报产品科技含量和准确率。建设多种客观方法综合集成的短期气候预测和延伸期预测业务系统，明显提高气候预测的针对性、实用性和准确性；完善极端气候事件监测系统，开展气象灾害监测和评估业务。

（四）建立完善气象灾害综合观测站网。面向全市气象防灾减灾和生态环境保护建设需求，优化气象灾害监测站网布局，整合交通、农牧、国土资源、水利、环保等部门已建业务监测网，大力推进全市尚无气象观测站乡镇的自动气象站建设，实现“乡乡有站”，构建全市乡镇全覆盖的灾害性天气综合监测网。大力推进公路铁路交通、重要旅游景区、环境气象、农牧业作物病虫害等专业专项气象监测网建设。到 2020 年，基本建成布局科学合理、观测要素种类齐全、运行管理统筹集约的综合气象观测站网，切实满足气象业务服务需求。县级以上人民政府要将气象灾害监测设施和探测环境保护纳入各级城乡规划统筹考虑，依法保证探测资料的代表性、连续性和可比性，对严重破坏气象探测环境的行为，要依法惩治，限期整改。

（五）全面推进基层气象现代化建设。深入贯彻落实西藏自治区人民政府与中国气象局签订的省部合作协议，稳妥推进新设县级气象局工作。要按照规模适度、功能实用、集约现代的要求，实施基层县局基础设施改造与建设，全面改善基层县局基础设施和工作生活条件。要不断优化县局业务布局和流程，完善岗位职责，整合各类软、硬件及物理环境，以统一数据库和信息网络为支撑，建设县级综合气象业务平台，实现县级局公共气象服务、气象预报预测、气象观测和综合气象保障等各项业务综合化、集约化，提高县局综合气象业务服务能力。各级政府、各有关部门要在符合有关规定的前提下，在气象建设土地利用和项目报批上给予大力支持。

四、保障措施

（一）强化工作组织领导。各级政府要将推进气象现代化建设工作纳入重要议事日程，建立齐抓共管的协调领导机制，明确相关部门职责分工，强化工作措施、落实重点任务，协调解决重大问题。

（二）加大公共财政投入。要把公共气象服务纳入社会基本公共服务的范畴，建立健全稳定增长的气象事业发展投入机制，加大气象现代化重点工程、技术开发和公共气象服务业务项目支持力度，为全面推进气象现代化建设和公共气象服务业务发展提供有力保障。

（三）强化气象社会化管理。进一步明确各级气象主管机构作为同级人民政府气象工作主管机构的定位。全面梳理建立气象灾害防御、公共气象服务和服务市场监管、生态资源保护和利用、气象探测设施和探测环境保护、气象灾害应急准备认证、气候可行性论证、雷电防御和风险评估、人工影响天气作业等方面的行政职能清单，明确各级气象主管机构组织实施的气象行政管理职能和工作机制。建立健全相关气象法规规章和联合督查考核制度，规范多部门联合行政执法、公开执法服务行为，提高行政执法能力和水平，提高公共气象服务和社会管理效益。

拉萨市人民政府

2015 年 6 月 11 日

第四节　通知和通报

通知、通报属于周知性公文。社会组织的许多公务信息是利用这些文件传播出去的。一开始接触公文写作的文秘人员，大多是从通知、通报写起。所以，文秘人员都要学会如何撰写通知、通报。

一、通知

（一）通知的含义

通知用来批转下级单位的公文，转发上级单位和不相隶属单位的公文，传达要求下级单位办理和需要有关单位周知或者执行的事项，以及任免人员。在各单位的公文使用中，使用频率最高、应用范围最广的就是通知。

（二）通知的分类

根据性能与用途的不同，通知可分为如下几类：

1. 指示性通知

用于传达领导单位的重要指示精神，部署工作任务以及要求下级单位执行某些事项。这是通知中最为重要的一类。如党的十六大闭幕后，党中央及时下达了《中共中央关于认真学习贯彻党的十六大精神的通知》，这是对全党全国学习贯彻十六大精神的工作做出的重大部署。

2. 规定性通知

用于对某些方面的工作制度政策，提出规范和要求。与指示性通知相比，它侧重于操作层面的内容，规定在什么时间做什么工作、应该怎样做、不应该怎样做，具有很强的规范作用；而指示性通知则注重从重大原则性问题、思想认识层面以及今后一段时期的工作方面做出方向性指示，给人以启发，指导作用明显。

3. 事务性通知

用于办理临时性的具体的工作事项。与指示性、规定性通知相比，事务性通知是在更具体的层面告知人们办什么事、在哪里办、何时办理、怎样办理等。这类通知的正文篇幅一般都比较简短，只要将有关要素写得准确、具体、清楚即可。

4. 知照性通知

用于要求有关单位周知某一临时性活动或一般事项以及沟通公务信息等。如某单位报送文件、召开会议、调整机构、安排节假日、变更电话号码时，可制发通知，告知有关单位和相关人员。

5. 批转、转发、发布性通知

用于批转下级单位的公文，转发上级单位和不相隶属单位的公文，发布条例、规定等规范性文件，如《国务院批转环保总局关于三峡库区水面漂浮物清理方案的通知》《北京市人民政府办公厅转发国务院办公厅关于严格控制举办城市周年庆典活动文件的通知》《北京市人民政府办公厅关于印发北京市遏制与防止艾滋病行动计划实施方案的通知》等。

6. 聘任通知

专门用于任免干部和聘用有关人员。

（三）通知的特点

1. 适用广泛

通知的行文主体，包括各级各类社会组织及其部门；通知的内容，既包括上级指示意见，也包括部署工作任务或告知重要公务信息；从行文关系来说，用于下行文和平行文均可。

2. 主体单纯

通知具有主体单一的特点，恪守一文一事的原则，一项通知只涉及一项工作、一个问题、一项公务活动。

3. 时效明显

凡是下达通知，收文单位都要在一定时间范围内执行和办理，因此正文中通常包括时间要素。

4. 便于操作

通知要具体说明执行要点和要求，这些要点和要求必须具体明白而不能含糊其辞，收文机关按照通知要求去做，即可完成任务。

5. 表述灵活

根据通知内容的繁简程度，表述形式可以多层多段，也可以篇段合一。另外，在内容安排上也比较灵活，没有固定不变的表达方式。

(四) 通知的内容和结构

通知都要具备标题、主送单位、正文、生效标识、成文日期等基本部分。

1. 标题

通知的标题要做到三要素齐备，特别要准确标明事由部分，以便下级单位准确理解、执行和办理。特殊紧急情况下的发文，可以在标题中体现紧急程度。内部会议通知、聘任通知等可以适当精简发文单位或事由部分。凡属于批转、转发、发布文件的通知，标题中应写明“批转”“转发”“发布”“印发”等字样，在原文标题外加注书名号，否则不加书名号。

2. 主送单位

在正文之前的左侧顶格标明。如果下达普发性通知，应当概括标明下级单位名称。如国务院发文，经常采用“各省、自治区、直辖市人民政府，国务院各部委、各直属机构”这样的统称方式。

3. 正文

正文是通知的主体部分。正文的内容依次包括三部分：通知的缘由、目的、意义或依据，通知事项，通知的执行要求或希望。具体表述时，内容简单、篇幅简短的通知，可以采用篇段合一的方式；内容重要和篇幅稍长的通知，应当采用分层表达的方式，即依次分为开头、主体和结尾。一般来说，通知的事项应分条列项表达。不同类别的通知，正文写法差别比较大，要根据实际情况而定。

有些通知需要带有补充说明和参考作用的附件，应当在正文之下标注附件名称和份数，以免漏阅。

4. 生效标识

准确标明发文单位名称并加盖单位印章。

5. 成文日期

在发文单位署名之下右侧，写明发文的年、月、日。

(五) 通知的写作要求

1. 通知事项要明确

通知的操作性很强，因此，拟写通知必须将需要传达、贯彻、落实、周知的事项交代清楚，便于接受单位理解和执行，绝不能含糊其辞、模棱两可。

2. 公文主题要集中

通知是为了解决实际问题的，因此，要严格执行一文一事制度，每条通知明确说明一件事情、布置一项工作，保证主题单一，让人一看就明白，以便迅速执行与办理。

3. 确保清晰表达

通知是以说明为主的文种，无论采用篇段合一方式还是分层表达方式，通知在文字表达上都要求做到准确简练，层次分明，条理清晰，使读者一目了然，不生歧义。

4. 讲究发文依据

为了保证行文效果，要注意增强发文的权威性，导语部分应当尽可能将发文的政策法规依据或事实依据给予明确交代。针对问题下达的指示性通知，要注意将行文背景即正反两个方面的情况说明清楚，以增强行文的针对性。

【例文一】(知照性通知)

关于召开信息工作会议的通知

局各科室、区公用事业指挥部、区城市化办公室：

为进一步做好我局信息工作，加强信息员队伍建设，提高我局信息工作整体水平，经研究，决定召开信息工作会议。现将有关事项通知如下：

一、时间：

2009 年 4 月 10 日下午 3:00

二、地点：

区行政中心管理大楼 6 楼 1 号会议室

三、参加人员：

(一) 各科室、站所负责人，公用事业指挥部、区城市化办公室综合科负责人，各信息员；

(二) 2008 年度信息工作先进个人。

四、会议内容：

(一) 表彰 2008 年度信息工作先进个人；

(二) 学习政务信息写作技巧；

(三) 学习政务公开有关知识；

（四）学习网站维护知识；

（五）研究制定信息员工作制度。

五、有关要求

（一）各科室、站所根据自身工作实际，确定信息工作人员，并于2009年4月8日前报局办公室。原则上要求至少一名，其他愿参与信息工作的同志亦可报名。联系人：廖翔，联系电话：86966700。

（二）信息工作人员应热爱信息工作，具有一定的综合写作和计算机操作能力。

（三）请与会人员安排好工作，准时参加。

中共温州市龙湾区建设局委员会

2009年4月2日

【例文二】（批转性通知）

国务院批转财政部等部门
关于清理检查预算外资金意见的通知

各省、自治区、直辖市人民政府，国务院各部委、各直属机构：

国务院同意财政部、国家计委、审计署、中国人民银行、监察部《关于清理检查预算外资金的意见》，现转发给你们，请遵照执行。

特此通知。

附件：财政部等部门关于清理检查预算外资金的意见

国务院（印章）

××××年×月×日

【例文三】（转发性通知）

拉萨市人民政府办公厅
转发拉萨市2014年禁止白色污染工作方案的通知

各县（区）人民政府，市直各有关单位：

《拉萨市2014年禁止白色污染工作方案》已经市人民政府研究同意，现转发给你们，请认真按照方案要求开展相关工作。

拉萨市人民政府办公厅

2014年7月17日

二、通报

（一）通报的含义

通报用于表彰先进、批评错误、传达重要精神或情况。从行文关系看，通报属于下行公文，是进行宣传教育、指导工作、传达重要情况时常用的一种公文。党政机关、人民团体、企事业单位、学校都可以使用。

(二) 通报的分类

按照内容及其目的，通报可以分为三种类型：

1. 表彰性通报

旨在宣传先进思想和事迹，倡导优良的社会风尚，树立正气，鼓励人们学习先进、做好工作。主要用于表彰突发事件中的好人好事，如救人、救火、勇斗歹徒、拾金不昧等事迹；也用于确认和公布先进集体、先进个人的表彰结果，介绍先进经验，树立先进典型。

2. 批评性通报

是与表彰性通报相对的通报，用来批评错误、宣传纪律处分结果等，旨在让干部和群众引以为戒，防止发生类似的错误。

3. 情况通报

主要用于对某些特殊社会动态、人的思想状况以及一定时期内某方面工作的进展情况进行交流沟通，以引起广泛关注；或用于传达领导机关的指示意图，以便统一认识，统一行动，共同完成任务；也用于为领导决策提供重要情况。

(三) 通报的特点

从通报的功能与用途上看，其具有如下特点：

1. 使用广泛

由于通报所涉及的人物或事件具有典型性，旨在进行宣传教育、启发引导或广泛沟通，因此，不受作者权限限制，各单位均可使用。

2. 客观真实

通报的内容均是实际工作中已经发生的真实情况，具有事实上的绝对准确性，这是起到广泛教育推动作用的基础。

3. 寓理于事

通报不像通知、通告、决定等文件那样以说理为主来直陈要求，而是重在叙事说理，寓理于事，以事明理，通过对正反两面事实的陈述，对人们起到指导、示范、教育、督促、警戒作用。

4. 正面引导

无论是表扬先进、批评错误，还是传达重要情况，其目的都在于通过典型可信的人和事，引导人们明辨是非，吸取教训，弘扬正气，树立新风。

(四) 通报的内容和结构

通报一般由标题、主送单位、正文、署名与发文时间组成。

1. 标题

通报的标题一般由发文单位、事由、文种组成。通报的标题要能够突出其所传达的

信息，通报事项要准确概括，使人一目了然。撰写褒奖性通报，常常用“授予××××称号”或“表彰”等一类词语表明发文单位的倾向与立场。若拟写批评性通报，可以使用“给予××××处分”或“擅自”等词语，表明态度。另外，通报的标题有直述式和转述式两种写法。直述式写法用于发文单位直接发出的内容单一的通报，即在标题中直接叙述有关事由，如《××研究所关于授予梁××“勤政爱民好干部”荣誉称号的通报》；转述式写法用于发文单位转发已有成文的通报，如《××市人民政府关于××县抗洪救灾捐款使用情况的通报》所转发的附件是《××县人民政府关于抗洪救灾捐款使用情况的通报》，这时，通报的正文只起到一种按语的作用。

2. 主送单位

采用统称的方法，写明收文单位名称。

3. 正文

正文是通报的核心部分。不同类别的通报具有不同的写法。但它们都是建立在客观事实的基础上，其目的都是沟通有关情况、说明道理。因此，正文的构成都离不开“事实”和“道理”两个方面。其具体的表达通常包括这样几个基本部分：叙述事实与介绍情况、评价分析与表明态度、说明对事件的表彰或批评方法及其对收文单位的指导性意见或希望与要求。

4. 署名

写明发文单位名称或加盖公章。

5. 发文时间

准确写明发文的年、月、日。

（五）通报的写作要求

1. 通报的事实必须准确无误

为保证通报的事实准确无误，一定要在撰写之前搞好调查研究，反复核实有关情况，包括事件的细节都必须了解清楚，不能有丝毫出入，以免造成失信、被动的后果，给发文单位的声誉带来不良影响。

2. 通报的事实必须具有典型意义

要选择那些典型性强、富有通报价值的事例行文，充分发挥通报对工作的指导作用和对干部群众的教育功能。

3. 通报的语言表达必须恰如其分

通报是在发文单位对客观事实有了明确的态度与原则立场之后的行文，对事实的分析和评价要实事求是，合情入理，讲究分寸；不能空发议论，借题发挥；尤其是对事件的定性要慎重推敲，切忌片面化和绝对化，要做到表扬不溢美，批评不扬恶。

4. 通报要讲究时效性

通报的事实必须尽快传达出去，引起广泛注意，才能促进工作的开展，因此要“趁热打铁”，及时行文，以求最佳表达效果。如果时过境迁再来行文，通报的效果就会大打折扣。

【例文一】（表彰性通报）

××省人民政府　××省军区
关于表彰全省国防教育先进单位和先进个人的通报

各市人民政府，各县（市、区）人民政府，省政府各部门、各直属机构，各大企业，各高等院校，各军分区、警备区、预备役师（旅），各县（市、区）人民武装部，省军区各部：

自1990年《××省国防教育条例》颁布实施以来，全省各级党委、政府和国防教育工作机构以及广大干部群众认真贯彻落实党中央、国务院、中央军委关于加强国防教育、增强全民国防观念的一系列指示精神，积极适应国际军事斗争形势的新变化，适应市场经济和改革开放深入发展的新特点，不断研究解决国防教育遇到的新情况、新问题，努力探索依法搞好国防教育的形式和方法，组织开展了形式多样、各具特色、富有成效的国防教育活动，在多次参加全国性的国防教育活动中取得了优异成绩，始终走在全国国防教育前列。通过广泛持久、深入扎实的国防教育，全省广大干部群众面对风云变幻的国际形势，增强了居安思危的忧患意识；面对实现祖国统一、维护国家安全的严峻局势，增强了热爱祖国、保卫祖国的国防观念；面对我省的重要战略地位，增强了建设海防、守卫海防的责任意识。这对促进我省的政治进步、经济发展和社会稳定起到了积极的推动作用。

多年来，全省各行各业、各个单位和广大干部群众在开展国防教育中做了大量工作，付出了辛勤努力，取得了显著成绩，涌现了众多先进单位和先进个人。为了总结经验，表彰先进，推动全省国防教育深入发展，省政府、省军区决定，对××钢铁集团总公司等100个国防教育先进单位和齐亚珍等100名国防教育先进个人给予通报表彰（先进个人不享受省级劳模待遇）。

希望受表彰的单位和个人要珍惜荣誉，戒骄戒躁，再接再厉，为全省国防教育做出更大的贡献。各单位和广大干部群众要认真学习先进，不断开拓进取，努力把我省国防教育推向新的水平。

附件：国防教育先进单位、先进个人名单

××省人民政府
中国人民解放军××省军区
2001年9月7日

【例文二】（批评性通报）

关于对文成驾校学员考试舞弊情况的通报

全市各驾校：

为进一步严格驾考纪律，督促驾校对学员考试纪律的教育，现对123号部令实施以

来，第一例科目三安全文明常识考试舞弊行为查获情况通报如下：

2013 年 3 月 5 日上午，考试中心安全文明驾驶常识考场工作人员在巡视考场时发现考生刘柏亮外貌特征与照片不符，疑是替考。经请示考试中心领导后，暂扣其准考证，并带离考场。经民警询问查明，文成驾校浙 C1930 教练车学员刘柏亮因第一次参加安全文明驾驶常识考试不及格，该刘急于想拿到驾照，故托其兄弟刘成良来替考，被当场查获。

根据公安部 123 部令及相关文件规定，经车管所考试中心研究，决定采取以下措施：

一、取消学员刘柏亮已考科目的成绩，且一年内不得再次申领机动车驾驶证。另外，对替考人刘成良进行批评教育。

二、对教练车浙 C1930 停止报考申请 7 天。

三、责令文成县长途汽车运输有限公司机动车驾驶员培训学校深刻反思，限期整改，并将整改结果上报市交警支队车管所考试中心，整改不到位，将停止报考申请。

以上通报，全市各驾校要认真吸取教训，引以为戒，切实加强考试纪律教育，管好自己的车，管好自己的人，杜绝此类事件的再次发生。

温州市车管所考试中心

2013 年 3 月 21 日

【例文三】(情况通报)

关于 2003 年上半年全国建筑施工事故情况的通报

各省、自治区建设厅，直辖市建委，江苏省、山东省建管局，新疆生产建设兵团建设局：

据 31 个省、自治区、直辖市和新疆生产建设兵团报告，2003 年上半年，全国共发生建筑施工事故 519 起，死亡 582 人，重伤 68 人，与去年同期相比，事故起数、死亡人数分别上升 245%和 207%，重伤人数下降 419%。其中发生建筑施工一次死亡 3 人以上事故 15 起，死亡 66 人，重伤 5 人，与去年同期相比，事故起数、死亡人数和重伤人数分别下降 211%、29%和 375%。这 15 起事故中：××4 起，××、××各 2 起，××、××、××、××、××、××、××各 1 起。2003 年上半年全国建筑施工事故统计表见附件。

按照《关于加强建设系统重大质量安全事故快报工作的通知》(建办质〔2003〕23 号)要求，自 2003 年 4 月 20 日起，各地应通过建设系统重大质量安全事故快报系统及时报告工程建设、城市市政公用行业运行(营)、房屋安全重大事故。从报告情况看，××、××、××、××、××、××等地能够认真、及时、规范地通过快报系统报送事故。但也有部分地区未能按时限要求和规定内容报告，在一定程度上影响了我部对全国建设系统重大质量安全事故的全面掌握和统计分析。

各地要高度重视重大事故报告工作，落实分管领导和有关工作人员责任，严格报送时限、报送程序，及时、准确、规范地通过建设系统重大质量安全事故快报系统向建设部报告事故。同时，要进一步完善本地区重大事故报告制度，加快建立和完善本地区建设系统质量安全事故报送系统，培训有关工作人员，进一步推动重大事故报告工作的制度化和规范化。

附件：2003 年上半年全国建筑施工事故统计表

中华人民共和国建设部办公厅

2003 年 8 月 8 日

第五节　报告、请示和批复

一、报告

报告是党政机关执行报告制度的产物。报告的使用在党政机关工作中由来已久。早在 1948 年 1 月 7 日，毛泽东就为中共中央起草了《关于建立报告制度》的党内指示。毛泽东指出："为了及时反映情况，使中央有可能在事先或事后帮助各地不犯或少犯错误，争取革命战争更加伟大的胜利起见，从今年起，规定如下的报告制度。"这是中共中央坚持民主集中制、反对无纪律无政府倾向的长期斗争在新形势下的发展。以毛泽东起草的这份党内指示为标志，以往在党的组织系统实行的下级向上级报告工作的做法被当作一项制度确立下来。新中国成立以后，定期报告的制度在许多单位得到广泛推行。

（一）报告的含义

报告是向上级单位汇报工作、反映情况，以及答复上级单位的询问的公文。

（二）报告的分类

根据内容和目的的不同，可将报告划分为以下几种类型：

1. 工作报告

工作报告旨在向上级单位汇报工作进展情况，以便上级单位统一协调和掌握下属工作情况，实行有针对性的领导。根据报告内容又可以具体分为综合性报告和专题性报告。如《××县人民政府 2003 年工作报告》，属于综合性报告；《关于改进企业工资基金管理办法的报告》，属于专题性报告。

2. 情况报告

情况报告旨在向单位机关反映有关情况，如社会动态、职工思想状况、严重自然灾害以及其他需要上级单位及时了解和掌握的特殊情况，如《××牧场牲畜冻伤冻死情况的报告》等。

3. 答复性报告

答复性报告是一种被动性行文。当上级单位有所咨询时，对于较为简单的问题，可以口头答复，较为复杂的问题，往往要用书面报告形式答复，如《关于××市人大代表团出国考察的报告》等。

（三）报告的内容和结构

报告一般由以下几个部分组成。

1. 标题

一般采用“发文单位名称＋事由＋文种”的形式。综合报告的标题可以省略介词结构“关于……的”，如《××市人民政府2003年工作报告》；专题性报告的标题要注意将事由概括准确，如《××县林业局2003年春季植树造林工作的报告》。定期执法的报告需要标明针对的时间，以示区别。

2. 主送单位

在正文上一行顶格书写一个直接上级单位的名称，要全称或规范的简称。不能多头主送，也不能直接写领导者姓名。

3. 正文

报告的正文，通常这样安排：一是说明报告的缘由。即为什么要写报告，是遵照领导的要求行事，还是认为有必要让领导了解有关工作情况，或是为了答复上级的询问。还应交代报告涉及的主要内容、时间空间范围、总体情况等。

二是陈述报告的主要内容。报告主要工作进展情况要突出重点，抓住核心，有成绩、有经验、有不足、有改进意见。

三是结语。一般使用“特此报告，请审阅”“特此报告”等，不能用请示的结语。

4. 发文单位名称

按照要求写明发文单位名称并加盖单位印章。

5. 成文时间

写明成文的年、月、日。

【例文一】（工作报告）

天津市林业局关于2009年春季植树造林工作的报告

国家林业局：

2009年春季，在国家扩大内需，新增造林投资的带动下，天津市各级财政投入林业生态建设资金大幅增加。同时，今年又是我市实施2009—2012年林业建设规划的第一年，市委、市政府对春季植树造林高度重视，主要领导和分管领导多次亲临造林现场指导工作。经努力，我市春季造林绿化工作取得了较大的成绩，截至目前，共完成造林面积26万亩，完成年度计划造林的122%。其中，京津风沙源治理工程0.89万亩，三北及沿海防护林工程25.11万亩。按林种分：防护林13.97万亩，用材林10万亩，经济林2万亩，特用林0.03万亩。

一、造林绿化主要特点

（一）领导重视，组织得力。市委、市政府出台了《关于加快林业发展建设绿色天津的意见》，市政府批转了《2009—2012年天津林业建设规划》，进一步明确了今后四年我市林业发展布局、目标任务和相关政策。为加强绿色天津建设各项工作的组织领导，市政府成立了重点造林绿化工程建设指挥部，主管林业的副市长任指挥部总指挥。高丽书记、兴国市长多次听取汇报，并做出重要批示。兴国市长亲自参加全市加快林业发展建设绿色天津动员大会，对2009年的造林绿化工作，特别是市级重点造林绿化工程建设，进行了动员，提出了具体要求。文喜副市长多次召开会议，研究部署工作，并多次深入工程建设现场检查指导，为今年春季植树造林圆满完成做好了充分准备。

（二）重点工程建设有突破。由于前期准备工作做得比较到位，相比去年，各项市级重点绿化工程建设更加规范，标准更高。一是工程规模大，今年市级重点工程造林任务共安排12万亩，占全市总体任务的56%，规模远远大于往年，截至目前市级重点工程完成12.9万亩；二是苗木规格符合设计要求，重点工程苗木胸径均达到4厘米以上，部分苗木达到了6厘米以上；三是林带结构比较合理，高速公路绿化带由里到外低矮灌木、亚乔木、高大乔木的配置，层次非常分明；四是栽植质量较高，由于前期市林业局和各区县均进行了相关栽植技术培训，科学营造，科技营林，因此，栽植质量比去年也有较大的提高。

（三）片林发展势头猛。各区县积极贯彻落实兴国市长关于加大片林建设的批示要求，充分利用片林建设的扶持政策，积极开展片林建设，特别是宁河、静海、宝坻，今年片林建设的力度非常大。全市完成的26万亩造林任务中，片林面积占60%以上。市级重点工程建设完成的10.9万亩片林，占今年12万亩市级重点工程总任务的90.8%。为了加快我市片林发展进程，加大绿化资金扶持力度，实施栽植与责任为一体，栽植与补贴为一体，栽植与管护为一体的方法，使我市片林工程有了新的特色。

（四）政策、资金扶持力度大。市政府制定出台了建设绿色天津的相关补贴扶持政策，加大了财政扶持力度，同时在《2009—2012年天津林业建设规划》中也明确了造林补助标准及相关政策，为加快建设绿色天津提供了强有力的资金保障。我市西青区根据市财政局、市林业局关于《天津市林业建设工程财政补助资金管理办法》，结合实地建设情况，制定出台了《西青区林业建设工程财政补助资金管理办法》，明确了资金拨付程序、渠道，确保了绿化工程的顺利完成。

（五）宣传力度大。春植以来，充分利用广播、电视报纸等新闻媒体宣传植树造林对当前实现人与自然和谐，实现经济社会可持续发展，建设生态文明社会的重大意义。我市津南区开展了声势浩大的绿色宣传月活动，加强宣传造林绿化知识、意义、造林动态、水平，提高了人们对生态建设的认识，切实增强了老百姓植绿、护绿、兴绿、爱绿的绿色文明意识，使广大群众对造林技术、林木知识、管护常识有了新的认识，增强了造林的主动性。

二、存在问题

今年我市春季造林绿化工作，虽然取得了很大成绩，但在充分肯定成绩的同时，也应清楚地看到还存在一些不容忽视的问题：

（一）高速公路绿化带存在个别绿化死角。一是坑塘、堤埝综合整治不到位，没有按要求进行整治或绿化，有的坑塘与高速平行的堤埝栽上了树，但与高速垂直的堤埝未进行绿化，影响了效果。二是高速公路与路、河、渠的衔接部位存在死角、断带现象，整治得不够彻底。三是个别地段因土地调整不到位，或因特殊地形，只栽植了两三行树木，林带宽度较窄，影响了绿化效果。四是部分路段存在脏乱差现象，特别是在城郊接合部地段或沿线途经村镇、企业的地段，存在垃圾没有清理、整体环境脏乱差的现象。五是外环线及部分高速林带内有零星或成片的坟头，造成了绿化带断带或影响了绿化带的整体效果。

（二）部分农田林网单薄。由于多数林网只能栽植单行或双行树木，且株行距较大，感觉林网过于单薄、不够厚实，视觉效果不理想。

（三）养管措施存在不到位现象。许多新植树木没有及时涂白、培土，浇灌后倾斜、倒伏的苗木，没有及时扶正，枯死苗木没有及时更换。

三、下一步主要工作

（一）建立健全养护制度，确保绿化成果。加强养护管理工作，建立健全养护管理制度，严格管护责任制，成立专业管护队伍，加强对新植树木的清除杂草、浇灌、涂白等养管工作，防止人、畜破坏，确保植树成果，同时对枯死苗木及时更换、补植，确保景观效果。

（二）加强监督检查，做好技术指导。在监理公司对绿化工程进行全程监理的基础上，认真核实好完成工程任务量，作为进一步兑现政策的依据。全面掌握新植树木生长情况，针对不同季节、不同地段、不同情况，做好技术指导，因地制宜采取各种管护措施，提高成活率和保存率。

（三）做好今年雨季及今冬明春植树造林安排。切实抓好我市雨季造林的前期准备工作，主要是组建造林专业队，苗木的落实等工作，确保顺利完成雨季造林工作。按照《2009—2012年天津林业建设规划》制定的目标任务，提早下达今冬明春造林任务，明确市级重点造林绿化工程，并积极做好规划设计、技术培训、苗木准备等工作。

特此报告，请审阅。

天津市林业局

2009年6月2日

【例文二】（答复性报告）

××规划建设委员办公室
关于××县拟建工业开发区的报告

××市人民政府：

根据张××副市长的批示，我们就××县人民政府《关于建立工业开发区的请示》（×政〔19××〕××110号）中的有关问题，曾转市规划局、规划院研究，今年1月13日在规划办系统联席会议上再次进行了研究，现将我们的意见报告如下：

一、××县人民政府提出在现状××公路以南（即××县城西南）地区建立工业开发区，与××县城总体规划没有矛盾，可原则上同意。

二、××公路以南至规划××公路之间可用于工业的用地共2平方公里，其中，规划的自来水九场××至××县段管线巡线路以北地区为1.2平方公里。（略）

三、由于现状××公路和规划××公路之间地区是自来水八场的水源补给区，因此，在选择工业项目时，必须注意保护环境。（略）

…………

特此报告。

附件：××县工业区规划图

××规划建设委员会办公室

××××年××月××日

【例文三】（情况报告）

××市公安局关于我市当前经济犯罪的情况报告

××市人民政府：

根据中央《紧急通知》精神和市委、公安部指示，我市各级公安机关迅速组织力量，与有关部门密切配合，依靠群众，研究、发现线索，抓紧侦察，破获了一批重大经济犯罪案件。现将初步掌握的关于我市经济犯罪的规律性情况报告如下：

第一，大量走私生产原材料和稀有、贵重物品及违禁品。

前几年，走私贩卖电视机、收录机和手表风行一时，目前主要是走私进口和转手倒卖尼龙丝、汽车，非法套购和走私出境珍珠、兔毛等，其约占侦查案件的58%。××市机械工业局销售经理李××等，从广州购进尼龙丝五百余吨，转手倒卖，单位非法获利10余万元，李××等非法所得2万余元。港商陈××等通过厦门等特区有关部门，雇佣上海的黄牛掮客，深入产地非法收购珍珠1 000公斤，价值80余万元，使国家遭受重大损失。走私文物、古玩、名人字画和金银首饰，也是当前的一个突出情况。××市无业人员张××，在本市收购字画167幅、瓷器300件、金玉器118件，通过邮件、托运、携带运到广州后，交给“马仔”闯关出境，在香港高价出售，其中7幅字画就卖得港币19 000元。据海关统计，今年一季度已查获此类案件200多起，并有继续发展的趋势。

第二，在经济犯罪成员中，国家工作人员占了很大比重，其中还有共产党员和某些领导干部。

在已破获的××起案件所涉及的××名犯罪成员中，国家机关干部和工厂企业干部、职工××名，占36%。其中，共产党员××名，厂长、经理、科级和社队干部等××名，还有少数处级以上干部和部队的干部。他们有职、有权、有物、有人，把上海作为联络点、中转站和集散地，内外勾结，形成走私、投机倒把犯罪集团。有的帮助走私、投机倒把分子抢购套购，闯关出境；有的把特区进口物资内地销售，倒手转卖，牟取暴利。更严重的是，有少数领导干部的家属、子女，利用其特殊身份，形成一个“地下外贸集团”，钻我外贸部门制度不健全的空子，掌握了部分出口物资，与外商、港商和社会上的黄牛掮客相互勾结，进行私下交易，转手买卖，从中拿取“佣金”，牟取暴利。据初步调查，这个集团成员达百人以上。他们自称“代理人”，设立“办事处”，与港商、外商通气，把外贸出口货物名称、规格、牌价泄露出去。有的把第一批货物掌握在手里，在港商中买来卖去，哄抬价格，索取佣金，收受贿赂；还有的竟与黑社会分子的特务间谍私下来往，具有更大的危险性。

第三，在犯罪手法上多利用公开身份，披上合法外衣，掩盖非法活动。

有的地区、单位明知珍珠、兔毛是国家重点出口物资，有严格的管理制度，但他们却利欲熏心，不顾党纪国法，直接与港商签订合同，联合收购并准许出口，给非法活动打上合法印记。有的利用各种手段骗取合法手续，掩护非法活动；有的则利用某些单位思想麻痹、制度不健全和作风不正确的漏洞，披着“合法”的外衣，进行非法活动。如上海有一个自称“金融股票研究小组”的诈骗集团，他们以“国民党军政人员留下的黄金券、航空券、火车票可以兑换外汇，并可以从中拿取奖金”作为诱饵，将骗取的某县政协的“证明”加以复制，到处招摇撞骗。有6人被骗取所谓“信用金”“活动费”3 000余元。还有些刑满释放人员在一些企业内挂上“供销员”招牌，以“采购员”名义，随身携带各种空白介绍信，与其他企业签订“合同”，并以请客送礼等各种方式打通关系，取得方便，用未发货先提款和从银行汇款中提到部分现金手段，骗取大量物资和现金。

针对上述情况，我们将进一步研究对策、总结经验，采取措施并与有关部门及广大群众配合，更有力地打击各种经济犯罪活动，维护治安，保卫国家经济建设。

××市公安局

××××年××月××日

二、请示

(一) 请示的含义

请示是下级请求上级给予指示、批准和批转时使用的文种。请示是特定条件下使用的，有特定应用范围。一般遇到以下情况才需要请示：

第一，对上级单位的法规、政策及其决定等有不解之处，或认为他们不适应本单位情况需要变通处理时，需要请求上级单位予以解释、指示和认可。

第二，请求批准人员编制、机构设置、干部免职、经费预算以及重要人员或事故的处理。

第三，请求审批或批转本单位制定的重要文件。

第四，请求解决本单位无法解决的困难和问题。

第五，根据规定必须履行审批手续的事项。

总之，任何依法成立的机关、组织和企事业单位，都享有独立解决和处理问题的法定职权，超出其职权范围的事项，则需请示上级，获准后方可执行和办理。擅自处理不该由本单位处理的问题，是错误的行为。

（二）请示的特点

1．条件性

请示事项必须是超出本单位职权范围的事项。下级既要尊重上级的领导与指导，并及时请求上级解决问题，也要在职权范围内尽职尽责，切实办好该由自己办理的事项。

2．超前性

请示必须在事前行文，不能"先斩后奏"，这是制发请示的重要原则。事前行文不仅是尊重上级的表现，也有助于提请上级对重要事项帮助把关，避免出现重大失误。

3．主旨单一

请示必须严格执行一文一事制度，确保主旨单一，以便上级单位及时答复，缩短办理周期，提高行文效率。有人认为一件请示多讲几件事情可以提高工作效率，殊不知这样往往造成文件在上级单位的几个部门流动，很容易相互影响，耽误工作。

4．时效性

请示事项多数比较急迫或关系重大。上级单位收到文件后应尽快批复。一旦延误时机，就可能造成较大损失。市场经济条件下，时机是最重要的发展条件之一，若上级延误了答复下级请示的时间，很容易使下级丧失发展良机。因此，上级单位收到请示后要力争在最短的时间内回复下级。

5．期复性

请示发出后，上级单位无论同意与否，都要予以答复，这是由请示的期复性特点决定的。有请必复是请示与报告的重要区别。

（三）请示的分类

根据请示目的的不同，可以将其分成以下三类：

1．请求指令类的请示

针对工作中出现的不知如何办理的具体问题，向上级说明有关理由或情况，请求予以答复或提出明确的处理意见。例如，对有关的法律精神或政策难以把握，工作中遇到特殊情况无所依据等均应请求上级给予解释或指示。行文中，应把重点放在对有关情况的说明上，可以写本单位的建议，以便上级单位批复时参考。

2．请求批准类的请示

这是请求中最普遍的一种，即在涉及机构设置、领导班子调整、人员编制、财务运算、重要事件或重要任务处理时，在提出本单位处理意见或具体方案的前提下，请上级单位审核批准。行文中，要把有交代批注的事项阐述清楚，重点放在处理意见、办法、方案的说明上。必要时应采用附件形式，提供有关事项的完备资料，以便上级单位了解有关情况和批准审核。

3. 请求批转类的请示

针对本单位提出的涉及重大事项的解决方案、工作部署意见，或拟定重要规章制度，请求上级批转在相关单位或部门范围内执行。这种请示的关键，是针对有关单位的实际情况，注重文件的适用性。

(四) 请示的内容和结构

请示主要由标题、主送单位、正文、落款部分、成文日期等部分组成。此外，在公文眉首部分，必须标明签发人。

1. 标题

标题通常由发文机关、事由、文种组成，如《民政部关于增加选举工作干部编制名额的请示》《政治系关于改革考试方法的请示》等。要特别注意文种使用上的规范，不能将“请示”写成“申请”或“请求”；“请示”与“报告”不能混用，也不能写成“报告请示”。有些人将请示的标题写成《关于请求××××的请示》或《关于申请××××的请示》，造成语义重叠，属于不规范的做法，应当将标题中的“请求”“申请”删除。

2. 主送单位

请示只能标明一个直接上级单位名称。受双重领导的单位向上级请示，应根据请示的具体内容，主送其中一个上级单位并将请示抄送另一个上级单位。

3. 正文

为了保证行文效果，撰写请示的正文时一般考虑三个方面的内容：

(1) 简要说明请示的原因

请示一定事出有因。因此，撰写请示首先要从陈述开始，说明请示的理由、根据和目的，有时也要说明请示事项的背景。如《××局关于增设老干部管理工作办公室的请示》中，就说明了这样的缘由：

> 近年来，随着干部制度的改革和时间的推移，我局离休干部逐渐增多，目前已经达到65名，他们的实际困难难以解决。为了改进对离休老同志的管理和服务工作，根据中共××省委有关文件的规定和离休老干部的迫切要求，我局增设老干部管理工作办公室。现将有关事项请示如下……

这段话简明扼要，有理有据，主旨突出，不仅说明了请示的背景，也体现了增设老干部管理工作室的必要性、紧迫性，一句“现将有关事项请示如下”很自然地引出了主题内容。

(2) 针对请示事项提出解决问题的意见或建议

这是请示的主体部分。重点在于说明该怎么办，要拿出本单位的具体建议，多数情况下需要提出解决问题的初步方案，供上级定夺。若有可供选择的不同方案或建议，则需要提出本单位的倾向性意见。提倡积极帮助上级出谋划策的态度与做法，反对简单消极地上报情况的态度和做法。

(3) 结尾

采用征询的语气和祈请的语言,明确提出请求上级给予指示、批准或批转的要求。通常以“以上请示(意见)当否,请批示”“以上请示如无不当,请批准”“以上请示如无不当,请批转各有关单位执行”“特此请示,请予批准”等惯用结语表达。避免使用表意不清、咄咄逼人甚至“最后通牒”式的语言。

4. 落款部分

写明发文单位名称并加盖公章。

5. 成文日期

写明成文的年、月、日。

(五) 请示的写作要求

第一,行文之前要主动与主管领导取得联系,做好沟通工作,最好能够当面陈述有关请示意见,求得领导的同情、理解和支持。经验证明,加强与上级领导的沟通是请示获得批准的重要因素。

第二,要把握好请示的内在逻辑。不论请示什么问题,也不论文字多少,请示的内在逻辑一般包括“为什么请示”和“请示什么问题”两个层次。前一层次突出请示事项的理由,要从“解决问题的可能性”“方案的可行性”或“解决问题的有利条件”方面做文章。

第三,请示目的要明确。要做到提出的建议和要求具体明白,解决问题的措施、办法切实可行。

第四,严格遵循一文一事原则,一项请示只讲一个问题,切忌数事混杂。

第五,严格按照隶属关系逐级行文,不能越级请示,不能多头主送,也不能主送领导者个人(领导人明确要求的除外)。

第六,请示必须在事前行文,切忌“先斩后奏”;未获上级批复之前,请示不得抄送下级。

【例文一】

××省高级人民法院

关于交通肇事是否给予被害人家属抚恤问题的请示

最高人民法院:

据我省××市中级人民法院的请示,他们对交通肇事致使被害人死亡是否要给被害人家属抚恤的问题,有不同意见。一种意见认为,被害人是有劳动能力的人并遗有家属要求抚养的可以给,被害人是没有劳动能力的老人或儿童不给;一种意见认为,只要不是被害人自己过失所引起的死亡,不管被害人有无劳动能力都应酌情给予抚恤。我们同意后一种意见,认为这样有利于安抚死者家属。

此做法因无现行法律或有关政策、指示做依据,是否妥当,请批示。

××省高级人民法院

××××年×月×日

【例文二】

××有限责任公司工会关于增加活动经费的请示

××有限责任公司董事会：

为丰富我公司职工的业余生活，促进公司的精神文明建设，我工会拟组织职工于下周游香山，本次活动预计花费×××元。因工会近来活动频繁、经费紧张，特申请补助经费×××元。

以上请示，如无不妥，请批准。

××有限责任公司工会

××××年×月×日

三、批复

（一）批复的含义

批复是上级单位答复下级单位请示事项时所用的文种。请示在先，批复随后，请示是批复产生的唯一因素，因而批复是被动性公文。

（二）批复的特点

1. 指示性

批复属于一种下行文种，反映了领导单位的指示性、决策性意见，具有较强的约束力，下级单位必须遵照执行。

2. 针对性

批复是专门针对下级单位请示事项而写的，属于回复性文件。领导单位既可以肯定下级单位的请示事项，也可以否定请示事项。但无论如何，批复都必须紧紧围绕请示事项行文。

3. 结论性

一般而言，批复具有"一锤定音"的性质，批复的内容相当于对下级请示事项的最终结论性意见。因此，批复只发给提出请求的单位，不像其他公文那样有着较广泛的适用范围。如答复的问题具有普遍性，或批复事项涉及其他单位时，就要用通知形式批转有关单位。

4. 简明性

批复的行文直来直去，简明扼要，用语精练简要，语气肯定。

（三）批复的分类

第一，根据内容的表达方式划分，批复可以分为表态式批复、阐发式批复两种类型。表态式批复，内容比较简单，只是针对请示事项表明同意或不同意的态度。

阐发式批复，通常是针对新事物或重大而有长远影响的事项，在明确表态的基础上，进一步阐发政策性、指示性意见，指导下级单位处理好有关问题。

第二，根据内容的性质划分，批复可以分为肯定性批复、否定性批复、解答性批复三种类型。

肯定性批复，即同意下级单位请示事项的批复。

否定性批复，即不同意下级单位请示事项的批复。

解答性批复，即针对下级单位请示中所询问的有关事项给予明确解答的批复。

（四）批复的内容和结构

1. 标题

批复的标题与其他文种的标题有所区别。具体写法有以下两种：

（1）发文机关＋请示事项＋文种

如《北京市人民政府关于燕房卫星城总体规划的批复》，标题中“燕房卫星城总体规划”是原请示的事项。

（2）发文机关＋表态词＋请示事项＋文种

如《国务院关于同意贵州省设立遵义市汇川区的批复》，标题中特别明确了批复的态度，增强了批复的针对性。

当批复的内容为同意下级单位请示事项时，标题中应使用“同意”这个表态词；如果不同意下级单位的请示事项，标题中不宜标明“不同意”的字样，而应在正文中阐述不同意的理由。

2. 机关

写明批复所针对的请示单位名称。

3. 正文

正文写法应视批复的实际情况而定，但是有基本固定的格式可以借鉴。一般来说，批复的正文要分为以下三个部分：

（1）引据部分

即正文的开头往往只用一句话说明是针对什么机关的什么请示而批复。通常引用请示的来文日期、文号和标题。如“你中心 2004 年 7 月 28 日《关于加强和完善新任公务员培训工作的请示》（××发〔2004 年〕32 号）收悉”。这体现了批复的针对性的特点。

（2）批复意见

即写清批复的主体内容，针对请示事项明确表态，予以答复。一般以“经研究，现批复如下”引出批复意见，也可以直接用“经研究，同意……”写明批复的事项是什么，通常是针对请示事项逐项说明。态度要明朗，观点要鲜明，所提意见、做法要切实可行，符合党和国家的政策法规。批复的意见不能无的放矢，含糊其辞，似是而非，使下级难以理解，无所适从。

（3）批复结语

可以用“此复”“特此批复”结束全文，也可以写明希望和要求，如“望遵照执行”等。有的批复没有结尾用语，把批复事项或问题说完即可。

4. 发文机关署名

即在正文的右下方写明制发批复的机关名称并加盖印章。

5. 成文日期

即在机关名称或印章下面写明批复的年、月、日。

(五) 批复的写作要求

第一,批复是下级机关处理工作或解决问题的依据,因此,批复的行文要非常慎重。行文前要对有关事项认真进行调查核实,根据不同情况搞好论证工作。要根据职权范围批复,绝不可贸然行文。

第二,批复态度要鲜明,不管同意与否,切忌含糊其辞、模棱两可,也不能回避请示内容,答非所问,或似是而非,使下级单位无所适从。部分同意请示或完全不同意请示的批复,在引述来文、表明态度之后,还需要说理分析,然后才是结束语。但要注意的是,说理要力求简洁得体,以体现下行文的语体特点;分析不要求详细,点到为止即可。

第三,要一文一复,不可把毫不相干的几项请示的批复意见集中起来写在一个批复当中。否则会导致批复内容混杂,下级执行起来困难,而且还拖延了批复的时间。

第四,要讲究时效,及时批复,以免贻误工作。如果超出下级机关要求的时限,应及早说明原因。

【例文一】

都江堰市人民政府关于同意新增城市公共汽车的批复

市交通运输局:

你局《关于新增城市公交车的请示》(都交发〔2012〕2 号)收悉,经研究,同意新增公交车 50 辆。

一、新增车型:柳州五菱 GL646624 型小公交车

二、新增线路:共六条

(一) 31 路:中医院——塔子坝中学——青城桥头;全程共 4.5 公里,共 15 个站点。

(二) 32 路:翔风路口——龙潭湾——奎光塔公园;全程共 4.6 公里,共 18 个站点。

(三) 33 路:三官桥——团结小学——民主小区 2.5 环路口;全程共 4.5 公里,共 26 个站点。

(四) 34 路:申家巷——都江堰中学——友爱学校;全程共 4.5 公里,共 20 个站点。

(五) 35 路:银杏广场——学府路口——柏条河北路 2.5 环路口;全程共 3 公里,共 14 个站点。

(六) 36 路:外北街口——北街小学——政务中心;全程共 5.6 公里,共 24 个站点。

望你局接此批复后按相关规定及时办理新车入户及运营相关手续。

此复。

都江堰市人民政府

2012 年 2 月 13 日

【例文二】

××县人民政府关于××乡人民政府兴建砖瓦厂的批复

××乡人民政府：

你乡1998年4月10日《关于兴建砖瓦厂的请示》(××发〔1998〕×号)收悉，经研究，现答复如下：

改革开放以来，农村改房使用砖瓦量确实明显增加，因此各乡纷纷兴建了砖瓦厂。据调查，我县已经有40%的农户盖了新房；约30%的农户今年内不拟盖新房，砖瓦需求量相对趋于缓和。其余拟盖新房户所需砖瓦的数量，我县现有砖瓦厂完全可以满足。因此，凡申请新建砖瓦厂的请求不予同意，以免供过于求，出现新的问题。

特此批复。

××县人民政府(印章)

1998年4月20日

第六节　函和纪要

一、函

(一) 函的含义

函(习惯称公函)用于同级和不相隶属的单位之间商洽工作，询问和答复问题，请求批准和答复审批事项。

(二) 函的性质

公函属于典型的平行文种。“不相隶属单位之间”不论级别高低，都没有职权上的指挥与服从、领导与被领导关系，都是平等协作关系，相互行文均使用函。政府的专门职能部门，如财政、人事、卫生、环保、劳动保障、市政管理等部门，都具有相应事项的专门管理职权，同级部门或下级政府遇到相应问题需要解决时，必须请求它们批准。这时应当使用“函”请求批准，而不能使用“请示”。只有下级向上级请求批准时，才能以“请示”行文。

党委和政府的综合职能部门(办公厅、室)根据领导授权可以代行党委和政府的部分职权，用公函答复下级机关的请示事项，此时公函具有指导和批准的作用。

(三) 函的特点

1. 适用广泛

平行或不相隶属的单位之间相往来的公文，不受各自级别限制，都可以用公函行文。

2. 内容单纯

拟写公函要遵循一文一事的原则。每份公函都要交代清楚具体时间、具体事项、具

体经办人等。

3. 文字简练

函的表达直截了当、简洁精练，篇幅宜短小。

4. 行文规范

公函属于国家法定公文文种，在格式上有严格规范。

（四）函的分类

根据目的和内容来划分，函可以分为商洽函、询答函、批请函、告知函等。

1. 商洽函

旨在向对方了解有关情况，请求协助解决某个问题。

2. 询答函

即不相隶属机关之间相互询问和答复有关具体问题的函。询答函又可分为“询问函”和“答复函”。有些不明确的问题向有关机关和部门询问，用询问函；对机关和部门所询问的问题做出解释答复，用答复函。问答函涉及的多数是问题而不是具体的工作。

3. 批请函

即用于不相隶属机关之间请求批准和答复审批事项的函。批请函可以分为“请批函”和“审批函”。请批函用于向不相隶属的主管部门请求审批事项，而审批函则用于主管部门答复不相隶属机关单位的请批事项。

4. 告知函

即告知不相隶属机关有关事项的函。

（五）函的内容和结构

1. 标题、字号和主送机关

（1）标题

作为正式公文的函，其标题和一般公文的写法一样，由发文机关名称、主要内容（事由）、文种组成。如《国务院办公厅对国家工商行政管理局关于贯彻〈食用盐加碘消除碘缺乏危害管理条例〉有关问题请示的复函》《国务院办公厅关于羊毛产销和质量等问题的函》等；也可以采用省略发文机关名称的写法，如《关于请求批准××市节约能源中心编制的函》。

（2）函的发文字号

公函要有正规的发文字号，写法与一般公文相同，由机关代字、年号、顺序号组成。大机关的函，可以在发文字号中显示“函”字。如《国务院公报》2000 年第 10 号同时发布了国务院办公厅以“国办函〔2000〕××号”为发文字号的七篇复函。

（3）函的主送机关

函的行文对象一般情况下是明确、单一的，所以多数函的主送机关只有一个。但有时内容涉及的部门多，也有排列多个主送机关的情况，如《国务院办公厅关于羊毛产销和质量等问题的函》(国办函〔1993〕2 号)的主送机关,有七个之多:"国家计委、经贸办、农业部、商业部、经贸部、纺织部、技术监督局。"

2. 正文

函一般由开头、主体、结尾、结语等部分组成。

(1) 开头

主要说明发函的缘由。一般要求概括交代发函的目的、根据、原因等内容,然后用"现将有关问题说明如下"或"现将有关事项函复如下"等过渡语转入下文。复函的缘由部分,一般首先引述来文的标题、发文字号,然后再交代根据,以说明发文的缘由。

(2) 主体

这是函的核心内容部分,主要说明致函事项。函的事项部分内容单一,一函一事,行文要直陈其事。无论是商洽工作,询问和答复问题,还是向有关主管部门请求批准事项等,都要用简洁得体的语言把需要告诉对方的问题、意见叙写清楚。如果属于复函,还要注意答复事项的针对性和明确性。

(3) 结尾

一般用礼貌性语言向对方提出希望。或请对方协助解决某一问题,或请对方及时复函,或请对方提出意见,或请主管部门批准等。

(4) 结语

通常应根据函询、函告、函商或函复的事项,选择运用不同的结束语。如"特此函询(商)""请即复函""特此函告""特此函复"等。

3. 结尾落款

一般包括署名和成文时间两项内容。写明机关单位名称与成文时间,并加盖公章。

(六) 函的写作要求

公函是国家法定的公文,虽然也属于信函,但写公函却不同于写信。公函拟写要符合公文规范。具体来说,要注意以下事项:

第一,要简洁明了。正文内容要直切主题,开门见山,无论发函还是复函,都要直陈其事,不要拐弯抹角,不需要客套和空泛的议论。

第二,要严守一文一事的规则,一份公函就谈一件事情,以便处理和答复。

第三,行文要庄重,讲究格式规范,维护公文的严肃性。

第四,语言要规范得体。发函要使用平和、礼貌、商洽的语言。对上级要尊重,对下级要平和,对平级和不相隶属的单位要诚恳,切忌使用生硬、命令性的语言。复函的态度要明朗,语言要肯定确切,不能含糊笼统、犹豫不定。

【例文一】(商洽函)

关于商洽委托代培涉外秘书人员的函

××大学文学院:

随着人才流动制度的启动,我厅部分秘书人员先后调整到很多涉外部门工作,新近上岗的秘书人员缺乏专门的涉外秘书知识，业务素质亟待提高。据报载，贵院将于今年9月起开办涉外秘书培训班，系统讲授涉外秘书业务、公关礼仪、实用文书写作等课程。这个培训项目为我厅新上岗的涉外秘书人员提供了一个难得的在职进修机会。为了尽快提高我厅涉外秘书人员的从业素质，拟选派8名在岗秘书人员随该班进修学习，委托贵院代培。有关代培费用以及其他相关经费，我厅将按时如数拨付。

如蒙慨允，即请函复为盼。

××省外贸厅（印章）
××××年×月×日

【例文二】（批准函）

国务院办公厅关于同意发行特种邮票时使用国旗国徽图案的复函

信息产业部：

你部《关于申请授权使用国旗国徽图案的函》（信部办函〔20××〕363号）和《关于补充说明申请授权使用国旗国徽图案情况的函》（信部办函〔20××〕421号）收悉，经研究并报领导同志批准，同意国家邮政局在20××年国庆节发行的《国旗国徽》特种邮票上使用国旗和国徽标准图案。望正确使用，切实维护国旗国徽尊严。

特此函复。

国务院办公厅
××××年××月×日

二、纪要

（一）纪要的含义

纪要用于记载和传达会议基本情况和议定事项，是贯彻落实会议精神、指导工作、解决问题、交流经验的重要工具，是综合传达会议信息的主要载体之一。

（二）纪要的分类

纪要按照内容的不同，可以划分为以下几种类型：

1. 决议性纪要

决议性纪要主要记载和反映领导层制定的决策事项，作为传达和部署工作的依据，对今后的工作具有指导作用。常用于领导办公会议。

2. 研讨性纪要

研讨性纪要主要记载和反映经验交流会议、专业会议或学术性会议的研讨情况，旨在阐述各方的主要观点、意见或情况。大多用于职能部门和学术研究机构召开的专业会议或学术研讨会议。

3. 协议性纪要

协议性纪要主要记载双边或多边会议达成的协议情况，以便作为会后各方执行公务和履行职责的依据，对协调各方今后的工作具有约束作用。常用于领导机关主持召开的多部门协调会或不同单位联席办公会。

(三) 纪要的内容和结构

纪要的格式相对灵活些，通篇分为版头、主体和文尾三大部分。

1. 纪要版头

纪要版头有两种形式：一种是专用的纪要版头，用于定期召开的办公室会议，由纪要名称（会议名称＋纪要）、编号、编制日期构成，一些大型机关或高级领导机关，往往设计有多种纪要版头格式，以满足不同类型会议的需求。另一种类似于下行文件格式，由发文机关标识和发文字号构成，主要用于专题会议。

2. 纪要主体

纪要主体主要由标题和正文两个部分组成。标题由“会议名称＋纪要”或“会议事由＋纪要”构成，如《华东地区档案工作协会会议纪要》《关于××机场候机楼改扩建工程协调纪要》等。例行办公会，由于涉及事项较多而琐碎，加之使用专门设计的版头，已经能够说明会议性质，也可省略标题。

纪要的正文一般包括会议概况和主要精神两个部分。

(1) 会议概况部分——用来反映会议的组织情况

会议概况即会议纪要的开头部分，可以采用概述式和分项式两种形式。

概述式是将会议时间、地点、参加人、列席人、会议议程、主持人等会议要素用一段文字概括叙述，以使人们对会议情况有一个基本了解。例如××省林业局制发的《全省林业局局长会议纪要》开头写道：

> 经省人民政府批准，全省林业局局长会议于2003年6月24日至6月28日在××市召开。参加会议的有各地、州、市、区、县林业局长和省有关部门负责同志。省委副书记王××、副省长李××分别到会并发表重要讲话。省林业局局长王××主持了会议。会议期间，学习传达了全国林业局局长会议精神，研究部署了全省森林资源普查、退耕还林、森林防火以及林业管理干部队伍建设等工作。现将会议主要精神和议定事项纪要如下……

这段话文字不多，但把会议概况交代得很清楚。

分项式是将会议的各个要素分条列项写明，使人们对会议的基本情况一目了然。以《××区环保局现场办公会议纪要》为例：

> 会议时间：2004年6月12日
> 会议地点：××区垃圾无害化处理工程建设指挥部办公室
> 出席人员：（略）
> 列席人员：（略）

主持人:邢××(区环保局局长)

(2) 会议主要精神——用来反映会议的议定事项和结果

这个部分是对会议主要精神和议定事项的系统整理和集中反映,也是要求与会单位或有关方面贯彻落实会议精神的法定依据,实际上是在传达与会人员的共识,因此,它是会议纪要的核心部分。会议主要精神多数用"与会代表一致认为……""代表们指出……"等句子表达,也可以采用以会议为第三人称的口吻概括说明,如"会议听取了……""会议讨论了……""会议认为……""会议指出……""会议决定……"等。

对会议精神的概括,必须尊重会议的精神实质,忠实于会议的实际内容,不能以偏概全,不可随意增减,更不能借题发挥,尤其不能将执笔者个人见解掺杂进去,这是撰写纪要的基本原则。同时,还应注意,纪要又是对会议基本精神的提炼和概括,它既要反映会议讨论情况,特别是领导人重要讲话精神,又必须综理其要,提炼概括,不应成为会议记录的全面重复。

纪要主体内容的表达方式有以下几种:

(1) 条款式

将会议研究决定的事项用条款方式简要说明,分别冠以一、二、三、四的标号,每条写一个事项。这样表达简明扼要,适用于部署工作的会议或办公会议,也适用于工程协调会、现场办公会等,以便明确各有关部门责任,事后督促检查。

(2) 概述式

有些会议内容比较集中单一,可将会议内容或讨论意见概括成几个方面或几层意思,依次阐发。这种形式适合研讨会议、纪念会议等。

(3) 归纳分类式

有些工作会议或理论研讨会议涉及内容较广,讨论的问题较多,实际上是某项业务工作的全面安排部署,这就要按讨论的问题、议定的事项分类整理,分别列出序号、标题来叙述。每个标题下面,视内容多少,或分段,或分条来写。

(4) 发言记录式

有的会议主题单一,可按发言摘要整理;有些日常例会,研究的问题较多,比较具体,可按议题顺序,在会议记录的基础上逐项整理,并进行提炼和概括。

3. 纪要文尾

纪要文尾主要由发送范围、印制单位、印发日期、印数等部分构成。

(四) 纪要的写作要求

第一,做好写作前的准备,尽可能多地了解情况。要了解会议的宗旨和指导思想,熟悉会议议程,预计会议可能出现的情况,做到心中有数,以便较好地把握会议的精神,搞好会议记录,为编写纪要奠定基础。

第二,忠实于会议内容,掌握会议要点。编写纪要,要准确真实地反映会议的精神实质,关键是要抓住与会者达成的共识和议定事项,要围绕会议宗旨和讨论情况进行整理概括，不要把个别人的意见当作共识来反映。在研讨性纪要中，则要求既要写清一致意见，也要写清重要的不同意见，这也是忠实于会议内容的表现。

第三，掌握提炼结论的要领，避免以偏概全。在概括会议主要精神或结论性意见时，人们总结出来的“四要”值得借鉴：一要抓住主要领导人或某些权威人士的发言内容，领会其精神实质；二要抓住主持人发表的意见，特别是他的总结性发言内容；三要区分讨论过程中的意见和表态性的结论性意见；四要把握多数人的意见，尤其对重大问题意见不完全统一时，要按照少数服从多数的原则，以多数人的意见为结论性意见。

第四，注意表达的逻辑性和条理性。可以用第三人称的方法，如“会议认为”“会议决定”等区分纪要的不同层次，可以用列小标题的方法，区分不同的问题，以增强逻辑性和条理性。

【例文一】(决议性纪要)

××市人民政府
关于研究解决创建国家卫生区工作有关问题的纪要

2001 年 12 月 27 日，翟××副市长主持召开会议，研究解决创建国家卫生区和市级卫生村工作有关问题。

会议听取了市爱卫会关于创建国家卫生区和市级卫生村的情况汇报，讨论了《××市创建国家卫生城市方案》。

会议认为，创建国家卫生区和市级卫生村，对于促进全市经济建设、社会发展和举办一届最出色的奥运会具有重要意义，各级政府、各有关部门要提高认识，加强领导，明确分工，狠抓落实。

会议确定，今后几年本市创建国家卫生区和市级卫生村工作的目标是：按照“政府组织，地方负责，部门协调，群众动手，科学治理，社会监督，分类指导”的工作方针，全面开展创建国家卫生区和市级卫生村工作，到 2006 年底前，城八区全部达到《国家卫生区标准》，并力争 2007 年底以前通过国家卫生城市的考核验收；近郊区的农村全部达到《××市卫生村标准》；1/2 的远郊区(县)政府所在地达到《国家卫生区标准》；平原地区公路干线(国道、市道)两侧和旅游风景区周围 5 公里内的行政村、山区公路干线两侧和风景区周围 2 公里内的行政村达到《××市卫生村标准》。到“十五”末期，市级卫生村的总数超过全市行政村总数的 1/5。

会议议定事项如下：

一、原则上同意市爱卫会提出的创建工作方案，会后，由市爱卫会对方案修改完善后印发各区县政府和委员单位。

二、为确保创建工作目标按期完成，按照创建国家卫生区和市级卫生村的标准进行任务分解。

由市政管委、市环保局负责市容环境卫生、环境保护工作；由市卫生局负责健康教育、食品卫生、公共场所及饮用水卫生、传染病防治工作；由市爱卫会负责爱国卫生组织

管理、除四害、单位及居民区卫生和民意测验、宣传、监督检查评比、信息交流等工作；由市爱卫会、市农委负责创建市级卫生村工作。各区县政府要按照属地管理的原则，加强组织领导，做好协调配合工作。

三、市爱卫会牵头负责创建工作，要充分发挥综合协调职能，转变工作方法，结合实施奥运行动规划，提高爱国卫生工作的科技水平，将创建工作作为城市管理和建设的重要内容抓紧抓好，并注意及时总结经验，鼓励先进。要充分发挥新闻媒体的作用，宣传创建工作的目的和意义。各区县、各部门和单位也要利用多种形式，广泛开展宣传活动，发动群众积极参与创建工作。

【例文二】(研讨性纪要)

××大学新增本科专业培养计划研讨会纪要

2003 年 2 月 21 日至 23 日，新增本科专业培训培养计划研讨会议在四楼第二会议市召开。院党委书记刘××，院长谢××出席会议。张××副院长主持会议。会议期间，市教委副主任赵××应邀到会介绍全市高校本科专业分布情况，教务处、人事处及有关系、部领导参加会议，有关处室负责人列席了会议。

一、会议经过深入研究，确定如下事项：

1. 确立了行政管理专业发展方向、人才培养目标、专业特色及培养计划。该专业要以行政管理与秘书工作有机结合为发展方向；以行政管理为基础，以信息管理及秘书业务技能为专业特色；培养既了解信息安全业务，又懂科学管理、会做秘书工作的综合性应用人才。根据专业建设规划，结合学院定位和行政管理专业培养目标的实际，对该专业人才培养计划做了相应调整，并确立了课程体系、课程设置、运行计划。会议同意将该专业培养计划报院学术委员会批准实施。

2. 确定了电子工程专业发展方向、人才培养目标、专业特色及培养计划。该专业要以电子工程和信息工程为发展方向；以发展信息安全技术为专业特色；以培养能从事各类电子设备和信息安全系统的研究、设计、开发及应用的高等工程技术人才为目标。在充分研究的基础上，适当调整了该专业人才培养计划，并确定了课程体系、课程设置、运行计划。会议同意将该专业培养计划报院学术委员会批准实施。

3. 确定了两个专业实践性教学环节的内容、课时、总体规划，包括：计算机实习、电子实习、专业实习、社会实践、公益劳动、毕业设计、毕业论文等。由于这些环节涉及面广，内容繁杂，具体的运行安排、先后次序、设备场地条件等将另行讨论确定。

二、会议最后讨论了与新增本科专业密切相关的师资队伍建设、教学保障条件及教学与科研的关系等问题。

与会同志积极发言，针对学院教学工作提出了不少积极的建设性意见。系、部领导与学院领导坦诚沟通，为学院的建设与发展达成广泛的共识。大家共同认为：改革是学院建设与发展的必经之路，建设一支精良过硬的教师队伍是学院发展的关键，要积极探索实行一些改革措施，以确保以教学工作为中心落到实处。学院党委书记刘××和院长谢××与大家一起广泛深入研究。院领导指出：师资队伍要稳定，要加大吸引人才力度，但进人要精挑细选、严格把关；教学部门要以教学为主，兼顾科研；加快教学改革步伐，人事配置改革要局部试点，先改革起来，先干起来。最后，主管教学工作的副院长××强调，在院党委领导下，各教学系、部及其他教学单位领导要带头认真履行岗位职责，调动教师的积极性，勇于开拓，勇于创新，团结合作，以充分的准备、积极有效的工作迎来 2003 年新增本科专业的学生。

出席人员名单：（略）

列席人员名单：（略）

（文尾部分省略）

第七节　决议和公报

一、决议

（一）决议的含义

决议适用于会议讨论通过的重大决策事项。

（二）决议的特点

决议是党的领导机关制发的公文，主要有以下三个特点：

1. 权威性

决议是经过党的领导机关的会议讨论通过的，由党的领导机关发布之后生效的，是党的领导机关意志的体现。决议的内容事关重大，一经公布，全党、全国上下都必须坚决执行，不得懈怠。

2. 指导性

决议所表述的观点和对各种事项的评价都具有指导意义，对党政机关和政府部门、机关在以后工作中的决策、方针的制定和执行有指导意义。

3. 程序性

党政机关的会议要严格按照法定程序进行召开、讨论和表决。决议是经会议讨论，并经表决通过之后才能形成的，有严格的程序性。

（三）决议的分类

根据内容与功能的不同，决议可以分为审批性决议、专门事项性决议和方针政策性决议三种。

1. 审批性决议

主要用于反映会议审议批准文件、机构设置、财务预决算等事项，是对报批的下级机关或者具有领属关系的机关发出的。如中国共产党第××次全国代表大会通过的

《中国共产党第××次全国代表大会关于××届中央委员会报告的决议》，是针对具有领属关系的机关报批的文件发出的。

2. 专门事项性决议

主要用于公布会议针对有关专门问题讨论后形成的决策事项，是对负责此事项的机关发出的。如《中国共产党第××届中央委员会第×次全体会议关于召开党的第××次全国代表大会的决议》等。

3. 方针政策性决议

主要用于从宏观的角度反映会议结果，特别用于在方针政策上要统一思想认识，以确定大政方针的重要事项，是对所有党政机关和政府机关发出的。如中国共产党××届×中全会通过的《中国共产党中央委员会关于××以来党的若干历史问题的决议》。

（四）决议的内容和结构

决议主要包括标题、成文日期和正文三个部分。

1. 标题

决议的标题有两种形式：

(1) 由“发文机关(或会议名称)＋事由＋文种”构成，如《中国共产党第××届中央委员会第×次全体会议关于召开党的第××次全国代表大会的决议》等。

(2) 由“事由＋文种”构成，如《中国共产党中央委员会关于××以来党的若干历史问题的决议》等。

2. 成文日期

成文日期也就是决议正式通过的日期，一般放在标题下，在小括号内注明会议名称及通过时间，也可只写日期不标注会议名称。

3. 正文

正文由开头、主体和结语三个部分组成。

(1) 开头写决议缘由

简要说明会议审议决议涉及事项的情况，陈述做出决议的原因、根据、背景、目的或意义等。

(2) 主体写决议事项

写明会议通过的决议事项，或对有关工作做出的部署安排和要求。

(3) 结语部分

一般针对决议事项有指向性地提出希望、号召和执行要求等，有些决议可以省略。

（五）决议的语体特点

决议是经某些机关的法定会议对某一议题进行集体讨论，由法定多数表决通过后形成的，以会议的名义公布的指导性文件。因此不宜在行文中表现出强制性，能体现出权威性、指导性即可。

审批性决议、专门事项性决议一般写得比较简要、笼统。方针政策性决议除指出指令性意见外，还要对决议事项本身的有关问题做若干必要的论述或说明，即做一些理论上的阐述，往往写得比较概括，原则性条文多，给下级机关自由理解发挥的空间，使其在贯彻执行时，可以根据决议和地方的实际情况制定相应的对策。

如果决议是安排工作的，要写明工作的内容、措施和实施要求。内容复杂时要使用分级标题的方式或者逐条叙述的方式，条理分明地列出。

（六）决议遣词造句的技巧

决议是会议讨论通过的，其语言要体现出权威性、指令性，要多使用具有指导性的语言，比如“要组织×××学习传达×××精神”等。

决议的语言要体现出庄重性和严肃性，不可使用修辞和感情色彩浓烈的语言，更不可口语化。要多使用专业术语，有一定的理论水准，体现出一定的思想高度。

如果决议属于方针政策性决议，主体要多使用议论性语言，采用夹叙夹议的方式，来介绍情况、提供事实和提出观点。结尾处也可使用具有号召性、感染性的语言来表达号召和希望。审批性、专门事项性决议则不需要如此烦琐，语言恰如其分地表现出要求、措施等即可。

【例文】

关于自治区高级人民法院工作报告的决议

西藏自治区第九届人民代表大会第四次会议听取和审议了罗布顿珠院长所做的自治区高级人民法院工作报告。会议对自治区高级人民法院过去一年的工作表示满意，同意报告提出的2011年工作安排，决定批准这个报告。

会议要求，自治区高级人民法院要高举中国特色社会主义伟大旗帜，以邓小平理论和“三个代表”重要思想为指导，深入贯彻落实科学发展观，切实履行宪法和法律赋予的职责，坚持服务大局、司法为民，深入推进社会矛盾化解、社会管理创新、公正廉洁执法三项重点工作，充分发挥审判机关的职能作用，为我区科学发展、跨越式发展和长治久安提供更加有力的司法保障。

二、公报

（一）公报的含义

公报适用于公布重大决定或者重要事项。一般由党的最高机关、国务院有关部委以及经授权的省级部门发文。如《中华人民共和国和斐济群岛共和国新闻公报》，开头部分写了应中国总理朱镕基的邀请，斐济总理马亨德拉·乔杜里于1999年12月13日至20日对中国进行了正式访问。访问期间，江泽民主席会见了乔杜里，朱镕基总理与乔杜里总理举行了正式会谈。双方签署了《中华人民共和国政府与斐济群岛共和国政府关于经济技术合作的协定》等文件。

主体部分，以“双方表示”“双方认为”“双方重申”等词语领起，分别从五个方面阐述

了双方的共识。

(二) 公报的作用

公报具有权威性、指导性和新闻性。公报也称新闻公报，是党政机关和人民团体公开发布重大事件或重要决定事项的报道性公文，是党和国家经常使用的重要文种。公报是应用文写作的重要文体之一。

(三) 公报和公告的区别

两者所涉内容均为党和国家的重要事项，辐射范围均面向国内外，差别主要在于使用上的习惯性。

公告：公布党和国家领导人的重要出访活动及人事变动；重要消息；重要事项。

公报：公布重要会议情况；重大事件；人口普查、国家和省级统计部门公布经济发展和国家计划执行情况。

(四) 公报的分类

1. 会议公报

公布会议重要内容、召开情况、会议所做决定，如《中国共产党第十五届中央委员会第一次会议公报》。

2. 统计公报

发布国民经济和社会发展各方面情况的统计数字，如《关于第一次全国基本单位普查结果的公报》。

3. 外交公报

两个或两个以上国家的政府、政党、团体等在会谈或交往后发表的文件，如《中华人民共和国和美利坚合众国关于建立外交关系的联合公报》。

(五) 公报的内容和结构

公报包括首部、正文和尾部三部分。

1. 首部

公报的首部包括标题和成文时间。

(1) 标题

公报的标题常见的有三种形式。一种是直接写文种“新闻公报”；第二种由会议名称和文种构成；第三种是联合公报，由发表公报的双方或多方国家的简称、事由、文种构成。

(2) 成文时间

用括号在标题之下正中位置注明公报发布的年、月、日。

2. 正文

公报的正文包括开头、主体两部分。

(1) 开头

开头即前言部分。事件性公报要求用最鲜明，最精练的语言概述事件的核心内容，即何时、何地、发生了什么重大事件；会议性公报要求概述会议的名称、时间、地点、参加人员等；联合公报要求概述公报的来由，即在何时、何地、谁与谁举行了什么会谈或谁对谁进行了什么性质的访问等。

（2）主体

主体是公报的核心内容，要求把公报的内容完整、系统、有序地表达清楚。常见的有三种写作形式：一种是分段式，即每段说明一层意思或一项决定；第二种是序号式，多用于内容复杂、问题较多的公报；第三种是条款式，多用于联合公报。

3. 尾部

事件性公报和会议性公报一般没有尾部；联合公报要在正文之后写明双方签署人的身份、姓名并写明签署时间。

【例文】

中华人民共和国和黑山共和国建立外交关系联合公报

（2006 年 7 月 13 日）

一、中华人民共和国和黑山共和国根据两国人民的利益和愿望，决定自二〇〇六年七月六日起建立大使级外交关系。

二、中华人民共和国和黑山共和国在相互尊重主权和领土完整、互不侵犯、互不干涉内政、平等互利、和平共处原则的基础上，发展两国之间的友好合作关系。

三、中华人民共和国尊重黑山共和国的独立、主权和领土完整。黑山共和国承认世界上只有一个中国，中华人民共和国政府是代表中国的唯一合法政府，台湾是中国领土不可分割的一部分，反对任何形式的“台湾独立”，反对台湾加入任何必须由主权国参加的国际和地区组织。黑山共和国承诺不与台湾建立任何形式的官方关系或进行官方往来。

四、中华人民共和国和黑山共和国将根据平等互利的原则和国际惯例，互相为对方建立使馆和履行公务提供一切必要的协助。

中华人民共和国代表　　　　黑山共和国代表

李肇星　　　　米奥德拉格·弗拉霍维奇

二〇〇六年七月六日于北京

思考与练习

简答题

1. 公告与通告的特点是什么？
2. 公报的结构和拟写要求是什么？
3. 说说通知的特点、结构及各类通知的写作方法。
4. 说说通报的特点、结构及各类通报的写作方法。
5. 说说会议纪要的特点、结构及写作方法。

第三章　事务文书

事务文书是党政机关、社会团体、企事业单位在处理日常事务时用来沟通信息、规范行为、指导工作、总结得失、研究问题的实用性文书，是应用文的重要组成部分。事务文书属于广义的公文范畴，它与法定公文的区别在于：一是无统一规定的文本格式；二是不能单独作为文件发文，只能作为公文的附件行文。常用的事务文书有计划、总结、调查报告等。

第一节　计　划

一、计划的含义

计划是机关、团体或个人，根据党和国家的有关方针政策以及上级的指示精神，依据自己的实际情况，对未来一定时期内的工作、生产、学习等事务的安排，是事务文书的常用文体。计划类公文包括：规划、设想、方案、安排、意见等。

一般来说，"规划"是具有全局性、长远性、方向性、概括性特征的计划，如《××省经济和社会发展十年规划》；"设想"是初步的、不很成熟的、只是作为参考的计划，如《××市关于建立工业园区的设想》；"方案"是明确了指导思想、主要目标、工作重点、实施步骤以及措施办法等具体内容的计划，如《××省关于推广全民健身活动的方案》；"安排"适用于内容具体单一，时间较短，偏重工作步骤的计划，如《××大学关于2010年毕业生工作的安排》；"意见"适用于对重要问题提出见解和处理办法，原则性较强，如《××市关于整治河流污染、关闭排放超标企业的意见》。

计划具有目的性、指导性、约束性等特点。按照不同的划分标准，可以将计划划分为不同的种类：

按性质划分，有工作计划、生产计划、学习计划等；

按范围划分，有国家计划、部门计划、个人计划等；

按时间划分，有跨年度计划、年度计划、季度计划、月计划等。

二、计划的内容和结构

计划的种类和写作要求不同，写作形式会有所差别，但其基本构成是相近的，一般由标题、正文、落款和日期组成。

（一）标题

计划完整的标题形式是“单位名称＋时限＋内容＋文种”，如《××市卫生局2010年财务计划》。有时标题中可以没有单位名称或时限，而在正文中标明。如果计划尚未正式确定，是征求意见稿或讨论稿，就应在标题的后面或下方用括号注明“草稿”“初稿”或“讨论稿”等字样。

（二）正文

计划的正文一般包括前言、主体和结尾三部分内容。

正文的前言主要是简要地说明计划的依据和理由，制定计划的背景条件以及计划的目的和任务。

主体部分包括目标、措施、要求三项内容。“目标”要明确计划最终要达到的效果；“措施”要详细说明完成任务的具体步骤、安排、方式等；“要求”是就完成任务的质量、数量、时间等做出规定。

结尾一般是提出希望和号召或是对实现计划的展望，也可以提出相关注意事项。

（三）落款和日期

在正文后右下方写上制定计划的单位名称和日期。如果在标题处已标明，这里就不必再标明。此外，如有与计划相关的材料，不便在正文中表达，可以另附图表说明。

三、计划写作的要求

第一，计划的制定要符合国家的方针政策和法律法规，这是制定计划的基本原则。在此基础上处理好计划中所涉及的个人和集体、部门与整体、地方与国家之间的关系。

第二，计划的制定必须实事求是、切实可行、具体明确，行文忌夸大其词或含糊不清，以免产生歧义，执行时发生偏差。

第三，计划的表达方式以说明、叙述为主，宜朴素自然、简洁明了，少议论、少修辞。

【例文】

××县食品药品监督管理局2014年“三普”教育培训计划

为认真贯彻落实县委、县政府关于在市县公职人员中开展“三普”教育培训的相关会议和文件精神，进一步提高我局公职人员的整体素质和综合能力，结合我局实际，现制定××县食品药品监督管理局2014年教育培训实施方案。

一、组织领导

在县“三普”教育培训工作领导小组领导下，成立××县食品药品监督管理局“三普”工作领导小组，人员如下：

组长：××同志　局长

副组长：××同志　副局长

成员：××同志（办公室副主任）　外语培训骨干

××同志　计算机培训骨干

××同志　普通话培训骨干

二、培训及测试对象的认定

根据“三普”教育文件的相关要求，认真核验本单位人员的普通话登记证书、四级证书及计算机等级证书等原件，对至今无等级证书、有证未达标、持有过期及无效证书的人员，进行认真的统计，并组织参加培训测试。其中，由××同志带领局中的××、××、×××、×××、×××、×××、×××、××、××等9名同志参加外语培训，由××带领局中的××、××、×××、×××、×××、×××、×××等7名同志参加计算机培训；由××同志带领××参加普通话培训。

三、培训及测试方法

依据县“三普”教育培训相关要求，安排相应人员参加培训学习，并组织好其他人员的培训工作。具体是由××、××、××三名培训骨干，组织全局所有需要培训的人员，利用业余时间，每天进行两个小时的培训辅导。

四、培训费用

公职人员培训测试费由单位统一安排(补考费用自付)。

此次培训工作将作为公职人员年度考核、职务晋升、转正定级的重要依据。培训测试不合格的公职人员年度考核不得评先推优，不得晋升职务，不得参与转正定级。对拒绝参加培训测试的人员，当年年终考核确定为不称职。

××县食品药品监督管理局

2014年1月5日

第二节　总　结

一、总结的含义

总结是对结束了的某一阶段工作进行全面系统性的回顾、分析和评价，找出经验教训，形成书面材料，用以指导未来工作实践的事务性文书。总结类文书包括小结、体会等。

总结不仅可以通过汲取经验教训来指导未来的工作，还有交流信息、互相借鉴的作用。按照不同划分标准，可以将总结划分为不同的种类：

按内容划分，有工作总结、学习总结、生产总结等；

按范围划分，有全国性总结、地区性总结、部门性总结等；

按时间划分，有年度总结、季度总结、月总结等。

二、总结的内容和结构

总结的种类各异，在写作中形式会有所差别，但其基本构成是相近的，一般由标题、正文、落款和日期构成。

（一）标题

总结的标题有公文式和非公文式两种。公文式标题由“单位名称＋时限＋事由＋文种”构成，如《××学院 2009 年度思想政治工作总结》；也有的总结标题不出现单位名称；还有的标题只写“工作总结”。非公文式标题写法灵活，类似于一般文章，点明主旨，如《加强人才培养，推动人才交流》；还可以用正副标题的形式，正标题点明主旨，副标题采用公文式标题的形式，如《严肃党纪国法，推进反腐倡廉——外经贸委党委专项整风总结》。

（二）正文

总结的正文一般包括前言、主体和结尾三部分内容。

正文的前言也叫导言，一般是简单概述全文的内容和主旨。前言可以介绍工作或学习背景、时间和地点等基本情况，对主要内容进行提示性的简要概括；也可以先在此提出总结的结论，以明确重点。

主体部分是在全面回顾工作情况的基础上，分析提炼经验以及教训。其写作结构一般是先描述基本情况，包括环境背景、具体任务、实施步骤等；再写经验教训，总结出带有规律性、具有指导意义的体会。

结尾可以概述全文，说明好经验带来的效果，还可以针对问题，提出解决方法以及将来的设想或建议等。

（三）落款和日期

在正文右下角署名并写明日期。如以单位或党政机关名义署名，可放标题下，也可放文末。

三、总结的写作要求

第一，总结须建立在事实基础上，占有充分的材料，做出全面、客观的评价。

第二，行文宜简洁、逻辑层次要求清晰，突出规律性的东西。

第三，表达方式以叙述、议论为主。

【例文】

××学校学习实践科学发展观活动总结（节略）

自 2009 年 10 月启动深入学习实践科学发展观活动以来，我校认真贯彻落实上级党委关于学习实践科学发展观的有关会议精神，按照天心区教育局党委学习实践科学发展观活动的统一部署，紧密结合学校实际，以党员干部受教育为基础，以科学发展上水平为核心，以人民群众得实惠为目的，以“深入学习实践科学发展观，努力办人民满意的学校”为实践载体，做到思想上高度重视，组织上严谨细致，行动上迅速坚决，措施上得力到位，扎扎实实推进学习实践活动三个阶段的各项工作，取得了明显实效。现将我校开展学习实践科学发展观活动工作总结如下：

一、整体情况

我校深入学习实践科学发展观活动自2009年10月开始，已于2010年1月中旬结束，历时4个月，参加对象为学校领导班子和全体党员、教师。学校根据区委学习实践科学发展观活动领导小组《开展第二批深入学习实践科学发展观活动的实施意见》和《〈天心区教育系统开展第二批深入学习实践科学发展观活动的实施方案〉的通知》（天教党发〔2009〕35号）精神，及时成立了学习实践活动工作领导小组，认真制定了《××学校开展深入学习实践科学发展观活动的实施方案》。在学习实践活动中，学校坚持解放思想，坚持群众路线，突出正面教育为主，注重实效抓学习，着眼实践抓工作，切实抓好学习调研、分析检查、整改落实三个阶段的各项工作，圆满地完成了学习实践科学发展观活动的各项工作任务，有力地促进了学校各项工作全面、协调、可持续发展。

二、主要做法

（一）第一阶段：精心组织，深入调研

…………

（二）第二阶段：找准问题，理清思路

…………

（三）第三阶段：突出重点，整改落实

…………

三、主要成效

1. 达成了共识。通过学习实践活动，广大党员领导干部和教职工充分认识到，学校教育工作要取得显著成绩，关键在于能够用科学发展观统领学校工作，统筹学校协调发展。贯彻落实科学发展观，就要切实提高人才培养质量、教育教学水平和科学育人的能力。

2. 明确了方向。对照科学发展观的要求，解决影响和制约学校科学发展的突出问题，推动学校又好又快发展，就要进一步加大改革力度，积极构建具有学校特色的现代化中学管理制度；就要不断强化内涵建设，从提高教学育人质量、增强创新能力、加大教科研工作力度、提升师资和管理队伍建设水平等方面入手，切实提高学校的综合实力；就要以改革创新精神不断加强党建和思想政治工作，为学校的可持续发展提供坚强保证。

3. 推动了工作。通过开展学习调研、经验交流，广开言路、建言献策，广大教职工认真负责的态度，充分体现了我校教职工认真求实、爱校重教、关心学校事业发展的主人翁精神，也使广大党员干部对推进学校工作又好又快发展的热情和干好本职工作的积极性有了进一步提高，尤其是在精神状态、思想境界、发展举措、工作思路、思想作风、办事效率等方面有了显著提高，有力地推动学校党建和教育教学工作的开展。

4. 转变了作风。通过学习实践活动，广大党员领导干部进一步树立了以人为本、创新发展等科学发展的思想观念，自觉把科学发展观转化为推动科学发展的坚定决心、谋划发展的正确思路、促进科学发展的具体措施，转化为增强党性修养、提高思想觉悟的实际行动，坚持求真务实的作风，密切联系师生，不断提高服务质量，展现出了新的作风和新的形象。

四、主要体会

1. 必须把加强学习贯穿始终。在学习中突出学习重点，在学习中不断提高认识，在学习中注重结合思想实际和工作实际，不断提高用中国特色社会主义理论体系武装头脑、提高认识、指导实践、促进工作的自觉性和主动性。

2. 必须把领导带头贯穿始终。在这次学习实践活动中，党员领导干部特别是校级领导充分发挥了表率作用，带头深入学习、带头征求意见、带头分析检查、带头批评与自我批评、带头整改落实，为广大党员树立了榜样，调动了广大党员的积极性。

3. 必须把群众路线贯穿始终。我们充分相信和依靠广大师生，坚持开门办学，充分发扬民主，在每个环节都注重征求群众意见，吸收群众特别是党外人士参与，全程监督，把群众满意作为评价活动成效的重要依据，使学习实践活动成为尊重群众、贴近群众、惠及群众、引导群众、凝聚群众的过程，形成了群众有序参与、监督有力、评价客观的良好局面。

4. 必须把促进工作贯穿始终。开展学习实践活动必须与学校教育教学工作实际相结合，必须落实到解决现实问题和推动实际工作上，必须坚持把实践特色贯穿活动全过程，把学习实践活动与学校日常工作有机结合，统筹安排，精心组织，既要扎实推进学习实践活动，又要有效推动各项重点工作，以学校持续、快速、协调、健康发展的实际成效展现学习实践活动的成果。

五、存在的问题

通过学习实践活动，广大党员领导干部和教职工提高了认识，发现了问题，制定了措施，形成了机制，有效地促进了学校教育事业发展。但从高标准要求，还有不尽如人意的地方。一是科学发展观是一个开放的理论系统，博大精深，与时俱进，我们在学习的深度和广度上都有待进一步提高。二是对科学发展观的学习、理解和把握还不平衡，个别同志对学习的重要性、必要性认识不够高，学习的主动性、自觉性不够强，效果不够理想。三是理论结合实际，特别是在用科学发展观理论指导新时期教育工作实践上有待进一步加强。

六、努力的方向

1. 要在继续学习上下功夫。这是时代的需要、改革的需要、发展的需要，因此，要树立经常学、终身学的理念，切实把科学发展观理论学习好、理解好、把握好、运用好，真正用科学发展观指导工作、立身做人、面向未来。

2. 要在结合实际上下功夫。在深入学习的基础上，努力找准科学发展观和新时期教育工作发展之间的结合点、对接点、共振点，切实用科学发展观指导工作、规范工作、检验工作，进一步促进学校教育工作又好又快发展。

3. 要在形成体制上下功夫。通过学习实践活动，真正看到了存在的问题，找到了问题的原因，制定了整改的措施，最终形成了一些卓有成效的体制机制。但要在建立和完善学校各项管理制度、提高资源效益、提高教育质量、促进学校发展等方面，做到下大功夫、有所作为，开创学校工作的新局面，为创建教育强区做出应有的贡献。

××学校党支部

××××年1月22日

第三节　调查报告

一、调查报告的含义

调查报告是对某项工作、某一事物或问题进行实际调查、分析、研究后，将调查中收集到的材料加以系统整理，以书面形式向组织和领导或者向社会公开汇报调查情况的一种文书。

二、调查报告的特点

调查报告有以下几个特点：

(一) 客观性

调查报告是在占有大量现实和历史资料的基础上，用叙述性的语言实事求是地反映某一客观事物。充分了解实情和全面掌握真实可靠的素材是写好调查报告的基础。

(二) 针对性

调查报告有明确的意向——针对某项工作、某一事物、某一问题，相关的调查取证都是针对特定对象展开的。所以，调查报告具有强烈的针对性，反映的问题集中而有深度。

(三) 启示性

调查报告对核实无误的数据和事实进行严密的逻辑论证，探明事物发展变化的原因，预测事物发展变化的趋势，揭示事物的本质和规律，得出科学的结论，以达到引导认识、指导工作的目的。因此，调查报告具有明确的启示性。

三、调查报告的作用

(一) 引导作用

调查报告通过真实地反映实际情况和问题，可为日常工作提供信息参考，也可为方针政策的制定及领导者的正确决策提供依据，使政府各部门制定的方针政策和领导决策更符合实际。

(二) 教育作用

调查报告可通过典型调查，宣传、介绍先进经验和先进人物事迹，或揭露不良现象，鞭挞恶劣行径，起到弘扬正能量、教育广大干部群众的作用，从而促进工作的改进。如《华为公司是如何崛起的》《中国首例特大有害化工废料进境事件追踪调查》等。

(三) 信息传递作用

调查报告可通过调查揭示真相，向大众传递准确无误的信息。当民众对某一事件、某一问题争论不休或众说纷纭时，就需要用调查报告来揭示事实真相，向社会传递正确、准确的信息，帮助群众分清是非和真伪，如《"躲猫猫"事件的前前后后》。

四、调查报告的分类

日常工作中，常见的调查报告主要有以下几类：

（一）情况调查报告

这类调查报告是为了弄清情况，供决策者参考。一般是就一个单位的多方面情况进行较全面的调查，或围绕一个问题进行多方面的普遍调查，或就某个问题对许多单位进行广泛调查，然后加以综合分析的报告。综合分析调查报告的内容一般包括调查目的、概况，重点问题综合分析，提出建议等。

（二）典型经验调查报告

这类调查报告是通过分析典型事例，总结工作中出现的新经验，从而指导和推动某方面工作的一种调查报告。这类调查报告主要是反映先进单位或先进个人的典型经验，具有较强的示范引路作用，如《宋鱼水同志先进事迹的调查报告》。

（三）问题调查报告

这类调查报告是针对某一方面的问题，进行专项调查，澄清事实真相，判明问题的原因和性质，确定造成的危害，并提出解决问题的建议或方案，为问题的最后处理提供依据，也为其他有关方面提供参考和借鉴的一种调查报告。这类调查报告是对现实社会中某些丑恶现象、恶劣行径和社会弊端进行揭露，并分析和归纳出教训，以引起有关部门及社会的关注和重视，促进对相关工作、相关人物、相关现象、相关事件的整改，如《三鹿奶粉事件的调查报告》。

五、调查报告的内容和结构

调查报告的格式一般由标题和正文两部分构成。

（一）标题

调查报告的标题有两种形式：单行标题、双行标题。

1. 单行标题

一般有两种写法：一种是公文式，通常由"事由＋文种"组成，如《关于哈药六厂崛起的调查报告》等。另一种是文章式，通常由调查报告的基本内容概括而成，如《沙尘暴频繁侵袭中国北方的原因何在》。

2. 双行标题

由正标题和副标题组成，正标题突出主题，副标题标明调查对象和内容及文体名称，如《绿水青山，就是金山银山——鄱阳湖生态经济发展的调查》。

（二）正文

调查报告的正文一般分为导语、主体和结尾三部分。

1. 导语

导语的文字一定要高度概括，提纲挈领，简明扼要，紧扣主题。

这部分侧重说明调查的目的、对象、经过、时间、方法、范围、结果和意义等。其目的主要是便于读者了解整个调查报告的概况和基本内容。

2. 主体

这是调查报告的核心部分。这部分的内容包括作者所要报告的调查事实、作者的观点或调查结论。

主体的结构形式多种多样，常见的有如下几种：

(1) 横式结构

也叫并列式结构。即按主要经验或问题及各部分之间的逻辑关系安排层次。总结经验和反映、分析情况的调查报告常常采用这种结构形式。

(2) 纵式结构

即按事件、问题的发生、发展和结局的先后顺序进行叙述和议论。这种纵式结构较简单，所以内容单一集中的事件调查报告常用这种形式。

(3) 对比式结构

即把两个不同对象加以对比来写。它用对比的方式组织和安排材料。

(4) 交叉式结构

这种结构形式兼有横式和纵式的优点，但较复杂。在叙述和议论事件的发展过程时采用纵式结构，谈经验教训、体会、收获时采用横式结构。它适用于涉及面较广、内容较复杂的调查报告。

3. 结尾

调查报告的结尾多种多样，以自然收束为上品，要求简明扼要、意尽即止。可以总结全文，得出结论；可以精辟议论，深化主题；可以展望未来，提出希望和建议等。也有些调查报告没有明显的结语，主体写完就自然收束。

调查报告的具体内容，在写作上因调查目的的不同而各有其特殊要求，请在写作时注意区别对待。

六、调查报告的写作要求

第一，深入实际，充分掌握真实材料。掌握真实材料，是写好调查报告的基础和前提。要有第一手真实的材料，就必须深入实际，开展调查研究——深入了解和掌握群众普遍关心的、迫切需要解决的，并带有普遍性、倾向性的问题和材料。只有深入调查掌握的材料才能真实可靠、确凿无误，写出来的调查报告才不会失去它的科学价值。

第二，精选典型材料。选定材料，是分析研究问题的依据，是调查报告写作的基础。要有目的地选择典型材料——紧紧围绕调查的目的、主题精选典型材料和典型事例。典型材料能够有力、贴切、生动地说明问题和观点。典型材料贵精不贵多，选得精，用得好，可以发挥“以一当十”的作用。

第三，以叙述为主，叙议结合。调查报告主要以叙述、说明、议论为表达方式，且以叙述为主。介绍调查经过、基本情况、事实材料都要用叙述，并辅以说明，同时对调查的事实加以分析综合、归纳结论，总结经验，因而以叙为主，夹叙夹议、叙议结合是调查报告的主要写作特色。

第四，语言生动。调查报告是实用性很强的应用文体，容纳的事实材料很多，叙述要力求简洁、明了、具体、生动。用简洁明了的语言，具体准确地把事实和观点表达出来。同时，要注意使用活泼、生动的事例以及富有表现力的语言加强文章的说服力。

【例文】

中国商人生存环境调查报告

近年来，国有企业携政策、法律、资金、资源等优势，强力扩张，挤压民营经济的生存空间，让许多民营企业家倍感压力。不仅在国企垄断的传统领域，甚至在部分竞争程度高的领域也听到了国资挺进的号角，人们担心，新一轮“国进民退”的旋风正席卷更多非传统国资涉足的领域，从而进一步挤压民营企业发展空间。2010 年 8 月，中国工商联调查发布了一个简单的不等式：500 强民营企业的利润总和比不上两家央企巨头，这一数据让人们看到民营企业和国有企业的差距，令人不禁想问，民营企业到底路在何方？

2011 年 2 月 17 日在亚布力中国企业家论坛第十一届年会上发布的《2010 年中国企业家生存环境调查报告》指出：尽管民营企业家总体看好中国经济发展，但大多数企业家表示在与国企和外企竞争中倍感压力，认为政策环境是当前民营企业面临的最大挑战，而政策的公平性和稳定性是企业家最为普遍关注的问题。

民营企业在竞争中倍感空间受挤压

调查显示，近七成(66.7％)民营企业的老总称在与国企和外企的竞争中，感觉到压力大，其中近两成(18.9％)的老总表示“压力非常大”。其中，中小企业，尤其是二线城市和中西部地区的中小型民营企业压力更大。

调查进一步发现，造成其压力的原因既有来自市场的因素，也有来自非市场的因素。在非市场因素方面，政府政策倾斜力度是一个重要因素，在所有表示“有压力”的企业家中，34.2％的人认为政府对民营企业与国有企业和外资企业的政策倾斜力度不一样，15.7％的人认为政府给民营企业的优惠政策远不如给国有企业和外资企业的力度。可见国有企业的先天政策优势和外资企业的超国民待遇是让民营企业倍感压力的重要原因。

此外，调查还显示，半数(50.5％)企业家表示政府对国有企业和民营企业政策上有失公平，其中认为“非常不公平”的比例为 11％。进一步分析发现，服务业、中小型企业对政策有失公允感受更强烈。

其次，在市场因素方面，日益激烈的市场竞争是民营企业家感到压力的另一重要因素，数据显示，35.7％的企业家表示其压力源于在与国企和外企竞争中，企业运营成本的增加，此外，有 22.9％的企业家表示其企业与国企和外企在争夺优秀人才上竞争激烈。此外，与国企和外企在市场价格(20％)、品牌知名度(20％)和技术革新(15.7％)等方面的较量比拼也是企业家感到压力的另一些因素。

政策变动民营企业疲于应对

近年来政府各个部门对经济活动的调控越来越频繁，政府对市场的干预，提高了未来的不确定性，这让很多民营企业家们疲于应对，甚至感到不安。本次调查显示，近八成(77.6%)企业家认为国家政策变动对其企业的影响程度较大，其中有24.3%的企业家认为“非常大”。而对于国家大力调控的房地产行业，其受政策影响的程度更大，此次调查的21位房地产企业老总中，有19位表示政策变动对其企业影响大，比例高达90.4%。其中10位认为“影响非常大”。

分析还发现，对于不同规模的企业，政策变动对其影响程度有所不同，26.7%的中小企业的企业家认为影响“非常大”，这一比例比大型企业的企业家(11.8%)高出15个百分点。

此次调查访问的很多企业家认为，目前民营企业在中国面临的最大的挑战还是政策方面的问题，其中政策公平性和稳定性问题最受关注。多数企业家认为，在中国，要想企业发展得好，跟紧政策和跟对政策是民营企业家的必修功课。为了做好功课，企业家们往往会在研究政策、与政府官员打交道和如何获得话语权上花费更多时间和精力，以应对政策不确定性带来的影响，实际上，民企空间的萎缩感也正体现了当前公权力与市场此消彼长的关系。

逾四成企业家称媒体报道不客观

一直以来，媒体对“问题富豪”“不良企业”等的报道，加强了公众对企业家群体的负面认识。其实，对于社会上的很多大企业，公众是有期待的，希望这些企业能够承担起更多的社会责任，希望能够诞生一批国际品牌，做强做大。然而，“毒奶粉事件”、无良煤老板、昔日首富先后身陷囹圄、企业家炒作股市楼市等现象让不少公众感觉很激愤。而媒体往往将这些新闻点夸大，以迎合民众情绪。

那么，作为这些新闻事件的主角，企业家如何看待媒体的报道，又有多少人受到舆论讨伐的影响呢?《2010年中国企业家生存环境调查报告》指出：企业家自认在与媒体关系上是弱势群体，逾四成企业家认为媒体对企业家群体的报道不客观，三成企业家受到舆论道德“讨伐”的负面影响。

当前，媒体报道常常提及“问题富豪”，把富豪和问题连在一块，觉得民营企业家官商勾结、假冒伪劣等，然而此次调查显示，逾四成(42.9%)企业家认为，媒体的报道往往并不是事物的全貌，有时候有欠客观。另外三成(30.5%)企业家则认为媒体对企业家群体的报道还是相对客观的，被曝光的企业或企业家属于本身“案底”不够清白。

调查还显示，对于企业家群体与媒体之间的关系状态，近三成(28.6%)企业家认为，企业家在媒体面前基本没有话语权。而另外近七成(68.1%)企业家则持更加理性态度，认为“企业家在不同事情上的话语权和影响力不一样”。只有2.4%的企业家认为企业家群体比较强势，可以影响媒体舆论方向。

公众的道德讨伐让逾三成企业家受影响

对于社会公众曾经掀起的对企业家“原罪”问题的讨伐，以及公众普遍对企业家“为富不仁”的认识，有逾三成企业家表示受到了负面影响。其中19%的企业家承认社会舆论环境已经对其产生了一定的道德压力，另外15.7%的企业家认为这有损其本人和企业家群体的形象。此外，2.9%的企业家表示社会舆论环境已经对其平时工作和生活造成影响。总体来看，公众的道德“讨伐”对37.6%的企业家产生了负面影响。

对于媒体的报道和公众的认识，此次受访的企业家们表示感到颇为尴尬和无奈，他们觉得，一方面公众没有看到作为富人阶层的民营企业家是用其冒险、创新和努力换来的回报，没有看到企业家为社会做出的贡献；另一方面，确实有些民营企业家有暴发户心态，不顾道德法律、官商勾结、生活腐化，在社会上树立了不良形象。但是，他们认为公众和媒体应该辩证看待。

企业家财产和人身安全感缺失

调查发现企业家安全感较低。对于当前法律环境是否能够保障其财产安全，有28.6%的企业家认为“不安全”，其中认为“不太安全”的企业家占23.8%，认为“非常不安全”的占4.8%。此外，当问及平时是否担心自己和家人的人身安全时，竟有近四成(38.1%)企业家表示担心，其中28.1%的人表示“比较担心”，而10%的人表示“非常担心”。

企业家群体是伴随中国市场经济的发展而诞生的，他们分享着市场经济的财富成果，获得市场创新带来的成就感，得到社会的尊重。然而公众多相信中国的富人都是有“原罪”的，公众也有一定的仇富心态，加之对制度和政策不确定性的担忧，这让不少企业家缺乏社会安全感。此外，企业家在市场经济中的作用也没有被人们充分认识，作为纳税人也没有享受相应权利，加之相关话语权的缺失，这些让企业家又缺乏相应的社会认同感。“两感”的缺失反映出了表面光鲜的企业家背后矛盾和纠结的心态，这也是促使他们纷纷选择“逃离”、移民海外的理由之一。

技术说明：此次调查于2010年11—12月针对北京、上海、广州、深圳、重庆、西安、广东、四川、江苏、山西等19个城市和省份的210位中国民营企业董事长、董事、总裁、副总裁和CEO进行。调查涉及制造业、建筑业、房地产业、金融业、信息传输业、计算机服务及软件业、商务及科技服务业等各行业的民营企业，其中大型企业占16.2%，中小型企业占83.8%。

思考与练习

简答题

1. 计划的内容和结构是怎样的？
2. 说说总结的结构和拟写要求。
3. 说说调查报告的作用及其写作的注意事项。

第四章　日常文书

日常文书是借助书面语言，在人与人、人与组织、组织与组织之间，为解决特定问题，在特定的范围内进行信息沟通、事务商洽、思想感情交流的一种常见的应用文体。它包括请假条、慰问信、邀请函、倡议书等。

第一节　条据类(借条　收条　请假条)

条据是人们在社会交往中，写给对方(个人或单位)作为收、领、发、借、还物或说明情由等的凭证。它的特点为内容简单、表达简洁、使用便捷等。写作内容基本包括：标题、称谓、正文、结语、写条者落款和日期。

这里着重介绍借条、收条和请假条三种常用条据。

一、借条

借条是个人或单位借用个人或公家的现金、财物时写给对方的一种凭证性的实用文。钱物归还后，写借条的人收回条据，即作废或撕毁。它通常用于日常生活以及商业管理方面。从法律的角度看，借条是表明债权债务关系的书面凭证，一般由债务人书写并签章，表明债务人已经欠下债权人借条注明的相应金额的债务。

(一) 借条的内容

借条的基本内容包括债权人姓名、借款金额(本外币)、利息计算、还款时间、违约(延迟偿还)罚金、纠纷处理方式，以及债务人姓名、借款日期等要素。

借条应写清楚这些内容：出借款人、币种、借款金额(金额应写大小写，且要一致，有人因为金额大小写不一致产生纠纷，结果打官司)、用途(不能用于非法活动，如明知对方借钱用于非法活动还借其钱，则这种债权不受法律保护)、利率(和利息不一样，$x\%$利率为年息，$x‰$利率为月息，约定的利率在银行同期贷款利率的 4 倍以内受法律保护，超过部分法律不保护)、还款时间(影响诉讼时效的起算时间)、借款人(出借款人和借款人的姓名要和本人居民身份证上的姓名一样)、借款时间(农历还是阳历)。如有证明人或担保人要让他签上名，但要写明是证明人还是担保人，以免发生纠纷。

(二) 借条的格式

借条一般包括三部分。

1. 标题

借条的标题可直接在正文上方中间写上“借条”或“借据”字样。

2. 正文

正文要写明如下内容：从何人或何处得到了什么，数量多少；归还日期、使用途径、归还方法等。

3. 落款

要写上写条者的单位名称和经手人姓名或借方个人姓名、日期等，必要时需加盖印章。

【例文】

借　条

借款人______于______年______月______日向出借人______借款人民币（大写）______，即￥______元。借款期限______月，月利率______‰，于______年______月______日归还本息。如不能按时归还，愿承担所产生的一切法律责任。

借款人（签章）：

担保人（签章）：

日期：

（三）和借条相关的常见陷阱

1. 写借条时故意写错名字

案例：王某父子向朋友张宗祥借款20万元，并写下借条，约定一年后归还欠款及利息。想不到王某父子在借条署名时玩了个花招，故意将“张宗祥”写成“张宗样”。张宗祥当时也没有注意。到还款期后，张宗祥找到二人催要借款，谁知二人却以借条名字不是张宗祥为由不愿归还。无奈之下，张宗祥将王氏父子告到法院。尽管法院支持了张宗祥的主张，但他也因在接借条时的不注意付出了很大代价。

2. 是己借款，非己写条

案例：王某向张某借款10 000元。在张某要求王某书写借条时，王某称到外面找纸和笔写借条，离开现场，不久返回，将借条交给张某，张某看借条数额无误，便将10 000元交给王某。后张某向王某索款时，王某不认账，张某只得向法院起诉。经法院委托有关部门鉴定笔迹，确认借条不是王某所写。后经法院查证，王某承认借款属实，借条是其找别人仿照自己笔迹所写。

3. 利用歧义

案例：李某借周某100 000元，向周某出具借条一份。一年后李某归还5 000元，遂要求周某把原借条撕毁，其重新为周某出具借条一份：“李某借周某现金100 000元，现还欠款5 000元。”这里的“还”字既可以理解为“归还”，又可以解释为“尚欠”。根据民事诉讼法相关规定“谁主张，谁举证”，周某不能举出其他证据证实李某仍欠其 95 000 元，因而其权利不会得到保护。

4. 以“收”代“借”

案例：李某向孙某借款 7 000 元，为孙某出具条据一张：“收条，今收到孙某 7 000 元。”孙某在向法院起诉后，李某在答辩时称，为孙某所打收条是孙某欠其 7 000 元。类似的还有，“凭条，今收到某某××××元”。

5. 财物不分

案例：郑某给钱某代销芝麻油，在出具借据时，郑某写道：“今欠钱某芝麻油毛重 800 元。”这种偷“斤”换“元”的做法，使价值相差 10 倍有余。

6. 自书借条

案例：丁某向周某借款 20 000 元，周某自己将借条写好，丁某看借款金额无误，遂在借条上签了名字。后周某持丁某所签名欠条起诉丁某归还借款 120 000 元。丁某欲辩无言。后查明，周某在 20 000 前面留了适当空隙，丁某签名后便在前面加了“1”。

7. 两用借条

案例：刘某向陈某借款 18 000 元，出具借据一张：“借到现金 18 000 元，刘某。”后刘某归还该款，陈某以借据丢失为由，为刘某出具收条一份。后第三人许某持借条起诉刘某，要求偿还 18 000 元。

8. 借条不写息

案例：李某与孙某商量借款 10 000 元，约定利息为年息 2%。在出具借据时李某写道：“今借到孙某现金 10 000 元。”孙某考虑双方都是熟人，也没有坚持要求把利息写到借据上。后孙某以李某出具的借条起诉要求还本付息，人民法院审理后以合同法第 211 条“自然人之间的借款合同对支付利息没有约定或约定不明的，视为不支付利息”的规定，驳回了孙某关于利息的诉讼请求。

二、收条

在收到别人或单位的钱款、财物时写给对方的凭证性条据，叫收条或收据。收条也是日常生活中常见的一种实用文体。

（一）收条的分类

收条一般有两类。一类是写给个人的收条，一类是写给某一单位的收条。单位出具的收条通常是由某一个人经手，而以单位的名义开具。

（二）收条的格式

一张完整的收条，通常应由标题、正文、落款三部分组成。

1. 标题

标题写在正文上方中间位置，字体稍大。标题的写法有两种：一种是直接由文种名构成，即写上"收条"或"收据"字样；另一种是把正文的前三个字作为标题，而正文从第二行顶格处接着往下写，如用"今收到""现收到""已收到"做标题。

2. 正文

正文一般是在第二行空两格处开始写，但以"今收到"为标题的收条是不空格的。正文一般要写明收到的钱物的数量、物品的种类、规格等情况。

3. 落款

落款一般要求写上收钱物的个人或单位的姓名或名称，署上收到的具体日期，一般还要加盖公章。是某人经手的一般要在姓名前署上"经手人"的字样。是代别人收的，则要在姓名前加上"代收人"字样。

【例文】

收　条

今收到郭靖现金 1 000 元整(大写：壹仟元整)，此据。

收款人：黄蓉

2018 年 5 月 1 日

(三) 欠条、收条与借条的区别

生活中最常见的条据有三种：欠条、收条与借条。虽然只有一字之差，但它们的法律含义却存在着较大的差异。欠条和借条都是债权债务关系的证明，而收条则不仅仅证明债权债务关系的存在，还能够作为股权关系或合同履行的证明。借条表明了债权关系形成的原因，即因为借贷而形成；欠条则无法从字面上表明债权关系形成的原因。

三、请假条

请假条，是请求领导或老师等准假不参加某项工作、学习、活动等的文书。请假条根据请假的原因，一般分为请病假的请假条和请事假的请假条两种。它是应用文中一种很重要但经常被忽略的文体。其格式如下：

1. 标题

居中写"请假条"。

2. 称谓

在标题下一行左起写明请假对象的称呼，用尊称。

3. 正文

写明请假缘由，请假起止时间等。

4. 祝语

5. 落款

写明请假人及请假时间。

6. 请假条

最常用的格式如下：

标题(居中)：请假条

称谓(顶格写部门的名称或领导人的名字)：

正文(请假缘由、起止日期及天数)：因……需要请假，请假时间自××××年×月×日至××××年×月×日，共××天，恳请领导批准。

请假人：×××

××××年××月××日

【例文】

请假条

尊敬的××经理：

我和女友××商定于××××年×月×日举办婚礼，需要从××××年×月×日起请假×天，于××××年×月×日正常恢复上班。目前手头的工作已经基本完成，其他工作已经交付完毕。请予批准。

请假人：××

××××年×月×日

第二节　启事类(告示　启事　声明　海报)

一、告示

“告示”作为一种应用文的文体，产生于明朝。官员以事告知下级，称为“示”。所谓“告示”，就是官府把一件或几件重大的事情，以文书的形式，公开告知属下和民众，要他们了解与执行。如人们常见的“安民告示”。

(一)“告示”与“通知”“通告”的区别

告示是告诉并警示所有人，通知是通知某些人某些事，通告是告诉某些人某些事。

(二)告示的格式

居中写标题“告示”，之后写正文内容，最后写明告示发布人、单位名称、发布日期。

【例文】

告　示

本校为了在假期中保障校园内一切设施完整，不受破坏，特公布如下规定：

一、除本校教师进入校园内办公外，其他人等必须经同意后才能进入校园内。

二、如有擅自或强行闯入校园者，报有关单位依规论处。

三、经同意后进入校园内办事或娱乐者，不能破坏本校园内一切设备，如有损坏，按价值加倍赔偿。

四、进入校园内的人员，必须讲究卫生，不准乱扔垃圾。

特此告示。

××××中学

2019 年 7 月 13 日

二、启事

启事是机关单位、社会团体、企事业单位或公民个人公开申明某件事情，希望有关人员参与或协助办理而使用的告知性应用文。它通常张贴在公共场所或刊登在报纸、杂志上。

(一) 启事的特点

第一，内容的广泛性。

第二，告知的回应性。

第三，参与的自主性。

第四，传播的新闻性。

除上述特点外，公务性启事还有其自身的特点：一是启事的主体为机关、团体、企事业单位，而非个人；二是启事的内容属于公务事宜。

(二) 启事的分类

启事根据内容、性质来划分，可以分为寻物(或寻人)启事、招领启事、招聘启事、招生启事、征文启事、征集启事、租赁启事、开业启事、庆典启事、更名启事等。

(三) 启事的内容和结构

启事一般由标题、正文、落款三部分组成。

1. 标题

标题主要由启事的内容决定，如内容是征文，则名称写明“征文启事”。名称字体应大于正文字体，居中排、写。

2. 正文

正文内容是要向大家说明的情况。如寻物启事，要简明准确地介绍丢失物品的时间、地点、名称、数量、特征等内容。

3. 落款

在正文右下方注明启事者和启事发布的日期。可酌情省略。

【例文一】

××大厦开业启事

××大厦装饰工程已顺利完工，百货商场定于2018年7月1日正式开业，欢迎各界人士惠顾。

××大厦
2018年6月26日

【例文二】

失物招领启事

9月3日上午，朝阳楼三楼工作人员在310教室拾得中国银行长城借贷合一卡一张，卡背面有该卡主人的签名，请失主速到××大学保卫处治安科（东区体育馆102室）凭有效证件认领。

联系电话：×××××××××××

××大学保卫处治安科
2018年9月4日

（四）“启事”与“启示”含义辨析

“启事”，是为了公开声明某事而登在报刊上或贴在墙上的文字。这里的“启”是“说明”的意思，“事”就是指被说明的事情。报纸上的“启示”应该是“启事”。而“启示”是指启发思考，使人有所领悟。“启事”和“启示”的含义截然不同，二者不能通用。

三、声明

声明是告启类文书的一种。它是就有关事项或问题向社会表明自己的立场、态度的应用文体。政党和国家的领导机关及其领导人、机关单位、社会团体、企事业单位、其他组织或公民个人均可发表声明。声明可以在报刊登载，也可以通过广播、电台播发，还可以进行张贴。

（一）声明的分类

声明通常有两类：一类是当自己的某种合法权益受到侵害，为维护自己的合法权益、引起公众关注，并要求侵权方停止侵害行为的声明；另一类是在自己遗失了支票、证件等重要凭据或证明文件时，为防止他人冒领冒用而发表的声明。

（二）声明的作用

第一，表明立场、观点、态度。

第二，警告、警示。

第三，保护自己合法权益。

（三）声明的内容和结构

声明由标题、正文和落款三部分组成。

1. 标题

声明的标题一般只写文种“声明”，还可由事由和文种构成，如《遗失声明》等。另有一种标题由发文机关名称、授权事由、文种构成，如《××××有限责任公司授权法律顾问××律师声明》。

2. 正文

声明的正文一般由“事由＋事项＋结尾”组成，往往以“特此声明”收尾。正文内容要求简明扼要地写明发表声明的原因，表明对有关事件的立场、态度。

3. 落款

包括署名、时间和附项三项内容。有的声明正文内容中写有希望公众检举揭发侵权者的意思，还应在署名项目的右下方附注自己单位的地址、电话以及邮政编码，以便联系。

【例文一】

××××公司(企业)声明书

××市商务委员会、××市财政局：

我公司是××市一家从事服务外包业务的企业，现谨对××××年度申请商务部、财政部支持承接国际服务外包业务发展资金工作的有关情况，声明如下：

1. 我公司严格按照××××年度商务部、财政部支持承接国际服务外包业务发展资金的申报要求申请资金，共获得服务外包人才培训专项资金补贴××万元，国际认证补贴××万元，合计××万元。此项资金专款专用，无虚假申报、骗取套取、挤占挪用的行为。

2. 我公司无歪曲或虚饰申报资料的事情，所有提交资料的真实性、合法性、完整性由我公司负责，并接受有关审核部门为审核此项资金而进行的必要核查，承担相关法律责任。

负责人(法人代表签字并加盖公章)：

××××年××月××日

企业账户信息：

银行账户开户名称(全称)：

账号：　　　　　　　　开户行：

专项资金联系人及联系方式：

姓名：　　　　　　　　电话：　　　　　　　　传真：

手机：　　　　　　　　E-mail：

【例文二】

少林寺关于网络谣言的声明

近日来，网络连续多次出现有关少林寺方丈释永信的谣言，经部分媒体转载后，在网络上迅速传播。对此特作如下声明：

一、关于释永信方丈的网络传闻完全是天方夜谭，是无中生有、恶意编造的诽谤。

二、网络谣言对释永信方丈的声誉造成了恶劣的影响，对禅宗祖庭少林寺的名誉及少林僧团的形象亦造成了巨大损害，甚至还让多位名人无事受到牵连，少林僧团对此唯有及时向执法机关报案、诉诸法律途径。

三、同时，我们提请上级相关主管部门组成联合调查组前来少林寺，将少林寺和释永信方丈的真实情况告知社会。

为此，少林寺僧团决定向公众征集有关证据：

如有人掌握有历次传闻中所指释永信方丈的任何不法、犯戒等确凿证据（包括涉及人员的真实身份、具体信息、被警方处理的任何书证、物证、人证等），请第一时间向少林寺僧团举报：邮箱：shaolin495@gmail. com；电话：0371－62749305。

凡属于戒律寺规范围的问题，少林寺僧团会将处理结果告知公众和主管部门；凡属于社会法律、道德范围的问题，我们会主动将有关证据转到主管部门，恳请有关部门前来彻查；举报人也可以直接向任何主管部门举报。

如有人掌握有人组织制造并散布谣言，以及有关幕后推手的确凿信息（包括涉及人员的真实身份、具体信息、物证、人证等），请第一时间向少林寺或执法部门举报：如举报人提供的证据被有关方面查实确凿、有助于执法部门破案，少林寺都将给予人民币五万元奖励；若不属于有组织犯罪行为，仅出于不同见解、发泄不满情绪，少林寺将在以往案例中邀请若干代表免费到少林寺调查、体验两天，如实知、如实见，并据此对少林寺内外环境和僧团的社会行为提出批评意见和建议。

少林寺欢迎各界人士的批评、建议，但倡导让证据说话，而非只是捕风捉影、盲目炒作；鼓励诸恶莫作、众善奉行、文明健康的社会风气，而非自造恶业、人人自危。

中国嵩山少林寺
2011 年 10 月 13 日

四、海报

海报英文名为“poster”，又名“招贴”。海报是人们极为常见的一种招贴形式，多用于电影、戏剧、比赛、文艺演出等活动。海报是一种特殊的广告形式，是机关团体或个人向广大群众发布消息，介绍文化娱乐信息或商业活动信息等的实用文体。主要张贴于公共场所，也可登报或通过广播、电视、刊物等形式传播。海报可分为商业性海报（如展销会海报）和非商业性海报（如学术报告、人文讲座的海报）。

海报中通常要写清楚活动的性质，活动的主办单位、时间、地点等内容。海报的语言要求简明扼要，形式要做到新颖美观。

因为它同广告一样，具有向群众介绍某一物体、事件的特性，所以，海报又是广告的一种。同时，海报具有在放映或演出场所、街头张贴的特性，加以美术设计的海报，也是电影、戏剧、体育宣传画的一种。

（一）海报的特点

1. 广告宣传性

海报希望社会各界参与，它是广告的一种。有的海报加以美术的设计，以吸引更多的人加入活动。海报可以在媒体上刊登、播放，但大部分是张贴于人们易于见到的地方。其广告性色彩极其浓厚。

2. 商业性

海报是为某项活动做的前期广告和宣传，其目的是让人们参与其中，演出类海报占海报中的大部分，而演出类广告又往往着眼于商业性目的。当然，学术报告类的海报一般是不具有商业性的。

（二）海报的用途

第一，广告宣传海报：可以传播到社会中，主要为提高企业或个人的知名度。

第二，企业海报：为企业部门所认可，它可以利用于指导员工的一些思想，引发思考。

第三，文化宣传海报：文化是当今社会必不可少的，无论是多么偏僻的角落，都存在着文化宣传海报。

（三）海报的分类

一般来说，海报可以分为以下几类。

电影海报：这是影院公布演出电影的名称、时间、地点及内容的一种海报。这类海报有的还会配上简单的宣传画，将电影中的主要人物画面形象地描绘出来，以加大宣传的力度。

文艺晚会等的海报：这类海报同电影海报大同小异，它的内容可使观众直观感受到演出活动的热烈氛围，这类海报一般有较强的参与性。海报的设计往往要新颖别致，引人入胜。

学术报告类海报：这是一种为一些学术性的活动而发布的海报。一般张贴在学校或相关的单位。学术类海报具有较强的针对性。

个性海报：自己设计并制作，具有明显 DIY 特点的海报。

（四）海报的内容和结构

海报一般由标题、正文和落款组成。

标题：标题形式较灵活。可以在正文顶端居中以突出的字体写上“海报”二字，或者直接写活动名称，如“今晚电影”。也可以设副标题，如“感恩演唱会——著名演员××从艺二十年文艺表演”。

正文：主要写明活动内容、时间、地点、方式、参加对象及注意事项等，也可加以形象生动的话语或图画等。

落款：右下角写明活动举办单位及日期(若正文已写明的可以省略)。

海报写作，力求标题醒目、内容简明、布局新颖生动。

(五) 海报的写作要求

第一，内容必须真实准确。

第二，语言生动简洁。

第三，讲究艺术性。

第三节　慰问信

一、慰问信的含义

慰问信是向有关单位或个人表示问候、致意的书信体专用文书。它是有关机关或者个人，以组织或个人的名义在他人处于特殊的情况下(如战争、自然灾害、事故)，或在节假日，向对方表示问候、关心的应用文。

二、慰问信的分类

慰问信包括两种：一种是表示同情安慰的慰问信；另一种是在节日表示问候的慰问信。信应写得态度诚恳、真切。写慰问信就好比向人说宽慰的话，根据不同的对象、不同的情况，表达真挚的、自然的、真切的慰问之情。

三、慰问信的适用对象

慰问信是组织、部分群众以及某个人向有关集体、个人表示慰劳、问候、致意的书信。所谓有关集体或个人，可以分作两类：一类是在"两个文明"建设中做出了重大贡献的；一类是由于某种原因而遭到暂时困难和严重损失的。慰问信对前者表示慰问，鼓励他们戒骄戒躁，乘胜前进；对后者表示同情和安慰，鼓励他们加倍努力，战胜困难。

四、慰问信的内容和结构

(一) 标题

可写成"慰问信"或者"×××致×××的慰问信"。

第一行正中写"慰问信"三个字；如果写成"×××致×××的慰问信"，那么"慰问信"三个字可移至第二行写在中间。接着换一行顶格写受慰问的单位或者个人的称谓。

(二) 称谓

在标题下另起一行顶格写慰问对象的名称。

称谓应表示尊敬。写单位要写全称。写个人，要在姓名之后加上称呼如"同志""先生”“师傅”之类，后边用冒号。在个人姓名前边，往往还要加上“敬爱的”“尊敬的”“亲爱的”等字样，以表示尊重。

（三）正文

另起一行，空两格后写正文。正文内容应依据不同类型有所区别和侧重。

正文的内容，应该先说明写慰问信的原因，或是因为对方在“四个现代化”建设中取得了成绩，或是因为对方遭到了暂时的困难和挫折。其次，叙述对方的模范事迹或遇到困难时表现出来的高尚品质，并向对方表示慰问。可写事件的情况，或介绍他人的事迹等。再次，写一些鼓励和祝愿的话。接着在正文后面或是另起一行空两格写“祝”“此致”，然后在下一行顶格写“节日愉快”“取得更大的成绩”“敬礼”等。署名要写在另起一行的右半行。

（四）结语

在正文下另起一行空两格写“此致”“致以”“祝”等表示恭敬之意的词语，再另起一行顶格书写“敬礼”“诚挚的节日问候”“取得更大的成绩”等表示敬意、慰问或祝愿的话，后面不加标点符号。

（五）署名和日期

在结语的右下方署上慰问者的名称和写信日期。如果写慰问信的单位、个人不止一个，都要一一写上。日期写在署名的下边，年、月、日都要写上。

五、慰问信的写作要求

第一，内容有侧重。要根据所慰问的不同对象，确定信的内容。对在“四个现代化”建设中有贡献的集体和个人，应侧重于赞颂他们的巨大成绩；对遭到暂时困难的集体和个人，则应侧重于向他们表示关怀和支持。

第二，感情要真切。字里行间要洋溢着同志间的深厚感情，要充分体现组织的关心和温暖，使受慰问者在精神上得到安慰和鼓励，增强克服困难的勇气和继续前进的信心。慰问信的抒情性较强，语言亲切生动。

【例文一】

慰问信

风景园林处全体干部职工和家属同志们：

金秋送爽，雏菊绽放。值此中秋节、国庆节“双节”来临之际，我们谨向为了风景事业的兴旺发达，全身心投入工作，在本职岗位上做出贡献的全体干部职工和家属同志们致以亲切的节日慰问和美好的祝愿！

2013年，我们为了完成滨海路木栈道建设和植物园改造等市政府的惠民工程，舍小家、为大家，把祖国和人民的利益放在首位，把个人的情感深深地埋在心里，带着市政府的重托，带着沉甸甸的社会责任，辛勤工作，兢兢业业，战胜各种困难，揭开了新的发展篇章。

在大家的共同努力下，全处各项工作取得了大发展。人才积聚，人气高涨，我们的每一个进步，都凝聚着大家的智慧和汗水。希望大家进一步增强责任感和使命感，在创造中奋进，在稳定中发展，继续发扬不畏困难、团结进取的精神，保持和发扬高昂的斗志和无私奉献的进取精神，为风景园林处的发展做出更大的努力。

但愿人长久，千里共婵娟。让我们将对祖国的爱，对风景园林处的爱播撒在优美的公园景区，奉献给市民和五湖四海的宾朋！

祝同志们节日愉快，工作顺利，身体健康！

××市风景园林处

××××年×月×日

【例文二】

中华全国新闻工作者协会
给在抗击雨雪冰冻灾害第一线的新闻工作者的慰问信

近期，我国部分地区出现罕见的低温、雨雪冰冻极端天气，持续时间长，影响范围广，给受灾地区乃至全国生产生活秩序和春运工作带来严重影响。在党中央、国务院的指挥下，一场抗灾救灾的人民战争正在紧张而有秩序地进行。在这场硬仗中，新闻工作者的身影活跃在各个受灾现场，他们以对人民群众和党中央、国务院及各地政府高度负责的精神，克服断路、断电、断水等重重困难，深入灾区各个角落，及时传达党和政府声音，准确反映灾情民意，热情讴歌抗灾救灾动人事迹，弘扬主旋律，高奏和谐曲，唱响正气歌，打好主动仗，为抗灾救灾提供了强大的精神动力和舆论支持。为此，中华全国新闻工作者协会向战斗在抗灾救灾第一线的新闻工作者表示崇高的敬意和诚挚的问候！

雨雪冰冻天气还在持续，抗灾救灾形势依然严峻。希望新闻战线的同志们坚持与时代同行，与人民同心，高举旗帜，围绕大局，服务人民，不辱使命，不负重托，按照中央的统一部署，加强抗灾救灾的舆论宣传引导，更好地担负起统一思想、凝聚力量的重任，努力营造抗灾救灾的良好舆论氛围，为确保人民生命财产安全，确保经济平稳正常运行，确保社会和谐稳定，夺取抗灾救灾的最后胜利，做出更大的贡献。

2008 年新春佳节将至，借此机会，中华全国新闻工作者协会向辛勤工作在全国新闻战线的同志们恭贺新春，祝大家鼠年吉祥，幸福安康，阖家欢乐，万事如意！

中华全国新闻工作者协会

2008 年 1 月 31 日

第四节　感谢信

一、感谢信的含义

感谢信是向帮助、关心和支持过自己的集体（党政机关、事业单位、社会团体等）或个人表示感谢的专用书信，有感谢和表扬双重意思。

写感谢信既要表达出真切的谢意，又要起到表扬先进、弘扬正气的作用。它广泛应用于个人与个人之间、个人与组织之间、组织与组织之间，用以向给予自己帮助、关心和支持的对方表示感谢。

二、感谢信的分类

感谢信依据不同的标准有不同的分法：

（一）按感谢对象的特点来分

1. 写给集体的

这类感谢信，一般是个人处于困境时，得到了集体的帮助，并在集体的关心和支持下，自己最终克服了困难，渡过了难关，摆脱了困境，所以要用感谢信的方式表达自己的感激之情。

2. 写给个人的

这类感谢信，可以是个人也可以是集体为了感谢某个人曾经给予的帮助或照顾而写的。

（二）按感谢信的呈现形式来分

1. 公开张贴的

这种感谢信包括可在报社登报、电台广播或电视台播报的感谢信，是一种可以公开张贴的感谢信。

2. 寄给单位、集体或个人的

这种感谢信直接寄给单位、集体或个人。

三、感谢信的特点

（一）感谢对象要确指

感谢信都有确切的感谢对象，以便让大家都清楚是在感谢谁。

（二）表述事实要具体

感谢别人是要有具体的事由的，否则就会显得抽象空洞。

（三）感情色彩要鲜明

感激和致谢的色彩强烈鲜明，言语里充满感激之情。

四、感谢信的内容和结构

感谢信通常由标题、称谓、正文、结语和落款五部分构成。

（一）标题

感谢信的标题的写法有这样几种形式：《感谢信》——单独由文种名称组成；《致×

××的感谢信》——由感谢对象和文种名称共同组成;《××街道致××剧院的感谢信》——由致谢方和感谢对象及文种名称组成。

(二)称谓

开头顶格写被感谢的机关、单位、团体或个人的名称或姓名,并在个人姓名后面附上"同志"等称谓,然后再加上冒号。

(三)正文

感谢信的正文从称谓下面一行空两格开始写,要求写上感谢的内容和感谢的心情。应分段写出以下几个方面:

1. 感谢的事由

概括叙述感谢的理由并表达谢意。

2. 具体事迹

具体叙述对方的先进事迹,叙述时务必交代清楚人物、事件、时间、地点、原因和结果,尤其重点叙述关键时刻对方给予的关心和支持。

3. 揭示意义

在叙述事实的基础上指出对方的支持和帮助对整个事情成功的重要性以及体现出的可贵精神。同时表示向对方学习的态度和决心。

(四)结语

收束时要写表示敬意的话、感谢的话,如"此致敬礼""致以最诚挚的敬礼"等。

(五)落款

感谢信的落款署上写信的单位名称或个人姓名,并且署上成文日期。前者在上,后者在下。

五、感谢信的写作要求

第一,内容要真实,评誉要恰当。感谢信的内容必须真实,确有其事,不可夸大溢美。感谢信以感谢为主,兼有表扬,所以表达谢意时要真诚。评誉对方时要恰当,不能过于拔高,以免给人一种失真的印象。

第二,用语要适度,叙事要精练。感谢信的内容以叙述或者概括主要事迹为主,详略得当。篇幅不能太长,所谓话不在多,点到为止。感谢信的用语要求是精练、简洁,遣词造句要把握好度,不可过分雕饰,否则会给人一种不真实、虚伪的感觉。

【例文一】

感谢信

××农科所:

在今年五月我乡玉米发生大面积虫害,严重影响玉米生长的紧急时刻,贵所派出全部农业技术人员来我乡根治病虫害，避免了上千亩玉米绝收。目前作物长势良好，丰收在望。谨向你们表示衷心感谢！我们决心在党的十五大精神指引下，继续努力生产，以实际行动答谢你们的帮助和关怀。

此致

敬礼

××乡人民政府

2018 年 6 月 20 日

【例文二】

中共玉树州委、州人民政府致社会各界的感谢信

支援玉树抗震救灾的广大救援人员、志愿者和社会各界人士、港澳台同胞、海外侨胞及国际友人：

2010 年 4 月 14 日 7 时 49 分，玉树藏族自治州玉树县发生 7.1 级地震，造成重大人员伤亡和财产损失。“地震无情，人间有爱。”在全州抗震救灾的紧急关头，党中央、国务院、全国各族人民及社会各界心系灾区，情牵藏族同胞，及时从大江南北、长城内外伸出援助之手，送来真挚的爱。千里驰援、生死营救，创造了战天斗地的奇迹，谱写了民族团结的壮歌。

各方各界的无私帮助，慷慨支援，使我们倍感温暖，极大地鼓舞了灾区人民战胜灾难的斗志和勇气。抗震救灾斗争使我们更加深切地感受到：祖国大家庭最温暖，民族大团结最有力，人民子弟兵最可爱，赤子之心最宝贵，匹夫之责最可敬。在此，我们谨代表地震灾区和三江源头的 35 万各族人民群众，向支援玉树抗震救灾的广大救援人员、志愿者和社会各界人士、港澳台同胞、海外侨胞及国际友人表示最衷心的感谢并致以最崇高的敬意。

当前，正值玉树抗震救灾的关键时期，任务艰巨，困难很多，压力很大。但我们坚信，有党中央、国务院的亲切关怀，有青海省委、省政府的坚强领导，有全国各族人民及社会各界的大力支持，有全州各族干部群众的共同努力，我们一定能够战胜这场地震灾害，夺取抗震救灾的全面胜利，重建美好家园——新玉树！

中共玉树州委　玉树州人民政府

2010 年 4 月 20 日

第五节　申请书

一、申请书的含义

申请书是个人或集体向组织、机关、企事业单位或社会团体表述愿望、提出请求时使用的一种文书。

申请书的使用范围十分广泛，随着人们的交往活动越来越频繁，申请书大有用武之地。个人对党团组织和其他群众团体表述志愿、理想和希望，要使用申请书；下级在工作、生产、学习、生活等方面对上级有所请求时，也可以使用申请书。申请书把个人或单位的愿望、要求向组织或上级领导表述出来，可以让组织和领导加深对自己或下级的了解，争取组织和领导的帮助与批准，加强上下级之间，集体与个人之间的联系，对促进社会主义物质文明和精神文明的建设具有不可替代的作用。

申请书是一种专用书信，但它同一般书信一样，也是表情达意的工具。申请书要求一事一议，内容要单纯。

二、申请书的内容和结构

申请书由标题、称谓、正文、结语和落款五部分构成。

（一）标题

申请书的标题有两种形式：

第一，由性质加文种构成，如《入团申请书》。

第二，用文种“申请书”做标题。

（二）称谓

另起一行，顶格写明接收申请书的单位名称或领导人姓名并加冒号，如“×××团支部”“系总支领导同志”等。

（三）正文

申请书的正文包括三项内容：

1. 申请内容

开篇就要向领导、组织提出申请什么。要开门见山，直截了当，不能含糊其辞。

2. 申请原因

为什么申请，也就是说明写申请书的目的、意义及自己对申请事项的认识。

3. 决心和要求

最后进一步表明自己的决心、态度和要求，以便组织了解写申请书的人的情况，应写得具体、详细、诚恳有分寸，语言要朴实准确、简洁明了。

（四）结语

申请书可以有结语也可以没有。结语一般是表示敬意的话，如“此致敬礼”等。也可以写表示感谢和希望的话，如“请组织考验”“请审查”“望领导批准”等。

（五）落款

在右下方署明申请人姓名，并在下面写明年、月、日。

【例文一】

困难补助申请书

××大学研究生院：

我叫××，是文学院2017级中国古代文学专业研究生。我来自××省××市一个贫困的农村家庭，家里一共有6口人。上有年老体弱的爷爷，下有两个还在中学读书的弟弟。我的父亲长期在外打工，积劳成疾，几乎丧失了劳动能力，现在回到家里休养。一家人的全部生活费用均靠母亲耕种几亩地的收入。由于我是自费生，加之家庭中的实际困难，家里已欠下了4万多元的债务。尽管我在外也有兼职，但只能部分地解决个人的生活费用，有时经济上的困难还要通过家庭解决。对此，我深怀愧疚，只有通过优秀的成绩和未来的加倍努力回报家庭。

近悉研究生院要针对家庭困难的同学发放一笔困难补助金，我想若能得到该项困难补助，可以减轻一些家里的负担，故特提出申请，恳请研究生院批准。

此致

敬礼

学生：×××

2018年9月15日

【例文二】

入党申请书

敬爱的党组织：

我志愿加入中国共产党，愿意为共产主义事业奋斗终身。我衷心地热爱党，她是中国工人阶级的先锋队，是中国各族人民利益的忠实代表，是中国社会主义事业的领导核心。中国共产党以实现共产主义的社会制度为最终目标，以马克思列宁主义、毛泽东思想、邓小平理论为行动指南，是用先进理论武装起来的党，是全心全意为人民服务的党，是有能力领导全国人民进一步走向繁荣富强的党。她始终代表中国先进生产力的发展要求，代表中国先进文化的前进方向，代表中国最广大人民的根本利益，并通过制定正确的路线方针政策，为实现国家和人民的根本利益而不懈奋斗。

中国共产党党员是中国工人阶级的有共产主义觉悟的先锋战士，必须全心全意为人民服务，不惜牺牲个人的一切，为实现共产主义奋斗终身。中国共产党党员永远是劳动人民的普通一员，不得谋求任何私利和特权。在新的历史条件下，共产党员要体现时代的要求，要胸怀共产主义远大理想，带头执行党和国家现阶段的各项政策，勇于开拓，积极进取，不怕困难，不怕挫折；要诚心诚意为人民谋福利，吃苦在前，享受在后，克己奉公，多做贡献；要刻苦学习马列主义理论，增强辨别是非的能力，掌握做好本职工作的知识和本领，努力创造一流成绩；要在危急时刻挺身而出，维护国家和人民的利益，坚决同危害人民、危害社会、危害国家的行为做斗争。

我郑重地向党提出申请：我志愿加入中国共产党，拥护党的纲领，遵守党的章程，履行党员义务，执行党的决定，严守党的纪律，保守党的秘密，对党忠诚，积极工作，为共产主义奋斗终身，随时准备为党和人民牺牲一切，永不叛党。

此致

敬礼

申请人：王明

2013 年 10 月 10 日

第六节　证明信

一、证明信的含义

由组织或个人出具的，证明有关人员或事件的真实情况的书面材料，通常称证明信或证明书。个人或单位为证明某人身份、经历表现或有关事实真相时，经常使用这类书信。

二、证明信的分类

证明信可分为个人证明和集体证明两类，以个人名义开具的证明信为个人证明，以组织名义开具的证明信为集体证明。

三、证明信的内容和结构

（一）标题

一般把所要证明的主要内容作为标题，如《关于××受贿情况的证明》；也可以只写"证明信""证明书"，标题应居中书写。

（二）抬头

有些证明材料有明确的主送单位，就要在证明材料的开头顶格写明主送单位的全称；有些通用证明材料也可以不写主送单位。写主送单位，应该顶格，并在主送单位后加冒号。

（三）正文

正文证明材料的主体部分，空两格书写，要把需要证明的有关人员或事件的真实情况写清楚。如系调查证明材料，还可以提供有关调查线索。

正文后，另起一行，空两格，写"特此证明"。

（四）署名和日期

署名和日期与一般的书信格式相同。证明材料写好后，要将提供证明材料的单位全称或个人姓名写在证明材料的右下方。是单位的应该盖上单位的公章，并注明证明的日期。

四、证明信的写作要求

第一，应当以对党、对被证明人高度负责和严肃认真的态度对待证明信的写作，坚持实事求是的原则，不得徇私情而出具与事实不符的证明，更不能写假证明。

第二，证明材料的语言要十分明确、肯定，不能含含糊糊、模棱两可，不能用“大概”“可能”“据分析”之类的含糊不清的词语。

第三，一切证明材料都应经本单位负责人审阅，并加盖公章。由个人出具的证明材料，本人要签名盖章（或留指纹），单位要在证明材料上注明证明人的职务、政治情况等。

【例文一】

贫困证明

××大学：

贵校学生×××，其家长属本地居民，家庭基本情况如下：

该生家庭共×人，主要收入来源为________，家庭年收入约________元。由于________________，家庭经济困难，特请贵校给予资助。

情况属实，请予办理为盼。

特此证明。

村委会（街道居委会）	乡、镇民政部门	县区政府民政部门
盖章	盖章	盖章
年　月　日	年　月　日	年　月　日

【例文二】

证　明

××局党委：

××同志，男，现年40岁，一九六四年九月考入我校学习，系××教授的研究生，一九六七年九月毕业。由于历史原因，毕业时未能发给研究生毕业证书，现即将补发。

特此证明。

此致

敬礼

××大学党委（盖章）

××××年×月×日

第七节　介绍信

一、介绍信的含义

介绍信是用来介绍联系接洽事宜的一种实用文体。是国家机关、社会团体、企事业单位派人到其他单位联系工作、了解情况或参加各种社会活动时用的函件，它具有介绍、证明的双重作用。使用介绍信，可以使对方了解来人的身份和目的，以便得到对方的信任和支持。

二、介绍信的分类

介绍信可分为普通介绍信和印刷介绍信、党组织介绍信和行政介绍信、便函式介绍信和带存根介绍信、书信式介绍信和填表式介绍信。

三、介绍信的作用

介绍信主要用于联系工作、洽谈业务、参加会议、了解情况时的自我说明。对于持信人而言，介绍信具有介绍、证明双重作用。

四、介绍信的内容和结构

介绍信一般由标题、题下编号、称谓、正文、敬辞、落款及说明组成。

第一，便函式的介绍信，用一般的公文信纸书写。包括标题、称谓、正文、结尾、单位名称和日期、附注几部分。

标题：在第一行居中写“介绍信”三个字。

称谓：另起一行，顶格写收信单位名称或个人姓名，姓名后加“同志”“先生”“女士”等称呼，再加冒号。

正文：另起一行，开头空两格写正文，一般不分段。一般要写清楚：派遣人员的姓名、人数、身份、职务、职称等；说明所要联系的工作、接洽的事项等；对收信单位或个人的希望、要求等，如“请接洽”等。

结尾：写上表示致敬或者祝愿的话，如“此致敬礼”等敬辞。

落款：注明单位名称和日期。

附注：注明介绍信的有效期限，具体天数用大写。

在正文的右下方写明派遣单位的名称和介绍信的开出日期，并加盖公章。日期写在单位名称下方。

第二，带存根的介绍信，这种介绍信有固定的格式，一般由存根、间缝、本文三部分组成。

存根：存根部分由标题（介绍信）、介绍信编号、正文、开出时间等组成。存根由出具单位留存备查。

间缝：间缝部分写介绍编号，应与存根部分的编号一致，还要加盖出具单位的公章。

正文：本文部分基本与便函式介绍信相同，只是有的要标题下再注明介绍信编号。

存根部分简填，以便日后查考。本文部分要填写详细些。派人联系办理重要或保密事项，要注明被派人员的政治面貌、职务。重要的介绍信要经领导过目或在存根上签字，有的还要限制有效期。除本文部分需加盖公章外，存根与本文的虚线正中亦要加盖公章。

五、介绍信的写作要求

第一，接洽事宜要写得具体、简明。

第二，要注明使用介绍信的有效期限，天数要大写。

第三，字迹要工整，不能随意涂改。

【例文】

介绍信

××百货公司：

兹介绍我厂销售科科长×××、销售员×××等贰人，前往贵公司联系服装销售事宜，请予接洽并支持为荷。

此致

敬礼

××服装厂（公章）

××××年×月×日

（有效期×天）

第八节　邀请函

一、邀请函的含义

邀请函是单位或个人邀请亲朋好友或知名人士、专家等参加某项活动时所发的约请性书信。在国际交往以及日常的各种社交活动中，这类书信使用广泛。

二、邀请函的内容和结构

（一）标题

文种“邀请函（书）”单独做标题或由“事件＋邀请函（书）”构成标题，如《亚太城市信息化高级论坛邀请函》。

值得注意的是,“邀请函”三字是完整的文种名称,与公文中的“函”是两种不同的文种,因此不宜拆开写成“关于邀请出席××会议的函”。

(二) 称谓

邀请函的发送对象有三类情况:① 发送到单位的邀请函,应当写单位名称。由于邀请函是一种礼仪性文书,称呼中要写单位的全称,不宜用泛称(统称),以示礼貌和尊重;② 邀请函直接发给个人的,应当写个人姓名,前冠“尊敬的”敬语词,后缀“先生”“女士”“同志”等;③ 网上或报刊上公开发布的邀请函,由于对象不确定,可省略称呼,或以“敬启者”统称。

(三) 正文

要把邀请函的内容写得具体而详细。如会议邀请函,应该将会议议题、地点、时间、有关活动、注意事项、食宿安排、交通路线等具体情况交代清楚。

(四) 结尾

邀请函的结尾可以写“此致敬礼”,也可以不写。

(五) 落款

如果是单位发出的邀请函,因邀请函的标题一般不标注主办单位名称,所以落款处应当署明主办单位名称并盖章。

(六) 成文时间

写明具体的年、月、日。

三、邀请函的写作要求

第一,正确书写被邀请对象的姓名、身份、人数。

第二,明确邀请的原因,活动的内容、时间、地点和有关事项。如果是会议邀请,要写明报到的时间、地点、联络人和食宿、车旅费用的支付、报销等事宜;如果是邀请观看表演、展览的,应附上入场券。

第三,用语应典雅大方,谦恭有礼,根据具体的场合、对象、内容,认真措辞。

【例文一】

邀请函

尊敬的××先生/女士:

我们很荣幸地邀请您参加将于5月15—16日在北京21世纪饭店举办的“第27届联合国粮食及农业组织亚太地区大会非政府组织磋商会议”。本次会议的主题是:从议程到行动——继“非政府组织粮食主权论坛”之后。此次磋商会议由联合国粮农组织(FAO)和国际粮食主权计划委员会亚洲分会(IPC-Asia)主办,中国国际民间组织合作促进会协办。届时,来自亚太地区80多个民间组织的100余名代表将参加会议。本次会议宣言将在5月17—21日召开的第27届联合国粮食及农业组织亚太地区大会上宣读。本次会议的主要议题包括：

1. 亚太地区粮食和农业领域的非政府组织如何在地区和国家层面执行“全球行动议程/公民社会战略”。

2. 亚太地区粮食和农业领域的非政府组织如何根据目前形势确定今后行动的参与者。

3. 参会机构起草非政府组织建议书提交给第27届联合国粮食及农业组织亚太地区大会，继续呼吁维护农民的利益。

真诚地期待着您的积极支持与参与！

中国××国际计划委员会
××××年×月×日

【例文二】

邀请函

××大学：

根据省委宣传部关于今年重大活动宣传的统一部署，我厅将举办“五月的鲜花——纪念‘五四运动’90周年大型歌咏会”，由××教育电视台等单位负责承办。本活动时间拟定于5月2日下午，在××工业大学室外演出并电视直播。因演出活动的需要，经编导与贵单位领导初步协商落实，今正式向贵单位发出参加活动的邀请。

鉴于本次演出纪念活动为全省电视直播，恳请贵单位认真抓好节目的准备工作，提高整体质量。节目审查时间为4月20日左右。具体事项请与节目编导组联系。联系电话：8077×××；传真：33×××；联系人：王××、周××、陈××。

另外，请贵单位领队及节目指导教师于本月23日（星期二）下午2:00到××教育电视台四楼会议室参加节目协调会。

贵单位收到此邀请信后，请将回执单填好传真给××教育电视台节目编导组。

此致

敬礼

××省广播电视厅（公章）
××××年×月×日

第九节　辞职信

一、辞职信的含义

辞职信也叫辞职申请书或辞呈，是辞职者向原工作单位辞去职务时写的书信。呈交辞职信是辞职者在辞去职务时的一个必要程序。

二、辞职信的内容和结构

（一）标题

在辞职信第一行正中写上标题“辞职信”，也可以“辞职申请书”为标题。标题要醒目，字体稍大。

（二）称谓

要求在标题下一行顶格处写出接受辞职申请的单位组织或领导人的名称或姓名称谓，并在称谓后加冒号。

（三）正文

正文是申请书的主要部分，正文内容一般包括三部分。首先，要提出申请辞职的内容，开门见山，让人一看便知。其次，申述提出申请的具体理由。该项内容要求将辞职的详细情况列举出来，但要注意内容的单一性和完整性，条分缕析。再次，要表明自己提出辞职申请的决心和个人的具体要求，希望领导解决的问题等。

（四）结尾

结尾要求写上表示敬意的话，如“此致敬礼”等。

（五）落款

辞职信的落款要求写上辞职人的姓名及提出辞职申请的具体日期。

三、辞职信的写作要求

第一，态度恳切、措辞委婉。辞职是个对双方来说都很严肃的问题，可能涉及双方的利益，所以一定要交代辞职时的工作安排。另外，辞职信也是一种申请，用语要谦虚、恳切。

第二，不要批评对方。山不转水转，即使对工作不满，也应礼貌。

第三，简洁性。将辞职的内容以及辞职相关原因陈述清楚，另外善后事宜交代明白，基本就可以了，没有必要提以前工作的麻烦或牢骚等。

【例文】

辞职信

尊敬的李经理：

您好！我很遗憾自己在这个时候向公司正式提出辞职。

我来公司也快一年了，也很荣幸自己成为××公司的一员。在公司工作的一年中，我学到了很多知识与技能，公司的经营状况也处于良好的态势。非常感激公司给予了我在这样的良好环境中，工作和学习的机会。

但是我因为个人原因需要辞职。我新购房屋在城南，到公司的距离超过 15 公里，每天往返公司的时间超过 3 个小时，这对我的工作已造成不良影响（离职原因也可以写成：因本人身体的缘故，需回家调养，希望不要因为我的个人原因，影响了工作的进展）。因此，我不得不忍痛离开热爱的岗位。

我希望在××××年××月××日之前完成工作交接，请领导安排工作交接人选。在未离开岗位之前，我一定会站好最后一班岗，我所在岗位的工作请领导尽管分配，我一定会尽职尽责，做好应该做的事。

望领导批准我的申请，并请协助办理相关离职手续。

祝您身体健康，事业顺心。并祝公司以后事业蓬勃发展。

辞职人：×××

××××年×月×日

第十节　倡议书

一、倡议书的含义

倡议书是个人或集体提出建议并公开发起，希望共同完成某项任务或开展某项公益活动所运用的一种专用书信。它作为日常文书中的一种常用文体，在现实社会中有着较广泛的使用。

二、倡议书的特点

1. 群众性

倡议书不是对某个人、某一集体，或某一单位而言的，它往往面向广大群众，或对一个部门的所有人发出，或对一个地区的所有人发出，甚至向全国发出。所以对象广泛的群众性是倡议书的根本特征。

2. 对象的不确定性

倡议书是要求广大群众响应的，然而其对象范围往往是不定的。它即便是在文中明确了面向的具体对象，但实际上有关人员可以表示响应，也可以不表示响应，它本身不具有很强的约束力。而与此无关的别的群众团体却可以有所响应。

3. 公开性

倡议书就是一种广而告之的书信。它就是要让广大的人民群众知晓，从而激起更多的人响应，以期在最大的范围内引起共鸣。

三、倡议书的内容和结构

倡议书一般由标题、称谓、正文、结尾、落款五部分组成。

1. 标题

倡议书的标题一般由文种名单独组成，即在第一行正中用较大的字体写“倡议书”

三个字。标题还可以由倡议内容和文种名共同组成，如《把遗体交给医学界利用的倡议书》。另外，标题也可以由发起人、事由和文种名共同组成。

2. 称谓

倡议书的称谓一般顶格写在第二行开头。倡议书的称谓可依据倡议的对象而选用适当的称呼。如“广大的青少年朋友们”“广大的妇女同胞们”“全国的叔叔阿姨们”等。有的倡议书也可不用称呼，而在正文中指出。

3. 正文

倡议书一般在第三行空两格写正文。倡议书的内容需包括倡议事项、为何倡议、如何去做及初步设想等。

第一，写倡议书的背景原因和目的：倡议书的发出贵在引起广泛的响应，只有交代清楚倡议活动的原因，以及当时的各种背景事实，并申明发布倡议的目的，人们才会理解和信服，才会自觉地行动。这些因素交代不清就会使人觉得莫名其妙，难以响应。

第二，写明倡议的具体内容和要求：这是正文的重点部分。倡议的内容一定要具体化。开展怎样的活动，都做哪些事情，具体要求是什么，它的价值和意义都有哪些，均需一一写明。

第三，倡议的具体内容一般是分条开列的，这样写往往清晰明确，一目了然。倡议书内容必须做到既有先进性，又有可行性，且情理并重、富有号召力。

4. 结尾

结尾要表示倡议者的决心和希望或者写出某种建议。倡议书一般不在结尾写表示敬意或祝愿的话。

5. 落款

落款即在右下方写明倡议者的单位、集体或个人的名称或姓名，署上发布倡议的日期。

四、倡议书的写作要求

第一，内容要符合时代精神，要切实可行，不违背国家的方针政策。

第二，背景目的要写清楚，理由要充分。

第三，措辞要恰当，感情要真挚，同时富于鼓动性。

第四，篇幅不宜过长。

【例文一】

和春天同行，与礼仪相伴

——共读《弟子规》倡议书

亲爱的同学们：

又一个春天向我们走来。伴着和煦的春风，我们的精神面貌也焕然一新。在这生机勃勃的三月，我校决定开展“和春天同行，与礼仪相伴——共读《弟子规》”大型主题队会活动。为在广大师生心中进一步树立以“礼”立身，以“礼”立校的意识，促进全校师生良好行为规范的养成，塑造学生高雅气质，营造出讲文明、讲礼貌的和谐校园氛围，特向全校学生发出倡议：

一、共读《弟子规》，学做文明人。

二、《弟子规》“首孝悌”，在家孝敬父母，不可任性而为，对待长辈要谦虚有礼。

三、学习并发扬《弟子规》中“谨”和“信”的精神，养成好的生活和学习习惯。

四、要有助人为乐的精神，在学习和生活中，对待身边的同学要有爱心，热心帮助同学。

五、学会求知，发奋学习，自觉培养勤奋好学、刻苦钻研的学习习惯。

在这个充满生机的季节里，让我们共同行动起来，珍惜时光，振奋精神，把握好新的机遇，迎接一次次的挑战。努力使自己学有所成、思想高尚，最终成为有志之士、有用之才。

家校携手，知识铺就成才路；

亲子共读，书香涵养智慧花。

冶基中学

2019 年 3 月 22 日

【例文二】

共建文明校园的倡议书

亲爱的同学们：

走进我们可爱的学校，我们每个人都能感受到她的洁净和美丽，一株株绿树为我们提供新鲜的空气，一棵棵小草和一朵朵小花为我们装点校园。教学楼内，歌声萦绕，书声琅琅，使我们的校园充满生机、充满希望。但是，乱扔纸屑、随手丢弃食品袋、说脏话、损坏花草树木等不良现象时有发生，这些不文明行为正一步步吞噬着我们丰富而纯洁的校园文化，污染着同学们美丽而纯洁的心灵。学校是我家，美化靠大家，同学们更好地学习、生活，需要一个优美、清净、和谐、温馨的文明校园。为此，学校向全体学生发出倡议：

一、爱护校园环境，不随地吐痰，不乱扔果皮、纸屑、食品袋，不乱倒垃圾、不在墙壁、桌面上乱涂乱刻，不伤害花草树木。

二、言行举止文明，使用文明礼貌用语，不说脏话、谎话，不打架斗殴，不在走廊、楼梯通道打闹、高声叫喊。

三、尊敬师长，友爱同学，见到老师主动问好，不谩骂他人。

四、自觉遵守校规、校纪，不迟到、不早退、不旷课。

五、讲究个人卫生、仪表整洁，不着怪装、不染发、不烫发。

六、增强安全意识，不攀爬围墙、大门、树木，不在楼梯扶手上滑行，不带危险玩具进校园，不做危险性游戏。

同学们，让我们积极行动起来，从现在做起，从身边的小事做起，告别不文明行为，共建一个文明和谐的校园。

××小学

××××年×月×日

思考与练习

一、简答题

1. 请说明欠条、收条与借条三者之间的区别。

2. 请说明慰问信和感谢信的写作要求。

3. 请说明介绍信的写作格式。

二、论述题

1. 启事类文书主要有哪几种？各自的写作格式是怎样的？

2. 试述辞职信写作的格式与要求。

3. 试述倡议书写作的格式与要求。

三、写作题

1. 李华同学因参加西藏自治区图书馆组织的志愿者活动，周一不能到校上课，请你为她写一则请假条。

2. 请根据你的兴趣爱好拟写一份加入某社团的申请书。

3. 为庆祝××大学建校100周年，该校党委宣传部决定于2018年12月20日在学校体育馆举办一场大型文艺晚会，并邀请××大学的校领导来校观看会演，为此，请你拟写一则邀请函。

4. 王明明要去当兵，现××武装部需要了解他在高中生活和学习的情况。请你以他班主任的身份为王明明写一则说明他在校表现的证明信。

第五章　应聘文书

求职信和个人简历是求职时自我举荐会用到的书信类文体，它具有自我介绍的性质，内容一般介绍本人情况，包括年龄、职业、专业特长、工作简历、性格爱好等。

写作求职信和个人简历的目的是希望得到对方的信任和欣赏并取得相应的工作职位，达到自荐求职的目的。写作时要实事求是，不可言过其实，夸夸其谈。

第一节　求职信

一、求职信的含义

求职信是求职者向用人单位或单位领导人介绍自己的实际才能、表达自己就业愿望的一种书信。求职信是大中专毕业生、待业人员、想重新调换工作的人员等进入理想单位的一块敲门砖，从求职的角度来看，意义重大。

二、求职信的特点

一般来说，求职信有三个特点：针对性、展示性、求实性。

（一）针对性

求职信对身份、地位、职位没有特别的界定，但一封有效的求职信，必须符合用人单位的需求条件。求职信一般是针对用人单位对某岗位、某职位的需求而发的。没有针对用人单位的需求条件而发的求职信，一般收效甚微。

（二）展示性

写求职信是毛遂自荐，应该充分地展示自己的才干和业绩、特点，争取在求职者中脱颖而出，引起用人单位的注意和兴趣。

（三）求实性

求职信不可以夸大其词，言过其实，必须实事求是。

三、求职信的作用

写求职信是自我表白，毛遂自荐，最终要让人事主管过目，好的求职信可以拉近求职者与人事主管（负责人）之间的距离，获得面试机会的可能性大一些。

四、求职信的内容和结构

求职信主要由标题、称谓、正文、结尾、附件、署名、日期等几部分组成。

(一) 标题

标题是求职信的眉目,一般在第一行居中写上"求职信""应聘信"或"自荐信"。

(二) 称谓

称谓写在第二行,顶格加冒号,另起一行,写上问候语"您好"。对于不甚明确的单位,可以写用人单位全称或规范化简称,也可写成"尊敬的人事处(人力资源部)领导""尊敬的××公司领导"等;对于明确了用人单位负责人的,可以写出负责人的职务、职称和姓氏,如"尊敬的林教授""尊敬的蒋处长""尊敬的刘经理"等。称谓要恰当得体,以体现求职者对对方的尊重。

(三) 正文

正文要另起一行,空两格开始写求职信的内容。这是求职信的重点和核心,内容较多,要分段写。用精练的文字将求职的理由、优势、特点充分具体地表达出来。这样,便于用人单位依据求职信考核录用。本部分大致包括以下几个方面的内容:

1. 求职者的个人情况和求职的原因

如姓名、性别、年龄、籍贯、毕业院校、专业、文化程度、职业、职称等要素。接着要直截了当地说明从何渠道得到有关信息以及写此信的目的。如"我叫李民,现年 22 岁,男,是一名财会专业的大学本科毕业生。从报上我看到贵公司招聘一名专职会计人员的消息,不胜喜悦。以本人的水平和能力,我不揣冒昧地毛遂自荐,相信贵公司定会慧眼识人,使我有幸成为贵公司的一名会计人员"。这段话是正文的开端,也是求职的开始,介绍有关情况要简明扼要,对所求的职务,态度要明朗。而且要使受信者有兴趣将求职信读下去,因此开头要有吸引力。

2. 求职者应聘所具备的优势

求职者对自己的能力要做出客观公正的评价,并努力使自己的描述与所聘职位要求一致,这部分是求职的关键。介绍自己与应聘职位相关的有利条件,特别突出自己的优势和"闪光点",以使对方信服。如"我于 1996 年 7 月毕业于东北财经学院财会专业。毕业成绩优秀,在省级会计大奖赛中,获得技术能手嘉奖(见附件),在《海南金融》等杂志上发表过多篇学术论文(见附件)"。

写作这段内容,语言要中肯,恰到好处;态度要谦虚诚恳,不卑不亢。达到见字如见其人的效果。要给受信者留下深刻印象,进而相信求职者有能力胜任此项工作。

3. 提出希望和决心

向受信者提出希望和决心。如"希望您能为我安排一个与您见面的机会"或"盼望您的答复"或"敬候佳音"之类的语言。并且表明如果被录用,将如何去做。这段属于信的收尾部分,要点到为止,不要拖泥带水,更不要苛求对方。

(四) 结尾

正文后另起一行,空两格,写表示敬祝的话。如“此致”然后换行顶格写“敬礼”,或“工作顺利”“事业发达”等相应的祝颂词。祝颂词不必过多寒暄,以免画蛇添足。

(五) 署名和日期

求职者的姓名和成文日期写在信的右下方。姓名写在上面,成文日期写在姓名下面。姓名前面不必加任何谦称的限定语,以免有阿谀之感,或让对方轻视你的能力。成文日期要年、月、日俱全。

(六) 附件

有说服力的附件是求职者身份和能力的凭证。所以求职信的附件是不可忽视的组成部分。

附件可在信的结尾处注明,如① 学历证书;② 相关等级证书;③ 职业资格证书;④ 各种荣誉证书等。然后将附件的复印件单独订在一起随信寄出。附件不需太多,但必须有分量,足以证明你的才华和能力。

五、求职信写作的原则和技巧

第一,语气自然。语言和句子要简单明了。写信就像说话一样,语气可以正式但不能僵硬。

第二,语言直白。要直截了当,不要拐弯抹角。

第三,通俗易懂。写作要考虑读者对象的知识背景,不要使用生僻词语、专业术语。

第四,言简意赅。在重点突出、内容完整的前提下,尽可能简明扼要,切忌事无巨细,面面俱到。

第五,具体明确。不要使用模糊、笼统的字眼;多使用实例、数字等具体的说明。

六、毕业生求职信写作常见的误区

写信求职是一种常见的求职方式,但必须避免以下四种失误以提高求职命中率。

(一) 不够自信,过于谦虚

求职者应当扬长避短,在信中强调自己的强项。即使不可避免地要说明自己的弱项,也要注意措辞和表达,以免给用人单位不佳的印象。

(二) 主观意愿,推理不当

许多求职者为了取悦招聘单位,再三强调自己的成绩,而不知相关经验与能力对职位的重要性。

(三) 语气过于主观

招聘单位大都喜欢待人处世比较客观与实际的人,因而求职者在信中要尽量避免用“我认为”“我觉得”“我看”“我想”等字眼。

（四）措辞不当，造成反感

写求职信最忌用词不当，如“有我这样的人才前来应聘，你们定会大喜过望”。对方看到这样的表述，怎么会不反感呢？

【例文一】

求职信

尊敬的中国移动××分公司领导：

您好！我是××大学一名即将毕业的本科生，非常高兴在中华英才网、中国人才指南网和我们的校园网站上看到中国移动××分公司的招聘信息，特别是看到××和××分公司都在其中，我热切期盼能在自己的家乡加入移动。

不过，我这个学旅游酒店管理的人却想应聘市场营销方面的职位，您一定会有疑虑。我想进行如下说明：

（1）在学科知识上我并不逊于市场营销专业的学生，我们的专业除了学习市场营销的一系列课程外，还专注于消费者心理的研究，正如移动所说“沟通从心开始”，把握消费者心理对于营销策划更为重要，另外，我还广泛阅读了众多营销论著。

（2）市场营销中许多具有艺术性，技巧性的方法，都不是可以从书上学到的。大卫·奥格威在成为广告教父之前是一个被牛津退学的郁闷厨子，策划狂人史玉柱也不过是一个整天计算数学方程式的四眼学生，在这点上，我已经证明了我的天赋。我的营销案例分析课程得到了全院最高分，而且从简历中您能看到，我曾经成功地参与了企业的策划活动。

在××移动的业务当中，我很中意 12580 移动秘书服务。我觉得这是一个设计得非常好的增值服务，像我们这样正在找工作的大学生都非常需要此项服务。最关键的问题是如何推广给顾客。假如我有幸能够加入移动，我会采取如下的方法进行推广：

（1）在大学校园设立咨询台进行推广。我们可以联系学校的就业辅导中心，强调我们这项服务可以帮助大学生不错过任何一家企业的面试通知，那么很可能学校会免费提供场地让我们做宣传。

（2）免费免操作为顾客提供半个月的 12580 移动秘书服务。所谓免费免操作，是指顾客不需要到营业厅办理，不需要自己打 10086 开通，也不需要设置密码，一切都和短信息一样，是自行开通的！顾客对于任何一项服务都是非常非常怕麻烦的，所以我们要把服务做到零麻烦！当顾客已经习惯这项服务时，我们就可以要求顾客打电话开通此项业务了！

当然，目前我对于移动的业务完全是门外汉，您可能会对我的幼稚哑然失笑，不过，我只是想让您了解我对通信业务的热情和喜爱！同时我相信自己能够为××移动的壮大添砖加瓦，和全球通的新广告词一样，“我能”！

感谢您的阅读，衷心期待您的回复。同时祝您身体健康，一切顺意！

求职人：××
××××年×月×日

【例文二】

求职信

××大学人事处负责同志：

我叫××，女，今年29岁。我于2004年毕业于××大学法学专业，同年赴香港大学攻读国际经济法硕士，2007年获得法学硕士学位，毕业后在香港××律师行工作。

工作两年来，我积累了一些社会案例，也巩固和加强了自己在学校所学的相关理论知识，虽然现在我有比较优厚的工资待遇，但我一直对学术研究很有兴趣，很想进入学校从事单纯而又有成就感的工作。今年看了贵校招聘专业教师的启事，我认为我的条件符合贵校的招聘要求，为此我特向贵校提交我的求职信。希望能早日得到您的答复！

此致

敬礼

求职者：××××

××××年×月×日

第二节 个人简历

一、个人简历的含义

个人简历是个人向有关单位或领导者推荐自己或者陈述个人具体情况的文书。它比求职信更加简略，也不用针对明确而具体的用人单位。

二、个人简历的特点

（一）完整性

个人简历要求用最简练的语言具体、全面、完整地概括求职者的个人相关情况和特点，能让用人单位通过个人简历就可以准确而完整地把握求职者的基本信息。

（二）广泛性

求职信一般是针对用人单位对某岗位或某职位的需求而发的，一信难以多投，但个人简历可以发送给任何潜在的用人单位。

（三）求实性

个人简历必须如实地反映个人信息，不能有任何的水分。

三、个人简历的分类

按照成形样式划分，个人简历可以分为表格式和陈述式两种。表格式个人简历一般称为"毕业生自荐表",陈述式个人简历一般称为"个人简历"。

四、个人简历的内容和结构

个人简历的内容包括标题、个人的基本情况、个人简要经历、学业成绩和奖励情况、社会实践活动情况等。

(一) 标题

第一行居中写上"个人简历"。

(二) 正文

以表格或者陈述的方式,用精确的语言表达个人相关的信息。这部分大致可以分为以下几个方面:

1. 个人基本情况

包括姓名、性别、年龄、籍贯、政治面貌、就读院校、专业、职业等要素。

2. 个人简要经历

突出与工作相关的学习、工作经历,应届毕业生一般侧重于学习经历。

3. 学业成绩和奖励情况

简要地说明学习成绩和曾获得的荣誉或者工作的业绩、奖励。

4. 社会实践活动

这部分主要体现毕业生的理论和实践的结合性。

【例文】

个人简历

一、个人资料

姓　名:范文　　　　国　籍:中国

目前居住地:广州　　　　民　族:汉族

户籍地:清远　　　　身高体重:160 cm　48 kg

婚姻状况:未婚　　　　年　龄:27 岁

二、求职意向

人力资源经理/主管、招聘经理/主管

三、教育背景

毕业院校:广东工业大学

最高学历:本科　　获得学位:管理学学士　　毕业日期:2008.06

所学专业:人力资源管理

四、工作经历

2008.06—2010.03　　　　公司名称:清远市恒福房地产开发有限公司

公司性质：民营企业　　　　　所属行业：房地产，建筑，安装，装潢

担任职务：人事行政专员

(一) 人力资源工作：

1. 编制人力资源管理制度；

2. 编制、更新各部门职责说明书、各岗位说明书；

3. 编制招聘管理制度；

4. 编制培训管理制度，且在公司首创内部讲师制度，并组织执行；

5. 编制绩效考核体系；

6. 招聘管理：进行招聘需求调查，编制招聘计划、招聘信息编写和发布、简历初步筛选和合格人员推荐、组织笔试和面试、参加现场招聘、校园招聘，招聘渠道开拓和管理；

7. 入职、离职管理：入职、离职手续办理；

8. 组织员工转正的考核；

9. 劳动合同管理：劳动合同的签订、报表的更新等，防范用工风险；

10. 公司内部培训组织；

11. 工伤事故跟进处理。

(二) 行政工作：

1. 修订、修改公司规章制度：印章管理制度、会议管理制度、采购管理制度、车辆管理制度、档案管理制度、考勤管理及休假规定、办公室管理规定、8S 管理制度等；

2. 体育竞赛活动组织；

3. 年终总结会组织；

4. 协助组织年终酒会活动；

5. 协助组织年终评优活动；

6. 节日礼金、员工生日礼金和生日贺卡的编制和发放；

7. 营业执照、组织机构代码证年审；

8. 公司网络的基本维护；

9. 电话报装、迁移办理；

10. 档案管理。

(三) 其他工作：

1. 商品房合同审核；

2. 其他各项经济合同的审核；

3. 公章管理；

4. 与现场施工管理人员沟通。

五、外语水平

具有较强的英语会话、阅读、写作能力，通过大学英语六级考试。

六、工作能力及其他专长

1. 系统掌握人力资源管理六大模块理论知识，了解各模块实操技能；

2. 熟练掌握 Office 办公软件操作，如 Word、Excel；熟悉 Visual FoxPro 小型数据

库开发。曾做过三次基于 Visual FoxPro 的课程设计。

3. C1 驾照。

七、详细个人自传

1. 一年半行政人事工作经验;
2. 一年以上招聘工作经验,熟悉招聘工作流程;
3. 学习能力强,通过英语六级考试;
4. 人缘好,善于倾听;性格温和,有耐心,正直诚实,个性稳重,具有高度责任感;
5. 有较强的公文写作能力。

思考与练习

简答题

1. 大中专毕业生写作求职信应该注意些什么?
2. 请结合你个人的真实情况,设计一份与之相符的个人简历。

第六章 礼仪文书及演讲稿

第一节 贺 词

一、贺词的含义

贺词是组织或个人在重大节日、喜庆仪式、隆重典礼或重大活动胜利时，向有关对象表示庆贺的应用文体。如节日贺词、生日贺词、新婚贺词、宴会贺词、周年纪念贺词等。贺词既可表达致辞者良好由衷的祝愿，也可加深彼此间的了解和情感，协调彼此间的关系，加强相互间的合作。

二、贺词的内容和结构

贺词一般由以下四部分构成：

（一）标题

一般是在首行正中写明“贺词”；也可以把祝贺者或受贺者、事由和文种都写明，如《××公司10周年厂庆贺词》；还可以用复合标题，即由主标题和副标题共同构成，主标题可以表达贺词的中心意思，如《携手2009年，共创辉煌篇章——重庆市××实业有限公司总经理致全国客户的新年贺词》。

（二）称谓

在标题的下一行顶格写称谓。若受贺者系个人，要写受贺人的尊称；若受贺者系单位，要写受贺单位的全称。若受贺者人数广泛，写“女士们、先生们”或“朋友们”“同志们”即可。

（三）正文

贺词的正文一般分开头、主体和结语三部分。

正文的开头先表明祝贺之意。应交代清楚祝贺双方的身份，以及祝贺的理由。常用的句式有“值此……之际，我谨代表……祝……”“欣闻……，特表示祝贺”等。也可以引用诗句或名言表达美好的祝愿。

主体部分一般包括以下几层意思：祝贺的缘由；对受贺者成绩的概括或肯定性评价；对未来的要求和希望。根据祝贺场合、性质的不同，贺词的内容也会有所区别，比如致辞者和受贺者是下级和上级的关系，主体部分的结尾也可能是表示向对方虚心学习的内容。

结语一般是根据具体场合、背景，或表示祝愿，或承诺，或共勉，或倡议，或号召等。

（四）署名

署上致贺者的单位名称或个人姓名，并写明日期。

三、贺词的写作要求

第一，写作内容要求切合情境、针对祝贺缘由，生动活泼，不拘一格。

第二，要有感情色彩，字里行间应充满喜悦、褒扬、赞誉的情绪。

第三，语言要简练而有力度，热烈而恰当，并适合口语表达。

【例文】

××书记与××院长致校友的新年贺词

亲爱的海内外校友：

“山水有清音，珠树自绕千古色；云霞生异彩，笔花开遍四时春。”在这辞旧迎新之际，我们代表母校全体师生员工向你们致以新年的问候和节日的祝福！谨祝大家万事如意，虎年吉祥！

刚刚过去的2009年我们隆重庆祝了中华人民共和国成立六十周年，大江南北盛典华章，举国上下喜气洋洋。2009年也是母校纪念从事师范教育105周年及向更高办学目标迈进的一年，奋进与攀登，铸就着成功与喜悦。

在这不平凡的一年里，在全校师生员工的团结奋斗和广大校友的大力支持下，母校深入开展学习实践科学发展观活动，以申硕和学科建设为龙头，以教学工作为中心，加快实施博雅教育、校地合作、精细化管理等几大改革，不断拓展优质办学资源，优化内部管理机制，各项事业取得了可喜成绩：

——教育教学工作平稳推进，人才培养成效日益凸显。2009年学校坚持一体化全员育人，全面推行博雅教育，教职员工积极投身培才育人工作，万众一心打造师范教育品牌，努力培养高素质复合型人才，不断促使学校成为培养优秀教师和社会经济发展需要的各类高素质专业人才的摇篮。一年来，全校来自十五个省份地区的24 092名学子不断强化科学精神、人文素养和实践创新精神，勤学苦练、积极进取，110人在全国和省级各类重大比赛中荣获佳绩；123名优秀毕业生考取了国家各大学硕士研究生；本科总体就业率达到了96.53％以上。

——科研创新成果丰硕，学科建设迈上新台阶。2009年，全校教职员工积极探索、不懈攀登科学高峰，一年来共承担各级科研项目107项，其中增获国家级科研项目2项，省部级项目12项（3个省高校学科建设专项资金重点实验室项目）；三大索引收录学术论文51篇；获得各级各类科研成果奖79项，其中市厅级3项，省部级8项；出版学术著作、教材152部；据不完全统计，过去一年我校教职员工在各级刊物发表各类文章、学术论文达1070多篇，科研成果居省内同类院校前列。申硕工作取得了阶段性进展，学校被列入广东省2008—2015年新增硕士学位授予单位建设规划，被批准联合招收培养硕士研究生。

——师资队伍实力增强，整体素质不断提升。2009年学校加大优秀人才引进力度，引进博士15人，高级职称教师7人。学校师资队伍力量得到进一步强化。截至2009年底，教授、博士分别增至106人和147人，学校专任教师达到853人，硕士学位以上教师586人，有多名教授、博士被兄弟院校聘为硕士、博士生导师，有7名专家享受政府特殊津贴，87人成为广东省“千百十工程”培养对象，47人次被评为全国劳动模范、全国优秀教师、南粤优秀教师和南粤教坛新秀。

——校地合作交流广泛，开放办学力度加强。2009年学校积极开展校地交流合作，召开以校地合作为专题的干部暑期读书班，出台多项校地合作措施，铺开了从祖国北疆的西藏林芝地区教育局到南粤的湛江地区单位、湛江市教育局、中国移动湛江分公司、赤坎区等地方部门单位的合作洽谈。同时也加强与境外高校和教育机构部门紧密合作关系的建立，2009年分别与越南、日本等国家和地区的5所高校签订交流合作协议书，选派多名教师和学生赴国外开展学术交流、文化学习和教育培训。

“经略既张，宏图将举。”迎着2010年希望的朝阳，我们任重道远，新年即将召开的第三次党代会和四届一次教代会，将对学校“十一五”时期办学成绩和发展经验进行全面总结，并着手研究制定“十二五”办学事业发展规划。面对新一轮的发展形势和任务，让我们将理想化作实践的动力，全面增强责任感和使命感，同心同德，励精图治，奋发进取，为共同把母校建设成一所有鲜明办学特色的优质师范院校而继续努力奋斗！

“日出江花红胜火，春来江水绿如蓝。”校友们，朋友们，2010年的风帆已经扬起，一个美好的年轮已经呈现在我们面前，让我们携手共进，满怀信心，用激情、智慧和汗水谱写出××师范学院2010年的崭新篇章！让我们共同祝愿伟大的祖国更加繁荣昌盛！祝愿××师范学院的明天更加灿烂辉煌！祝愿大家家庭幸福、事业有成、春节快乐！

××师范学院　　党委书记：××

院　长：×××

2010年1月18日

第二节　答谢词

一、答谢词的含义

答谢词是指在特定的公关礼仪场合，主人致欢迎词或欢送词后，客人所发表的对主人的热情接待和多方关照表示谢意的讲话。答谢词也指组织机构或个人取得某项成绩后或在某种特殊情境下对有关对象表达谢意的应用文体。如升学答谢词、生日答谢词、升职答谢词等。

二、答谢词的内容和结构

答谢词一般由以下三部分构成：

（一）标题

一般用文种“答谢词”做标题。

（二）称谓

在标题的下一行顶格写称谓。为表示尊重，宜用全称，并加上职衔或“女士”“先生”，称谓前常用“亲爱的”“敬爱的”“尊敬的”等修饰语表示亲切。

（三）正文

答谢词的正文分开头、主体和结语三部分。

正文的开头应先向有关对象致以感谢之意。

主体部分，视答谢性质内容有所不同。访问接待性质的答谢，一般包括以下几层意思：讲述对主人的美好印象，对主人所做的一切安排给予高度评价；对主人的盛情款待表示衷心的感谢；阐发访问取得的收获和意义等。取得成绩后或在特殊情境下的答谢，内容则主要由阐明个人或组织所获得的成就，感谢有关人士的帮助，申述将来的愿望等部分构成。

结语主要是再次表示谢意，或对双方关系的进一步发展表示诚挚的祝愿。

三、答谢词的写作要求

答谢词的写作重点在于表达出对有关对象真挚的感激之情。

第一，感情要真挚而热烈。

第二，语言简练而不失敬意。

【例文一】

答谢词

尊敬的领导、来宾、各位业界同人和朋友们：

大家好！很高兴在今天这个特别的日子里，我们能够相聚一堂，共同庆祝××大酒店隆重开业！首先，请允许我代表××大酒店的全体员工，向今天到场的领导和所有的来宾朋友们表示衷心的感谢和热烈的欢迎！

××大酒店位于无锡市××区中心地带，是集商铺、办公、酒店、餐饮、休闲、娱乐于一体的，按照四星级旅游涉外饭店标准投资兴建的新型综合性豪华商务酒店。值得一提的是，它是无锡首家客房内拥有干湿分离卫生间及景观阳台的星级酒店。其优越的地段、豪华的环境，优质的服务和智能化的配套设施，必将给您耳目一新的感受。它是顺应无锡特大型城市建设发展的精品建筑，是××区的地标，是各商家投资、置业、理财的财富洼地。

正如我们的董事长所说，××大酒店是“我们××人智慧和汗水的结晶”。它的筹划和诞生，倾注了我们××人的所有心血，凝聚了××全新的信念。值得欣慰的是，有这么多的朋友默默地关心和支持着我们，陪伴我们一路走来。其中，有××区领导的高度重视和政策指导，我们××集团高层的殷切关怀和鼎力扶持，有社会各界朋友的热心帮助等等，这一切都让我们感激不已。

作为总经理，××大酒店的具体运营者，我深知自己肩负的重担和使命。我的一言一行，一举一动，都将和××大酒店乃至整个无锡未来的建设发展联系在一起。我深知，困难与希望同在。这么多朋友的关心和指导，是支撑××大酒店存在并运作的信心的源泉！面对挑战，我坚信，××大酒店必将在市场上傲然挺立，拥有一席之地！为此，我将携××全体工作人员，用良好的业绩来回报各界，以不辜负领导和社会各界的期望！同时，我们××大酒店全体员工，将坚持创新求变的精神，和诸位业界同人一起，全力以赴，共同致力于××区的建设发展，为无锡进一步的繁荣昌盛添上辉煌灿烂的一笔！正如我们××大酒店的宗旨所阐述的一样，我们要做好无锡××区的地标和窗口，要奏响新区的最强音，要为无锡人民创造一个永不落幕的新都会！最后，我要特别感谢××区领导的莅临指导，感谢董事长于百忙之中能够亲临开业现场致辞！

再次感谢各位朋友的光临！谢谢大家！

【例文二】

答谢词

尊敬的各位领导、各位嘉宾：

大家下午好！

感恩知福，饮水思源。首先感谢广电一局创造这个机会，使大家得以会聚一堂进行沟通与交流。借此机会，我谨代表神龙保温，真诚地感激广电一局。正是你们十余年如一日的支持、关爱和鼓励，才使得我们神龙保温不断成长、发展壮大。在此请允许我代表我公司的全体员工和我个人向广东省电力第一工程局表示最深的感谢和最崇高的敬意，感谢大家！

一局拥有一支由电力专家组成的庞大队伍，技术力量相当雄厚，在电厂建设市场中一枝独秀。我公司有幸与一局建立友好的合作关系，为我们的发展提供了新契机，推动我司迈上一个又一个新的台阶。

我们神龙保温的发展历程，至今历历在目。1984 年，赤壁岩棉厂成立；1998 年，岩棉厂改制组建为神龙保温公司，当时注册资金不过 50 万元、人员不到 50 人。在各位及各级领导的大力支持和帮助下，本着诚信为本、用户至上的宗旨，时至今日，神龙保温施工资质上升为防腐保温专业承包二级，注册资本变成了 2 000 万元，多次被省工商行政管理局评为“重合同守信用企业”，被国家电力行业、国家石油和化学工业局定为“保温材料推荐供应厂”，同时获取了一大批忠实的、长期的战略合作伙伴。正是你们的信赖与支持，使得我们神龙保温得以成长、壮大，谢谢你们！

成绩只属于过去，2012 年，是我们神龙人承前启后，向新的目标迈进之年。下一步我公司预备升级为防腐保温专业承包一级资质，将神龙升级为中国神龙，然后预备上市。我们神龙人将继续本着诚信为本、用户至上的美好愿景；以诚信为人、踏实做事、广交朋友、共创双赢为信仰，把湖北神龙保温材料有限公司带上新的台阶，决不辜负各位领导、嘉宾的关怀和厚望！

最后，我代表神龙保温再次向广电一局表示感谢，并祝各单位都迅猛发展，再创辉煌！谢谢大家！

第三节　欢迎词

一、欢迎词的含义

欢迎词，是指客人光临时，主人为表示热情的欢迎，在座谈会、宴会、酒会等场合发表的热情友好的礼仪性致辞。欢迎词的使用范围很广，外宾来访、视察参观、各种会议宴请、新学员报到等，都会用欢迎词来表达主人的心意和情感。欢迎词可以起到宣传形象，增进了解，提升友谊的作用，是当代社会一种重要的礼仪文书。

二、欢迎词的内容和结构

欢迎词一般由以下三部分构成：

（一）标题

一般直接在首行正中写明文种“欢迎词”；也可采用“场合＋文种”的形式，如《在宋楚瑜先生演讲会上的欢迎词》；还可在场合与文种前再加上致辞人的姓名或职务，如《陈建华院长在首届“泛珠三角区域城市规划院院长论坛”上的欢迎词》。后两种标题形式常用于报纸、杂志刊登时。

（二）称谓

在标题的下一行顶格写被欢迎者的名称。重要的宾客前要加上职务和头衔，通常还要在前面再加上“尊敬的”“敬爱的”“亲爱的”等表敬意和亲切的词语。在重要宾客下面，有时还要加上泛称如“女士们”“先生们”“同志们”“朋友们”等，表示对所有到场者的尊重。如清华大学在欢迎台湾亲民党宋楚瑜主席访问清华大学时，欢迎词的称谓是：“尊敬的亲民党主席宋楚瑜先生和夫人陈万水女士，尊敬的亲民党大陆访问团各位成员，各位来宾，老师们，同学们。”另外，对外国元首的称谓，要加上“阁下”“殿下”等；在称谓排序中，要注意女士在前，男士在后。

（三）正文

欢迎词的正文分为开头、主体和结语三部分。

正文的开头通常开宗明义，说明此时在举行何种欢迎仪式，发言人是以什么身份代表哪些人向宾客表示欢迎，开头部分要表达出发言人热烈欢迎的感情。

主体部分一般包括以下几层意思：根据双方的关系，或叙述彼此的交往、友谊、合作成就，或向与会者介绍宾客的品质、经历、成就等；阐明宾客来访的意义、作用；展望美好的未来。

结语一般根据具体情况，或预祝来访成功，或预祝来宾愉快，或对今后的互相往来和合作提出展望和期待。

三、欢迎词的写作要求

第一，既要感情真挚热烈，又忌滥用溢美之词。恰到好处地使用客套用语，情感应自然流露。

第二，语言简练精到，忌冗长累赘。所说内容只要点到为止，无须详细论证。整个重点应落在传递出对宾客的热情欢迎之情上，而不是论证具体事宜。

第三，口语化表达。欢迎词一般是在特定场合用口语表达，而非以刊登在报纸杂志上为主要目的，所以要求朗朗上口，富于节奏性，少用长句。

【例文】

陈建华院长在首届“泛珠三角区域城市规划院院长论坛”上的欢迎词

尊敬的各位领导、各位来宾、朋友们：

上午好！

六月花城，凤凰花开。今天，我们迎来了首届泛珠三角区域城市规划院院长论坛的顺利召开。在此，我谨代表广州城市规划勘测设计研究院向参加本届论坛的各位领导、各位来宾和朋友们表示衷心的感谢和热烈的欢迎！

当前，加快区域合作已成为中国经济社会发展的趋势。泛珠三角区域地缘相邻、人缘相亲、互补性强，联系与交流由来已久。自2004年6月《泛珠三角区域合作框架协议》签署以来，区域合作不断向多领域、全方位发展。2005年9月，借中国城市规划协会主办的全国城市规划院院长年会召开之机，泛珠三角区域主要城市规划院的领导聚集大连，为加强区域合作与交流，共同提出了举办泛珠三角区域城市规划院院长论坛的倡议，并得到了积极的响应。经过半年多的筹备，我们此刻相聚羊城，共办此次论坛。

本论坛的设立是为了促进区域内兄弟规划院进行技术、管理、经营等多方面的交流，按倡议论坛将开展院长交流、专家讲座、专业技术交流、规划师联谊、城市规划建设成就考察等活动。我们希望，在各方的共同努力下，论坛将成为泛珠三角区域规划行业一年一度的盛事，提供一个长期的广泛的开放式交流平台，促进泛珠三角区域城市规划行业的改革与发展。

另外，本届论坛得到了中国城市规划协会和广州市城市规划局的直接指导，以及《城市规划学刊》编辑部和广州市城市规划协会的大力支持，在此，我代表主办方表示衷心的感谢！

最后，我预祝本届论坛取得圆满成功！祝各位来宾身体健康，心情愉快，工作顺利！

第四节　欢送词

一、欢送词的含义

欢送词，是指在欢送宾客的仪式、集会、宴会上主人对宾客即将离去表示热烈欢送的一种礼仪文书。欢送词的适用情形有客人访问结束、会议闭幕、学生毕业、员工离职等。欢送词和欢迎词一样，有表达情谊、增进友谊的作用，是当代社会一种重要的礼仪文书。

二、欢送词的内容和结构

欢送词一般由以下三部分构成：

（一）标题

可直接在首行正中写明文种“欢送词”；也可以用“场合＋文种”的形式，如《退伍老兵欢送词》；还可以由被欢送者和文种构成标题，如《致史密斯先生的欢送词》。另外欢送词还可以用“致辞人＋场合＋讲话”的形式，如《县领导在欢送新兵大会上的讲话》。后面三种欢送词标题形式常用于报纸杂志上。

（二）称谓

在标题的下一行顶格写被欢送者的名称。前面可再加上“尊敬的”“敬爱的”“亲爱的”等表示敬意或亲切的修饰语。称谓后可加头衔，也可加“先生”“女士”“夫人”等。如“尊敬的兄弟学校领导，尊敬的各位来宾”。另外，对外国元首的称谓，要加上“阁下”“殿下”等；在称谓排序中，要注意女士在前，男士在后。和欢迎词一样，欢送词的称谓中既要突出主要人物，又要用泛称将所有在场者包括进来，以示尊重。

（三）正文

欢送词一般分为开头、主体和结语三部分。

正文的开头，一般要说明此时在举行何种欢送仪式，发言人是以什么身份代表哪些人向对象表示欢送。致辞人在开头部分通常还要向对象所取得的成绩表示祝贺，表达留恋惜别之情。

主体部分一般包括以下几层意思：回顾欢聚的美好时光、叙述彼此的友谊；肯定对方的积极作为和成就贡献；表达进一步发展双方友好关系的愿望或意义等。也可委婉表示照顾不周的歉意。

结语通常再次对对方的即将离去表示真诚的欢送，并可视具体情形或表示依依惜别之情或表达美好的祝愿，还可向对方发出再访的邀请。

三、欢送词的写作要求

第一，情感的表达适应具体场合，或尊重，或谦逊，或感激，或鞭策。

第二，虽是离别之言，欢送词的格调应是积极的，不可过多流露消极伤离的情绪。

第三，感情真诚，字里行间应有感情自然流露，忌罗列空话、套话。

【例文】

致××省武警部队光荣退伍老战士的欢送词

光荣退伍的老战士同志们：

几年前，你们怀着保卫祖国的崇高理想，离开温暖的家庭或舒适的工作、生活环境，加入中国人民武装警察部队的行列，来到贵州高原，肩负起维护稳定，保卫贵州改革与发展的重任，履行了光荣的兵役义务，现在你们即将退出现役，奔赴新的工作岗位。在这个依依惜别的时刻，我们代表总队党委、机关和全体留队官兵向全省武警部队光荣退伍的老战士表示衷心的感谢，致以崇高的敬意！并向你们的亲人致以亲切的慰问！

在几年来的警营生活中，你们认真践行"三个代表"重要思想，忠实履行武警战士的光荣使命，努力争做党和人民的忠诚卫士，在思想上政治上行动上始终与党中央、中央军委保持高度一致。你们爱警习武，甘于奉献，居安思危，提高警惕，刻苦训练，坚忍不拔，执法护法，文明执勤，上一线打头阵，圆满完成了以执勤和处置突发事件为中心的各项工作任务。你们视人民为父母，把驻地当故乡，热爱人民，打击罪犯，密切了警政警民关系，促进了"三个文明"建设，展示了武警战士的风采。你们热爱贵州高原警营，在风雪哨位上，在滔滔洪水中，在熊熊火场里，在"处突"战斗中，处处都留下了你们的战斗身影和奋斗足迹，你们为我省武警部队的建设，为全省经济发展、社会稳定，构建和谐社会做出的突出贡献，党和人民是不会忘记的。

党的十六大提出了高举邓小平理论伟大旗帜，全面贯彻"三个代表"重要思想的方针，确立了全面建设小康社会的目标，吹响了中华民族伟大复兴的号角，为我们光荣退伍老战士提供了大显身手的广阔舞台。你们在部队这所大学校里，培养了忠于党、忠于社会主义、忠于祖国和人民的高尚品德，练就了一身铮铮铁骨和过硬本领，学到了许多科学文化知识和专业技能，相信同志们退伍后，一定会大有作为。希望同志们继续保持和发扬我党我军的优良传统，艰苦奋斗，与时俱进，奋发有为，积极投身火热的经济建设之中，创造出无愧于时代的辉煌业绩，努力为全面建设小康社会，开创中国特色社会主义事业新局面而奋斗。

同志们，参军卫国站岗放哨无上光荣，退伍复员参加地方经济建设同样无上光荣。希望同志们"退伍不褪色"，继续保持和发扬武警战士的光荣本色，继续关心武警部队建设，始终牢记《忠诚卫士誓词》和《守则》，把你们的好思想、好作风留下来，传下去。在返乡途中，守纪律、讲文明、播撒一路文明新风。

祝同志们一路平安，早日与家人团聚！

祝同志们奔赴新的工作岗位，旗开得胜，马到成功！

第五节　开幕词

一、开幕词的含义

开幕词是指党政机关、社会团体、企事业单位举行重要会议或重大活动开幕时，由会议主持人或主要领导人发表讲话时的文稿。通过开幕词郑重宣布开幕，并阐明会议主旨，明确指导思想，说明会议程序，提出注意事项等。旨在营造隆重气氛，鼓动与会代表圆满完成任务。

二、开幕词的内容和结构

开幕词一般由以下五部分构成：

（一）标题

可在首行正中写明文种“开幕词”；也可采用“事由＋文种”的形式，如《中国共产党第××次全国人民代表大会开幕词》；还可采用“致辞人＋事由＋文种”的形式，如《×××同志在××××会议上的开幕词》。另外，开幕词的标题也经常用复合标题的形式，即由主标题和副标题共同构成。主标题揭示会议的宗旨、中心内容，副标题为“事由＋文种”或“致辞人＋事由＋文种”的形式，如《我们的文学应该站在世界的前列——中国作家协会第四次会议代表大会开幕词》。

（二）时间

将会议开幕的年、月、日写于标题之下的括号中。

（三）致辞人

有时在时间下面还要写明致辞人。

（四）称谓

在时间的下一行顶格写称谓。一般根据会议的性质及与会者的身份确定称谓，如“同志们”“各位代表、各位来宾”“女士们、先生们”等。

（五）正文

开幕词的正文一般包括开头、主体和结语三部分。

开头一般以简短而有鼓舞性的语言宣布大会开幕，也可以对会议的规模及与会者的身份等做简要介绍，并对会议的召开及对与会人员表示祝贺或欢迎。

主体部分是开幕词的核心，一般包括以下几层意思：回顾总结以往的工作、成绩；分析当前形势、背景；提出本次大会的指导思想、主要任务、会议的议程和安排；表达对与会代表的希望和要求；阐明会议的意义，对会议做出预示性评价等。

结语一般是以简明概括的语言表达对会议的良好祝愿，如“预祝大会圆满成功”。

三、开幕词的写作要求

第一，篇幅要求简短，内容切忌重复啰唆。

第二，语言要求口语化，富有感情色彩，又要求生动活泼。

第三，语气要有号召性、鼓动性。

【例文】

在重庆直辖十周年文艺晚会暨首届中国重庆文化艺术节开幕式上的讲话

（2007年6月17日）

王鸿举

各位领导、各位来宾，女士们、先生们、朋友们：

大家晚上好！六月的重庆，繁花似锦、歌声如潮；盛夏的渝州，高朋云集、嘉宾荟萃。在成功召开市第三次党代会之后，我们又迎来了重庆直辖十周年。在这个美好时刻，首届中国重庆文化艺术节今天隆重开幕了。在此，我代表中共重庆市委、重庆市人民政府和全市3100万各族人民，向各位领导、各位嘉宾的光临表示热烈的欢迎和衷心的感谢！

重庆直辖十年来，全市经济社会发展取得了令人瞩目的巨大成就，文化建设也取得了长足发展，文学艺术日益繁荣，文化体制改革深入推进，文化事业和文化产业协调发展。直辖十周年前夕，胡锦涛总书记发表了重要讲话，为重庆工作“定向导航”。前不久召开的重庆市第三次党代会，全面贯彻落实胡锦涛总书记对重庆工作的重要指示，着眼于新的历史使命，确立了新阶段的战略思路、奋斗目标和重点任务，必将激励全市各族人民向着新的目标阔步前进。文化作为一种“软实力”，已日益成为参与国际竞争的重要条件，成为增强一个国家和地区综合实力和竞争力的重要因素。重庆作为中国历史文化名城，有着深厚的文化底蕴、独特的城市魅力和浓厚的民族风情。市委、市政府决定从今年起，每两年举办一届文化艺术节，这是实施软实力提升战略，推进全市文化建设又好又快发展的一项重大举措。本届文化艺术节以“庆直辖十年，展巴渝风采”为主题，将举办国内外舞台精品剧目展演、文化产业博览会、群众文化活动、艺术展览、艺术系列学术讲座等系列大型文艺活动，集中展示重庆文化艺术事业的辉煌成就，充分展现全市人民奋发向上的精神风貌。我们相信，在国家各部委的有力指导下，在兄弟省市和社会各界人士的大力支持下，本届文化艺术节必将成为文化精品荟萃的艺术盛会，成为人民群众欢庆的盛大节日。“等闲识得东风面，万紫千红总是春。”站在新的历史起点，希望广大文艺工作者以胡锦涛总书记重要讲话和市第三次党代会精神为指引，始终坚持“二为”方向和“双百”方针，弘扬主旋律，提倡多样化，主动担当历史使命，积极发扬创新精神，自觉做到德艺双馨，创作一批文艺精品，努力开创繁荣昌盛、欣欣向荣的文化艺术新局面，为加快建设城乡统筹发展的直辖市、在西部地区率先实现全面建成小康社会的宏伟目标做出重要贡献。

最后，祝各位来宾和朋友们在渝期间生活愉快、身体健康！祝全市人民节日快乐！

现在，我宣布：首届中国重庆文化艺术节开幕！

第六节　闭幕词

一、闭幕词的含义

闭幕词是党政机关、社会团体、企事业单位在一些重要会议或重大活动结束时，会议主持人或有关领导所使用的带有总结性、评估性的讲话文稿。闭幕词通过郑重宣布闭幕，与开幕形成呼应；并通过评价总结大会，肯定会议成果，提出今后任务，旨在激励与会代表，贯彻会议精神。

二、闭幕词的内容和结构

闭幕词一般由以下五部分构成：

（一）标题

闭幕词的标题与开幕词的标题构成形式基本一样。可在首行正中写明文种“闭幕词”；也可采用“事由＋文种”的形式，如《中国共产党第××次全国人民代表大会闭幕词》；还可采用“致辞人＋事由＋文种”的形式，如《×××同志在××××会议上的闭幕词》。另外，闭幕词的标题也可用复合标题的形式，即由主标题和副标题共同构成，主标题揭示会议的宗旨、中心内容，副标题为“事由＋文种”或“致辞人＋事由＋文种”的形式。

（二）时间

在标题之下，用括号注明会议闭幕的年、月、日。

（三）致辞人

有时在时间下面，还要写明致辞人。

（四）称谓

在时间的下一行顶格写称谓。一般根据会议的性质及与会者的身份确定称谓，如“同志们”“各位代表、各位来宾”“女士们、先生们”等。

（五）正文

闭幕词一般包括开头、主体和结语三部分。

正文的开头一般是简要说明大会经过，是否圆满完成了预定的任务。

主体部分是对大会进行概括总结、归纳肯定。包括大会讨论通过的主要文件、研究解决的重大问题；会议的重要意义及如何贯彻会议精神等。主体的结尾还可以表达良好祝愿，并对保证大会顺利进行的有关单位及服务人员表示感谢。

结语一般是以简明而又充满信心的语言，或郑重宣布会议结束，如“现在，我宣布××××大会闭幕”；或是一句良好的祝愿，如“祝××一路平安”。

三、闭幕词的写作要求

第一，篇幅要简短；语言简洁明快。

第二，内容层次要清晰明了。

第三，语气要热情而有信心。

【例文】

国际艺术研讨会闭幕词

各位来宾，女士们、先生们：

经过几天来紧凑而富有成效的活动，“2000年中国国际艺术研讨会”现在就要闭幕了。如此众多的艺术界和理论界的朋友光临，这是千年故都的荣幸，也是各位对我们这次研讨会的最大支持，在此，我谨代表本次活动的主办单位××院、××研究中心，对各位表演艺术家、文艺理论家为本次研讨会做出的贡献表示衷心的感谢。

在研讨会期间，与会人士围绕着“二十一世纪东西方现代艺术交汇”这一主题进行了深入的研讨，发表了很多很有见地的观点，同时我们还举办了“第一届中国国际艺术作品邀请展”，举行了“中国第一届国际艺术电影展”，陶艺家们还进行了现场创作交流。通过这些活动，我们表达了彼此的观点，加深了了解，增进了友谊，同时对国际现代艺术的发展也将产生积极的作用。

在本次研讨会即将结束之际，我要特别感谢××市人民政府、市文化局对本次活动的重视和关心，感谢××市文化事业基金会、××有限公司、××市群众艺术馆、××市博物馆、××市图书馆、××话剧团、××艺术馆和××酒店对本次活动的大力支持。我还要特别提到××先生和××教授，他们对本次研讨会贡献良多，我代表主办单位和在座的每一位朋友对他们表示诚挚的谢意！

我们在一起度过了一段美好的时光，朋友们，请记住一张张洋溢着欢乐的笑脸，请记住这座古老而年轻的城市。同时，我们不会忘记为这次研讨会成功举办而做出贡献的所有朋友。

祝各位嘉宾和艺术家们一路平安！

谢谢各位！

第七节　演讲稿

一、演讲稿的含义

演讲稿又称为演讲词，它是在重要场所或者群众集会上向听众阐述观点，发表意见，抒发情感的文稿。演讲稿的对象是听众，所以写作时要求观点鲜明，主题突出，情感真挚，感染力强，语言要求形象通俗。

二、演讲稿的分类

（一）按照体裁分

1. 叙述式

向听众陈述自己的思想、经历、事迹，转述自己看到、听到的他人的事迹或事件时使用。叙述当中，也可夹用议论和抒情。

2. 议论式

摆事实、讲道理，既有事实材料，又有逻辑推断，立场坚定，旗帜鲜明。

3. 说明式

对听众说明事理，通过解说某个道理或某一问题来达到树立观点的目的。

（二）按照内容分

1. 政治演讲稿

政治演讲稿，是政治性演讲文稿。它是针对国内外现实生活中的政治问题，阐明自己的政治观点的演讲文稿。

政治演讲稿的写作要求：① 论点要鲜明，论据要有力；② 论证要严密，感情要充沛；③ 态度要鲜明，语气要肯定。

2. 学术演讲稿

学术演讲稿是就某一学科领域中的课题进行研究、探讨，向听众表述新的科学研究成果，传播科学知识的演讲文稿。

学术演讲稿的写作要求：① 要深入浅出，通俗易懂；② 要谦虚谨慎，平等待人；③ 借助直观显示手段。

3. 社会生活演讲稿

社会生活演讲稿，是以社会存在的某一方面的问题为对象来表达自己的思想、情绪、愿望、要求的演讲文稿。

这种演讲稿的写作要求：① 要有时代气息；② 要选择和提炼主题；③ 要生动活泼，声情并茂。

4. 课堂演讲稿

课堂演讲稿可分为两种：一是教师在传授知识时使用的；一是学生为培养自己演讲能力写的。

这两种演讲稿的写作有共同的要求：① 明确的目的性；② 严格的时限性；③ 内容的充实性；④ 语言的简明性。

三、演讲与作文的区别

演讲和作文有很大的区别，主要表现为以下两个方面。

第一，演讲是演讲者就人们普遍关注的某种有意义的事物或问题，通过口头语言面对一定场合的听众，直接发表意见的一种社会活动。

第二，作文是作者通过文章向读者单方面输出信息，演讲则是演讲者在现场与听众双向交流信息。严格地讲，演讲是演讲者与听众、听众与听众的三角信息交流，演讲者不能以传达自己的思想和情感、情绪为满足，他必须能控制住自己与听众、听众与听众情绪的应和与交流。

四、演讲稿的特点

（一）针对性

演讲是一种社会活动，是用于公众场合的宣传形式。它为了以思想、感情、事例和理论来晓喻听众，打动听众，“征服”群众，必须要有现实的针对性。所谓针对性，首先是作者提出的问题是听众所关心的问题，评论和论辩要有雄辩的逻辑力量，要能为听众所接受并心悦诚服，这样，才能起到应有的社会效果；其次是要懂得听众有不同的对象和不同的层次，而“公众场合”也有不同的类型，如党团集会、专业性会议、服务性俱乐部、学校、社会团体、宗教团体、各类竞赛场合，写作时要根据不同场合和不同对象，为听众设计不同的演讲内容。

（二）可讲性

演讲的本质在于“讲”，而不在于“演”，它以“讲”为主、以“演”为辅。由于演讲要诉诸口头，拟稿时必须以易说能讲为前提。如果说，有些文章和作品主要通过阅读欣赏领略其中的意义和情味，那么，演讲稿的要求则是“上口入耳”。一篇好的演讲稿对演讲者来说要可讲；对听讲者来说应好听。因此，演讲稿写成之后，作者最好能通过试讲或默念加以检查，凡是讲不顺口或听不清楚之处（如句子过长），均应修改与调整。

（三）鼓动性

演讲是一门艺术。好的演讲自有一种激发听众情绪、赢得好感的鼓动性。要做到这一点，需要依靠演讲稿思想内容的丰富、深刻，见解精辟，有独到之处，发人深省，语言表达形象、生动，富有感染力。如果演讲稿写得平淡无味，毫无新意，即使在现场“演”得再卖力，效果也不会好，甚至相反。

五、演讲稿的内容和结构

演讲稿的结构分为开头、主体、结尾三个部分，其结构原则与一般文章的结构原则大致一样。

（一）开头

演讲稿的开头，也叫开场白。它在演讲稿的结构中处于显要的地位，具有特殊的作用。演讲稿的开头，通常有以下几种形式：

1. 开门见山，揭示主题

一般政治性的或者学术性的演讲稿都是开门见山，直接揭示演讲的中心。比如宋

庆龄《在接受加拿大维多利亚大学荣誉法学博士学位仪式上的讲话》的开头:“我为接受加拿大维多利亚大学荣誉法学博士学位感到荣幸。”

运用这种方法,必须先明确把握演讲的中心,把要向听众揭示的论点摆出来,使听众一听就知道讲的是什么,注意力马上集中起来。但这种方法有时容易显得平淡,难以马上吸引听众的注意力。

2. 说明情况,介绍背景

比如恩格斯《在马克思墓前的讲话》的开头:“3 月 14 日两点三刻,当代最伟大的思想家停止思想了……但已经永远地睡着了。”

这个开头对事情发生的时间、地点、人物做出了必要的说明,为进一步向听众揭示论题做准备。运用这种方法开头,一定要从演讲的中心论点出发,不能信口开河,离题万里,更要防止讲套话、空话,打消听者的兴趣。

3. 提出问题,引起关注

写演讲稿的开头,可根据听众的特点和演讲的内容,提出一些激发听众思考的问题,以引起听众的兴趣。这种问题应该新颖、独特,确实能促使听众去思考。例如弗雷德里克·道格拉斯 1854 年 7 月 4 日在美国纽约州罗彻斯特市举行的国庆大会上发表的《谴责奴隶制的演说》,一开讲就能引发听众的积极思考,把人们带到一个愤怒而深沉的情境中去:“公民们,请恕我问一问,今天为什么邀我在这儿发言? 我,或者我所代表的奴隶们,同你们的国庆节有什么相干?《独立宣言》中阐明的政治自由和生来平等的原则难道也普降到我们的头上? 因而要我来向国家的祭坛奉献上我们卑微的贡品,承认我们得到并为你们的独立带给我们的恩典而表达虔诚的谢么?”

除了以上三种方法,演讲稿开头的形式还有释题式、悬念式、警策式、幽默式、双关式、抒情式等。

(二) 主体

演讲稿在开头后要迅速转入主体,这是演讲的正文和核心部分,也是演讲稿的高潮所在,能否写好,直接关系到演讲的质量和效果,内容的安排,应注意以下几个问题。

1. 确定结构形式

演讲稿的形式比较活泼,或旁征博引、剖析事理,或引经据典、挥洒自如,或层层深入,或就事论事。结构形式不管怎样变化,都要求内容突出、问题说透、推理严密、层次清晰、情理交融。

2. 认真组织好材料

演讲稿的理论依据和事实论据的组织安排要适当。首先必须保证例证的真实性、典型性。演讲稿不能太长,一般以中等语速,不超过 30 分钟为限。内容要求言简意赅,起到画龙点睛的作用。

3. 构筑演讲高潮

一个成功的演讲,不可能没有高潮。演讲的高潮要体现三个特点:一是思想深刻、态度明确，最集中体现演讲者的思想观点；二是感情强烈，演讲者的爱恶、喜怒在这里得到尽情宣泄；三是语句精练，处处闪现智慧的光芒。

如何达到演讲高潮呢？

首先要注重思想感情的升华。必须对某个问题有较为深刻全面的分析、论证，演讲者的思想倾向要逐渐明朗，听众也能逐渐领会演讲者的思想观点，并有可能与演讲者的思想感情产生共鸣，从而达到高潮。

其次要注意语言的锤炼，使用排比反问等句式增强气势，也可借助名言警句把思想揭示得更深刻。

（三）结尾

演讲内容到结尾时应自然结束。结尾是演讲稿的有机组成部分。结尾给听众的印象，往往将代表整个演讲给听众的印象。言简意赅、余音绕梁、能够使听众精神振奋，并促使听众不断思考和回味。

写结尾时常犯的毛病就是要么草草收兵，要么画蛇添足，要么套用陈词滥调，更有些人在本来已经讲完后，又唠叨几句“我讲得不好，请大家批评指正”之类的话，这样势必让人反感。演讲稿的结尾没有固定的格式，或对演讲全文要点进行简单小结，或以号召性、鼓动性的话收尾，或者以诗文名言以及幽默俏皮的话结尾。但一般原则是要给听众留下深刻的印象。

六、演讲稿的写作要求

（一）了解听众，有的放矢

演讲，首先要了解听众，注意听众的构成。了解他们的性格、年龄、受教育程度、出生地，分析他们的观点、态度、希望和要求等。总之，在尽可能多地掌握听众各方面信息的基础上，就可以决定采取什么方式来吸引听众，说服听众，从而取得良好的效果。

（二）主题集中、鲜明

无中心、无主次、杂乱无章的演讲是没有人愿意听的。一篇演讲稿只能有一个中心，全篇内容都必须紧紧围绕着这个中心去铺陈，这样才能使听众得到深刻的印象。

（三）熔理性与感性于一炉

好的演讲稿，应该既有热情的鼓动，又有冷静的分析，要把抒情和说理有机地结合起来，做到动之以情，晓之以理。

（四）语言准确、精练、生动形象

好的演讲稿语言生动活泼，通俗易懂，用词精准。不能讲假话、大话、空话，也不能讲过于抽象的话。要多用比喻，多用口语化的语言，深入浅出，把抽象的道理具体化，把概念的东西形象化，让听众听得入耳、听得明白。

【例文一】

竞选办公室副主任的演讲稿

尊敬的各位领导、评委、同事：

大家好！

首先感谢××党委给我提供这样一个良好的机会，让我有幸参加今天的竞选。领导干部竞争上岗，是大势所趋，是时代的呼唤、现实的选择，是贯彻落实《党政干部选拔任用工作条例》的要求，是新时期人事制度改革的迫切需要。我参加竞选的目的，并不是伸手向党和人民要官，而是想通过竞争来展现自我、挑战自我、超越自我、追求进步，主动给自己更大的压力，并积极化压力为动力，勇挑更重的担子，敢负更大的责任，更好地为××工作服务，为本单位的文秘工作做出更大的贡献，同时也通过自己勤奋的工作来实现新的人生价值。

我今天参加主管文秘的办公室副主任这一职位的竞选，我认为自己主要有以下几点优势：

一是思想上进，具有较高的政治思想觉悟。我能积极参加各项政治学习，认真学习邓小平理论和"三个代表"重要思想，不断提高政治觉悟和思想境界，以一个党员的标准严格要求自己，以身作则，模范带头，依法办事，为警清廉。

二是努力工作，具有较丰富的××工作经验。我自 1992 年参加××工作，十一年来，先后从事××工作三年，××工作两年，××管理干事三年，办公室秘书三年，无论做什么工作我都能恪尽职守、敬业奉献，做到干一行、爱一行、钻一行，并能认真总结经验，积极撰写××工作论文，在省级以上刊物发表论文三篇，其中，《试论新时期教育改造工作的主要矛盾及其对策》一文获全省××系统论文比赛三等奖。在平时的工作中，吃苦耐劳、踏实肯干，力求把每一项工作做得更出色，尽量把领导交付的每一次任务完成得更好，调入本单位后，在近四年的考核中，有两年被评为优秀公务员。

三是勤奋学习，较熟悉文秘工作业务。2000 年调入办公室后，单位先后三次送我参加文秘工作培训，使我系统地学习了新闻报道、保密工作和公文写作知识，我也阅读了大量文秘业务书籍，并认真做了两大本读书笔记，更为重要的是，在日常的写作实践中，得到了领导和同志们大量的指导和帮助，从而使自己的业务水平提高很快，从采写信息到编辑简报，从写一般通知到写重要报告，从撰写领导讲话到起草单位工作计划，几乎所有的公文文种和日常的事务文书，我都得到了具体实践和很好的锻炼，所写的材料多次获得领导和同志们的好评。

四是热爱写作，具有较扎实的文字基本功。警校毕业后，我通过自学考试，先后获得了南昌大学中文专业大专、本科文凭，为写作奠定了良好的基础，同时我能较好地把读书与写作相结合，勤奋练笔，积极宣传单位好事新风，仅去年就在《南方日报》《羊城晚报》《党风》等报刊上发表各类文章 30 多篇，其中《囚犯给狱警上课》获 2002 年度广东省好新闻二等奖。

当然，成绩和经历只能说明过去，关键在于如何开创未来。雄关漫道真如铁，而今迈步从头越。如果这次竞选能够如愿以偿，我将努力做到：

一是摆正位置。办公室副主任只是一个“副手”，要找准自己的坐标，把握好“为副”的角色。首先要增强正职的核心意识，明确自己的从属地位，在主任的领导下开展工作；其次要牢固树立配合意识，积极主动，全力以赴支持“一把手”的工作。自觉做到多汇报、多维护，不争“红花”，甘当“绿叶”。

二是理顺关系。正确处理好为领导服务、为科室服务、为基层服务之间的关系，既要积极为领导服务，又要热情为群众办事，对领导做到急事急办、特事特办，对科室、基层做到有求必应、有问必答，让大家感到可以信赖。

三是提升修养。办公室角色复杂，头绪纷繁，任务艰巨，作为办公室领导，要特别提升个人修养，敢受压力，敢担责任，不怕苦，不怕累，不怕委屈，磨炼坚强的意志，培养良好的性格。多与领导交心，多沟通、多交流，做到配合默契、工作得力。懂得理解人、宽容人，与下属和谐相处、团结一心。

四是规范办文。重点把握好“两关”，第一关是公文审核关，坚持实事求是、精简高效原则，做到行文确有必要，用语规范，结构合理，重点突出。第二关是公文制作关，严格按照公文制作新标准，进一步规范公文格式，加强文秘人员公文制作学习培训，确保有关人员熟练掌握公文制作知识，共同促进我狱公文规范化、标准化。

五是勇于创新。为领导当好参谋，不仅要善于领会领导意图，还要深入进行调查研究，多为领导提出新思路、新对策，但是切记不给领导出“馊主意”。做到创造性地开展工作，与时俱进，求实创新，善于发现新问题，积极采取新措施，努力开创新局面。各位领导、各位评委，俗话说得好，说得好不如做得好，实践出真知，学习长才干！无论这次竞选成功与否，我都真诚地感激大家对我的鼓励、支持和帮助，胜不骄、败不馁，忠于职守，不断进取，努力在今后的工作中做得更好。

谢谢大家！

【例文二】

演讲稿

尊敬的各位老师，同学们：

大家好！

今天我演讲的题目是《诚信，一朵永不凋零的花》。

很多人都听过这样一个故事，一个叫孟信的人，家里很穷，无米下锅，只有一头病牛。一天他外出，他的侄子将牛牵到集市上卖了。孟信回来后非常生气，责备他的侄子不该把病牛卖给人家，并亲自找到买主将钱如数退还，牵回了自家的病牛。透过历史的烟尘，我们清楚地看到孟信手中紧紧牵住的绝不是一头生病的黄牛，而是一条健康与高尚的道德纤绳，它将一个人的人品、修养引入了纯洁的圣地。这就是诚信的力量。

有人说，在现代社会，商品经济风起云涌，道德沦丧如决堤之水，诚信缺失也就随之泛滥成灾。我们谁都无法否认市场经济中存在严重的诚信危机，但我们更无法否认诚

信永远像一朵不凋零的鲜花，它芬芳宜人，它高雅迷人，一直吸引着完美的灵魂向它靠拢。

2004年5月份，《扬子晚报》刊登过这样一条新闻：安徽滁州一位50多岁的老农民来到南京，等他打算回家时才发现口袋里的钱买车票还差5元。他在南京举目无亲，在万般无奈之下，他向玄武区某民警借了5元钱。5元钱，也许谁也不会放在心上，但第二天一大早，这位农民就将5元钱给这位民警送来了。这是一个很简单的故事，没什么曲折离奇、扣人心弦的情节，但它透露出来的质朴，折射出来的诚信，却不能不震颤人的心灵，它在拷问每一个在诚信危机重压下的人们，难道我们真的就应该背信弃义、唯利是图，视诚信如粪土吗？难道我们就真的应该将诚信摧残得面目全非、无地自容吗？

也许你会说我们整天生活在平静如水的校园，这些事情离我们很远。诚然，这类事情离我们的生活有一定的距离，但诚信却近在我们的身旁，它一直在我们的心中埋藏，它时时在我们的耳畔呐喊。近几年来，大学生偿还助学贷款的问题成为全社会普遍关注的焦点，牵动着社会各界人士的心。湖南大学和中国勤工俭学在线网的一份调查显示，有3.5%的贷款学生承认从不考虑还贷问题。而中国工商银行北京分行的负责人表示大学生拖欠贷款率已经高达20%。一个在新时期成长的大学生，一个接受过高等教育的人，一个在生活最困难的时候接受国家帮助的人，居然在顺利毕业之后，把贷款一事忘得干干净净，将诚信二字践踏得粉身碎骨……

诚信是耀眼璀璨的阳光，他的光芒普照大地；诚信是广袤无垠的大地，他的胸怀承载山川；诚信是秀丽神奇的山川，他的壮丽净化人的心灵；诚信存在于最美丽、最圣洁的心灵，它让人问心无愧、心胸坦荡。同学们，让我们守住诚信的阵地，笑看诚信之花的绚丽绽放！

我的演讲结束了，谢谢大家！

思考与练习

一、简答题

演讲稿写作要注意哪些细节？

二、论述题

试分析例文一、例文二两则演讲稿。

三、写作题

1. 某大学艺术学院艺术团在全国“小荷杯”艺术比赛中获舞蹈类一等奖，请你以该校学生会的名义写一封贺词表示祝贺。

2. ××公司组织五人代表团到上海某公司访问，拟建立技术合作关系。访问结束时，双方达成了一系列合作事宜。请你以代表团团长的身份拟一份答谢词在告别酒会上宣读，对对方的热情款待和业务上的大力支持表示感谢。

3. 全省“风采杯”大学生演讲大赛将在××大学举行，该校校长将在开赛前致欢迎词。请你代该校校长办公室拟一份欢迎词。

4. ××大学文化传播学院毕业生即将离校，请你以该学院院长的身份拟一份欢送词。

5. 为了响应“全民健身”活动，某市开发区每隔三年举行一次秋季运动会。今年十月又将举办第四届区运动会，请你代该区区长办公室拟一份运动会开幕词。

6. 某市开发区第四届区运动会顺利结束，区内各单位均表现出良好的精神风貌并取得不俗的运动成绩。请你以该区区长的身份拟一份运动会闭幕词，高度评价此次运动会。

第七章　科技文书

第一节　实验报告

一、实验报告的含义

实验报告是在科学研究活动中，用文字形式描述、记录科学实验过程和结果的书面材料。撰写实验报告是科技实验工作不可缺少的重要环节，必须在科学实验的基础上进行。实验报告可以帮助实验者不断地积累研究资料，总结研究成果；也可向有关部门汇报实验结果，为其决策提供依据。

根据实验本身的性质，实验报告可分为创新型实验报告和检验型实验报告。

二、实验报告的内容和结构

由于实验的目的和内容不同，实验报告的结构形式也不尽相同。一般来说，实验报告分为以下几个部分：

（一）实验报告名称

实验报告名称即标题，由实验项目加文体名称组成，如《新型防火阀与火灾报警器定期观测实验报告》。

（二）作者及其单位

包括实验主持人和实验组成员，一般要署真名，不署笔名、化名等，同时要署作者学习或工作单位的名称。如果是科研单位的集体实验，可以只标科研单位的名称。

（三）摘要

摘要是报告内容的缩写，要以简洁的语言，陈述报告的主要内容，包括实验的目的、实验材料和方法、实验结果和结论等。

（四）前言

前言即序言、引言，它是报告主体部分的开端，应简要说明该实验的目的、范围、理论分析和依据、研究方法、实验方案和要达到的目标等。

（五）实验原理

实验原理是实验的理论依据，要写明实验所依据的基本原理，介绍实验涉及的重要概念、实验依据和重要定律公式等。

(六) 实验设备装置和材料

要列出实验器材、设备装置和所需的原材料。

(七) 实验方法和步骤

写明依据何种原理、定律或操作方法进行实验,按操作的流程逐步进行表述,要简明扼要,不必全程记录。

(八) 实验结果与分析

实验结果是记录实验现象或实验数据。实验分析是通过文字、数字、表格及插图等方式,分析实验中所发生的现象或所得出的数据。

(九) 结论或讨论

结论是根据实验结果所做出的最后判断,是实验报告的精髓,通常用肯定的语言对实验中的成果与教训、存在的问题进行概括说明。讨论是根据相关的理论知识对所得到的实验结果进行解释和分析,是感性认识向理性认识的升华。讨论的内容视结论与预期结果是否一致而定,或说明实验结果的意义,或分析其异常的可能原因,以及实验应该注意的事项等。

另外,也可以写一些本次实验的心得以及提出一些问题或建议等。

(十) 致谢(可省略)

在实验工作中提供过重要指导和帮助的人,可在正文后致谢。

(十一) 参考文献

在报告中凡是引用别人的结论、实验数据、计算公式,都应注出所引用的文献。

根据实验报告的不同性质,以上内容可酌情调整。

三、实验报告的写作要求

第一,如实记录实验过程和结果,语言冷静客观,不能带有感情色彩,更不能杜撰、歪曲实验现象。

第二,叙述要有条理,说明要准确,分析要合乎逻辑,忌天马行空、洋洋洒洒、行文绚烂而转移读者的注意力。

第三,实验报告专业性强,尽量用专用术语,以做到准确;文字简洁明白,少用修饰词,以做到一目了然。

【例文】

影响滑动摩擦力大小的因素的实验报告

实验目的:

验证滑动摩擦力大小与压力大小、接触面积大小、接触面粗糙程度的关系。

实验器材：

弹簧测力计，长木板，棉布，毛巾，带钩长方体木块，砝码，刻度尺，秒表。

实验原理：

1. 二力平衡的条件：作用在同一个物体上的两个力，如果大小相等，方向相反，并且在同一直线上，这两个力就平衡。

2. 在平衡力的作用下，静止的物体保持静止状态，运动的物体保持匀速直线运动状态。

3. 两个相互接触的物体，当它们做相对运动时或有相对运动的趋势时，在接触面上会产生一种阻碍相对运动的力，这种力就叫摩擦力。

4. 弹簧测力计拉着木块在水平面上做匀速直线运动时，拉力的大小就等于摩擦力的大小，拉力的数值可从弹簧测力计上读出，这样就测出了木块与水平面之间的摩擦力。

实验步骤：用弹簧测力计匀速拉动木块，使它沿长木板滑动，从而测出木块与长木板之间的摩擦力；改变放在木块上的砝码，从而改变木块与长木板之间的压力；把棉布铺在长木板上，从而改变接触面的粗糙程度；改变木块与长木板的接触面，从而改变接触面积。

实验数据：

1. 用弹簧测力计匀速拉动木块，测出此时木块与长木板之间的摩擦力：0.7 N。

2. 在木块上加 50 g 的砝码，测出此时木块与长木板之间的摩擦力：0.8 N。

3. 在木块上加 200 g 的砝码，测出此时木块与长木板之间的摩擦力：1.2 N。

4. 在木板上铺上棉布，测出此时木块与长木板之间的摩擦力：1.1 N。

5. 加快匀速拉动木块的速度，测出此时木块与长木板之间的摩擦力：0.7 N。

6. 将木块翻转，使另一个面积更小的面与长木板接触，测出此时木块与长木板之间的摩擦力：0.7 N。

实验结论：

1. 摩擦力的大小跟作用在物体表面的压力有关，表面受到的压力越大，摩擦力就越大。

2. 摩擦力的大小跟接触面粗糙程度有关，接触面越粗糙，摩擦力就越大。

3. 摩擦力的大小跟物体间接触面的面积大小无关。

4. 摩擦力的大小跟相对运动的速度无关。

第二节　论　文

微信扫一扫

获取本节二维码资源

一、论文的含义

论文是用来进行科学研究和描述科研成果的文章，它既是探讨问题进行科学研究的一种手段，又是描述科研成果进行学术交流的一种工具。

根据写作目的的不同，论文可分为学术论文和学位论文两种。

学术论文是某一学术课题在实验性、理论性或观察性上具有新的研究成果或创新见解和知识的记录；或是某种已知原理应用于实际中取得新进展的总结，用以提供在学术会议上宣读、交流或讨论；或在学术刊物上发表；或作其他用途的书面文件。

学位论文是表明作者从事学科研究取得创造性的成果或有了新的见解，并以此为内容撰写而成，作为提供申请授予相应学位时评审用的学术论文。学位论文分为学士论文、硕士论文和博士论文三个等级。

学士论文是本科生应完成的毕业论文。它应能表明作者确已较好地掌握了本门学科的基础理论、专门知识和基本技能，并具有从事科学研究工作或担负专门技术工作的初步能力。

硕士论文是硕士研究生应完成的毕业论文。它应能表明作者确已在本门学科上掌握了坚实的理论基础和系统的专门知识，并对所研究课题有新的见解，有从事科学研究工作或独立担负专门技术工作的能力。

博士论文是博士生应完成的毕业论文。它应能表明作者确已在本学科上掌握了坚实的宽广的基础理论和系统深入的专门知识，并具有独立从事科学研究工作的能力，在科学或专门技术上做出了创造性的成果。

二、论文的内容和结构

论文一般由以下几个部分组成：

（一）题名

题名或称论文的标题，它要能够概括明了地说明论文的主要内容。一般不超过 20 个字，外文标题不超过 10 个实词。有的论文分正副标题，正标题多从论文整体着眼概括文章内容，有的标题揭示论文的中心、性质，有的是交代论文研究的范畴，意义；副标题则往往更具体，一些商榷性的论文，一般都有“与××商榷”之类的副标题。有的为了强调论文所研究的某个侧重面，也可以加副标题。

（二）作者

作者是研究工作的参与者和论文的撰写者。必须署真实姓名，并写明工作或学习单位。

（三）摘要

摘要是对论文内容的高度概括，是文章内容不加注释和评论的简短陈述，其内容应与原文有同等的核心信息量，读者通过阅读摘要可以大致知晓全文内容并衡量其价值，也可供文摘等二次文献采用。摘要语言要求概括、凝练。

（四）关键词

关键词或称主题词，它是从论文中选取出来的用以表示全文主题内容的单词或术语，一般选 3～8 个。

(五) 引言

引言又称绪论或前言，是写在正文之前的导引部分，一般简要说明研究工作的目的、范围、相关领域中前人的工作和知识空白、理论基础分析、研究设想、研究方法和实验设计、预期结果和意义等。

(六) 正文

正文是论文的主体，说明论证过程和论证结果。不同类型的论文，其正文的内容也不相同。

实验研究型论文的正文部分，一般包括实验材料、实验方法、实验结果、讨论这几方面内容。由于论文论题的不同，这些内容的详略也会有所区别。

观测描述型论文的正文部分，一般包括材料与方法、观测结果和讨论几个内容。

理论分析型论文的正文部分，须有鲜明的论点、充分的论据和合乎逻辑的论证。内容的安排要有严密的逻辑性和明晰的条理性。

论文的正文通常采用序码和小标题表明层次关系。

(七) 结论

结论是对正文的分析、论证加以综合概括和总结。在结论里，也可以提出建议与设想或展望发展前景等。

(八) 致谢

致谢是作者对整个研究过程和论文写作中给予帮助的单位或个人表示感谢。一般要说明致谢原因和致谢对象。

(九) 参考文献

参考文献是论文写作中所参考或引用的专著或论文。参考文献的开列有规定格式，一般先表明所引文献作者，其次是文献名称，接下来依次是所刊载期刊书籍名或出版社名、刊载或出版时间、页码等。论文和专著的要求略有不同。GB3469－83《文献类型与文献载体代码》规定，以单字母标识参考文献的出处：

M——专著(含古籍中的史志、论著)

C——论文集

N——报纸文章

J——期刊文章

D——学位论文

R——研究报告

S——标准

P——专利

A——专著、论文集中的析出文献

Z——其他未说明的文献类型

(十) 附录

附录是论文的重要补充。凡因篇幅所限，有重要参考价值而未纳入正文的资料、数据、图表等均可录入。

根据论文的性质、类型的异同，以上内容或可增删。

三、论文的写作要求

第一，论题选择要有创新价值，最好是前人没做过或没有完全解决的问题；也可以是前人做过，但做得不完全或有纰漏和谬误，须补充或修正的问题；论题还可以选择学术史上前人提出的假说和猜想。

第二，广泛占有材料。论文写作忌主观臆想，需在客观事实基础上对研究对象进行科学、全面认识，所以要收集足够丰富、全面的材料，并且材料须真实可靠，有说服力。

第三，论证过程要严谨、合乎逻辑，论证思维要理性，忌感性。

第四，论文写作语言要准确、规范，忌模糊用语。

思考与练习

写作题

1. 选择自己做过的课题或实验，写一篇实验报告。
2. 以下一段文字是论文《关于公共事业管理专业建设与发展的思考》的摘要：

公共事业管理本科专业是为培养新型的公共事业复合型专业管理人才而设立的新建专业，在专业建设过程中，取得了一定成绩，但也存在着人才培养的目标定位模糊、课程设置不够合理、专业教材严重缺乏、师资力量薄弱等诸多问题，本文试提出若干改进思路，以求得该专业健康有序的发展。

请你根据摘要提供的信息提炼该论文的关键词。

第八章　法律文书

第一节　法律诉讼文书

法律文书，是与法律诉讼、法律事务相关的文书。其特点是专业性、针对性强。随着社会经济的繁荣和人们法律意识的增强，法律文书的应用必定会越来越多、越来越广。

法律文书的制作、签署是非常严肃的事情——文书一旦签署立刻产生法律效力，签署人必须对文书规定的内容所产生的法律后果承担责任。因此，对法律文书的内容以及文书的制作人、签署人有特定的要求：① 相关人必须具备法定的资格；② 相关人必须具备法律所规定的行为能力；③ 文书的内容不得违反国家法律法规；④ 文书内容不得侵害第三人的合法权益和社会公共利益。

法律文书按照性质、内容与用途的不同，大体可以划分为法律诉讼文书与法律事务文书两大类。

法律诉讼文书，是指公民、法人或其他组织在自己的民事权益受到侵害或者与他人发生争议时，为维护自身利益和保护自身权利，依据事实和法律，向人民法院提出的书面请求。

法律诉讼文书按照内容、性质的不同，可以分为起诉状、上诉状、申诉状、反诉状、答辩状等。

一、起诉状

（一）起诉状的含义

起诉状又叫起诉书，是指刑事自诉案件的自诉人或民事、行政案件的原告人向人民法院指控被告的书状。起诉状按照其内容和针对对象的不同，可分为刑事自诉状、民事起诉状和行政起诉状。

（二）起诉状的内容和结构

起诉状应当写明以下事项：

第一，当事人的姓名、性别、年龄、民族、籍贯、职业、工作单位和住址，企事业单位、机关、团体的名称、所在地和法定代表人姓名、职务；

第二，诉讼请求和所根据的事实和理由；

第三，证据和证据来源，证人姓名与地址。

（三）民事起诉状的格式

民事起诉状

原告：

住所地址：

法定代表人：

被告：

住所地址：

法定代表人：

诉讼请求：

事实和理由：

此致

××人民法院

原告人：（盖章）

法定代表人：（签字）

××××年××月××日

附件：

合同副本×份。

本诉状副本×份。

其他证明文件×份。

注：

1. 事实和理由中应写清合同签订的经过、具体内容、纠纷产生的原因、诉讼请求及有关法律、政策依据。

2. 原告应向法院列举所有可供证明的证据。证人姓名和住所，书证、物证的来源及由谁保管，并向法院提供复印件，以便法院调查。

3. 本诉状适用于被告为法人或其他组织。

【例文】

民事起诉状

原告：李××，女，1962 年 1 月 9 日出生，汉族，住贵州省黔西县城关镇××村××组，电话：1398511××××

被告：贵州××电力建设工程有限公司

住所：贵阳市南明区××村××路

法定代表人：胡××

联系电话：1398488××××

被告：彭××，男，1983年4月24日出生，汉族，住贵州省黔西县××乡××村××组，电话：1368511××××

第三人：中国人民财产保险股份有限公司贵阳市云岩支公司

地址：贵阳市中山东路123号

主要负责人：孙××

联系电话：0851－5610273

诉讼请求：

1. 请求法院依法判决二被告连带赔偿原告各项损失共计××××元（包括医疗费×××元、误工费×××元、护理费×××元、住院生活补助费×××元、交通费×××元）；

2. 请求法院依法判决第三人在道路交通事故责任强制保险责任限额范围内将以上费用直接赔付给原告；

3. 本案诉讼费由被告承担。

事实及理由：

2009年8月16日9时30分，驾驶人彭××驾驶贵AP××××号轻型普通货车从天平方向沿莲城大道往大转盘方向行驶，途经黔西县城关镇中心医院二分院门口时，因超速行驶碰撞正在公路上打扫卫生的原告李××，造成原告受伤。原告受伤后，于当天被立即送往黔西县中心医院住院治疗，于2009年9月4日出院，共住院19天。

另外，彭××驾驶的贵AP××××号轻型普通货车属于贵州××电力建设工程有限公司所有，驾驶人彭××是该公司的工作人员，在履行职务过程中发生交通事故导致原告受伤。另查，贵AP××××号轻型普通货车在第三人中国人民财产保险股份有限公司贵阳市云岩支公司投保了交强险，保险期限自2009年6月26日至2010年6月25日。

原告出院后，被告拒不赔偿原告的各项损失，故原告依法诉至人民法院，请法院判决支持原告诉讼请求。

此致

××市××区人民法院

附件：1. 起诉状副本4份

2. 身份证复印件1份

3. 交通事故认定书复印件1份

具状人：李××

2010年7月26日

二、上诉状

（一）上诉状的含义

上诉状是指诉讼当事人或者他们的法定代理人，不服一审法院的第一审判决或裁定，在法定的上诉期内，向原审法院的上一级法院提起上诉，要求重新审理案件的书面请求。

（二）上诉状的格式

民事上诉状

上诉人：（基本情况）

被上诉人：（基本情况）

上诉人因不服××人民法院（××××）××字第×号判决，现提出上诉。

上诉请求：（具体表明）

上诉理由：（详细说明）

此致

××市中级人民法院

上诉人：（签字）

××××年××月××日

附件：本上诉状副本×份。

（注：本诉状格式亦可适用于经济案件中公民提起上诉。）

【例文】

民事上诉状

上诉人（一审原告）：江西省宜春市袁州区慈化镇光明花爆厂，住所地：宜春市袁州区慈化镇

法定代表人金本胜，厂长。

被上诉人（一审被告）：新绛县新合烟花爆竹有限责任公司，住所地：山西省新绛县龙新路125号

法定代表人王轩，经理。

上诉人因不服山西省新绛县人民法院（2011）新民二初字第041号民事判决，现依法提出上诉。

上诉请求：

1. 请求二审法院依法撤销一审法院（2011）新民二初字第041号的错误判决，改判被上诉人立即给付爆竹款131 737元及该款同期银行贷款利息和其他损失予上诉人；

2. 申请二审法院依法查明本案收货人柳佳如的自然人身份证明，如不能查明收货人柳佳如的法定身份情况，则根据《最高人民法院、最高人民检察院、公安部关于在审理经济纠纷案件中发现经济犯罪必须及时移送的通知》第一至第五条的规定，将本案移送山西省新绛县公安局立案侦查，依法追究被上诉人及相关责任人诈骗罪（共犯）的刑事责任；

3. 本案的一、二审诉讼费用全部由被上诉人承担。

上诉事实和理由：

一、一审法院认定柳佳如不是本案被上诉人新绛县新合烟花爆竹有限责任公司的爆竹收货人，即柳佳如收货系个人购买行为。无有效证据证实，认定上诉人与柳佳如个人之间形成买卖合同关系显属错误的事实认定。

根据本案被上诉人一审向法院出示的全部证据（共6份），根本无法证明柳佳如不是被上诉人新绛县新合烟花爆竹有限责任公司的爆竹收货人，即柳佳如收货系个人行为，更无法证明柳佳如是上诉人的业务主管，理由如下：

1. 第1份证据即购销合同书，由于没有购销双方的法人单位盖章，明显系伪造的，不是真的，不能作为认定本案事实的依据。

2. 第3份证据即证人张洪振的证言，由于该证人与被上诉人有利害关系，先暂且不论其证言的真伪，起码该证人能够证明货是卸到被上诉人仓库，如不是被上诉人购买的货会让放进仓库吗？同时该证人没有证明柳佳如是上诉人的业务主管。

3. 第5份证据即柳佳如的名片，该证据不是证明柳佳如身份的法定证据。根据我国法律规定，自然人的身份，必须以有效的身份证件（身份证）或户籍登记资料为准。同时，可以肯定该张名片上的内容也是胡编乱造的，该证据是假的。比如柳佳如的手机号18635956383（早已停机）归属地是山西运城地区，传真号0794—4455168（是空号）的归属地是江西省抚州地区，如果柳佳如是上诉人的业务主管，怎么会用山西运城地区的手机卡而又用江西抚州地区的传真机号呢？这太难以理喻，也有悖于人们基本的日常生活经验法则。

该伪证只能证明被上诉人为了逃避付款义务，欲窃取非法利益而利令智昏，连作假都不会了。

4. 被上诉人提供的其他3份证据（即第2、4、6份证据）则因与本案无关联性，无法证明柳佳如不是被上诉人处的爆竹收货人，更无法证明柳佳如是上诉人的业务主管。

最后，更为重要的是，证明柳佳如自然人身份的法定证据（身份证信息）被上诉人没有向一审法院出示提供，根据被上诉人的工商登记资料确定，被上诉人系1人（自然人）有限责任公司，现在上诉人完全可以断定本案自始至终上诉人就涉嫌有预谋的骗取上诉人的爆竹牟利，由于当时上诉人的送货人基于对被上诉方的信任（有被上诉人开出的爆竹购买证，货又是卸在被上诉人的仓库内，又自称是上诉人处的业务经理柳佳如亲笔开具的收货单——柳佳如自称为上诉人的业务经理时被上诉人处的在场人员并没有提出异议），所以就没有审查柳佳如的身份证明。

现在看来，有可能柳佳如这个人根本就没有，而是上诉人的收货人当时胡编的一个人的名字；有可能柳佳如这个人就是上诉人法定代表人的一个亲朋好友或公司的其他工作人员，被上诉人现在为了逃避付款义务竟然故意不承认与收货人的实际身份关系；也有可能柳佳如这个人是与被上诉人合伙专门诈骗他人财物的犯罪分子。

退一步说，如果一审法院认定上诉人与柳佳如个人之间形成买卖合同关系的事实成立，那么就成了上诉人的业务主管柳佳如通过被上诉人来购买自己厂家的爆竹？一审法官如此“神断”，岂不贻笑大方？

综上，被上诉人在一审期间未能举证证实上诉人的爆竹由柳佳如出具收条就是其个人行为并为其个人购买这一事实，一审法院认定货物交由柳佳如个人接受，系个人行为，并据此认定上诉人与柳佳如个人之间形成爆竹买卖合同关系显属错误的事实认定，该事实无任何有效证据佐证，上诉人恳请二审法院依法查明、纠正一审的这一错误事实认定。

二、二审法院依法应当认定爆竹的收货人就是被上诉人新绛县新合烟花爆竹有限责任公司，并判决被上诉人立即给付爆竹款 131 737 元及该款同期银行贷款利息和其他损失予上诉人。

根据我国法律规定，烟花爆竹属于特许经营物品，凭国家有关部门颁发的许可证经营销售，《烟花爆竹经营许可实施办法》明确规定，未取得烟花爆竹经营许可证的，不得从事烟花爆竹经营活动。同时该办法第五条、第六条又规定，经营批发烟花爆竹的企业必须具有法人资格(即个人无权经营批发烟花爆竹，个人不能成为经营批发烟花爆竹的买卖主体)。一审法院认定上诉人与柳佳如个人之间形成爆竹买卖合同关系不仅无事实依据，也是对法律的无知。

正是基于法律的如此规定，所以上诉人是凭被上诉人于 2010 年 12 月 23 日在新绛县公安局申请开出的烟花爆竹购买证才发货给被上诉人的，上诉人认的“购买方”是被上诉人这个“法人”而不是联系购货人“柳佳如”。

上诉人在一审已经提供充分有效的证据，证明该批爆竹的购买人就是被上诉人，且被上诉人已经收到了上诉人送去的爆竹，柳佳如个人不是该批爆竹的购买主体，其开具的收货凭据只能证明该批爆竹已经进了被上诉人的仓库，由被上诉人实际控制，上述几个事实已形成完整的证据锁链，足以证明上诉人已完成交货义务，被上诉人已经收到上诉人交付的爆竹(详见上诉人向一审法院出示的第 2、3、4、5、6 份证据及被上诉人承认货是卸在其仓库内的事实)，至于货进仓库后(卸下后)被上诉人如何经营、批发、销售这批爆竹或就地转卖给他人，则是被上诉人的事，与上诉人无关。打个比方，即使该批爆竹第二天被盗了或意外丢失了，被上诉人也要支付全部货款给上诉人。

综上，由于上诉人已提供充分的证据证明被上诉人就是该批爆竹的购买方，且已收到该批货物(本案上诉人有足够的理由相信柳佳如就是被上诉人的收货人)，根据我国法律的相关规定，被上诉人依法应当承担付款义务。

三、如被上诉人不能提供收货人的真实姓名，二审法院又确实无法查清收货人柳佳如的真实身份而导致本案因事实不清而无法改判的，则依法应将本案移送公安机关立案侦查以查清本案事实；也可直接判决被上诉人承担举证不能的不利法律后果。

根据民事诉讼的举证规则，如本案被上诉人要否认自己是该批爆竹的购买方，应当举证证实收货人柳佳如的真实身份(一审证据不能证明柳佳如的真实身份，被上诉人尚未完成举证责任)，并提供证据证明柳佳如的收货行为系个人行为且与被上诉人无关，否则，被上诉人就应当承担举证不能的不利法律后果(即承担付款义务)。如被上诉人拒不提供合法有效的证据证明柳佳如的真实身份，二审法院又查不清柳佳如的真实身份，那么，二审法院也可以被上诉人涉嫌诈骗罪将本案移送公安机关处理，以维护上诉人的合法权益不受非法侵害。

综上所述，本案要么依法撤销一审无事实依据的错误判决，改判被上诉人立即给付爆竹款 131 737 元及该款同期银行贷款利息和其他损失予上诉人；要么将本案移送山西省新绛县公安局立案侦查，依法追究被上诉人及相关责任人诈骗罪（共犯）的刑事责任；由公安机关追回上诉人的损失。中级人民法院的所在地素有诚信之邦的美誉，上诉人相信法官能够公正司法，为上诉人主持公道，依法纠正一审错误、极其不公的判决，并对本案及时做出公正的处理，以维护法律的尊严，保护上诉人的合法权益。

此致

山西省运城市中级人民法院

上诉人：江西省宜春市袁州区慈化镇光明花爆厂

2011 年 10 月 10 日

三、申诉状

（一）申诉状的含义

申诉状又称申诉书，是申诉人对人民法院已经发生法律效力的判决、裁定，认为有错误而向人民法院或者人民检察院提出重新审理而予以复查纠正的书面请求。

（二）申诉状的格式

民事申诉状

申诉人：姓名、性别、出生年月、民族、文化程度、工作单位、职业、住址

（申诉人如为单位，应写明单位名称、法定代表人姓名及职务、单位地址）

被申诉人：姓名、性别、出生年月、民族、文化程度、工作单位、职业、住址

（被申诉人如为单位，应写明单位名称、法定代表人姓名及职务、单位地址）

申诉人因××（写明案由，即纠纷的性质）一案，不服××人民法院（写明原终审法院名称）第××号××判决，现提出申诉，申诉请求及理由如下：

请求事项：（写明提出申诉所要达到的目的）

事实和理由：（写明申诉的事实依据和法律依据，应针对原终审判决认定事实、适用法律或审判程序上存在的问题和错误陈述理由）

此致

××人民法院

申诉人：（签名或盖章）

××××年×月×日

附：本申诉状副本×份（按被申诉人人数确定份数）。

（注：民事、行政、刑事自诉各类案件申诉状的格式基本相同）

【例文】

民事申诉状

申诉人:刘盛宠　男　苗族　1964 年×月×日生　住城步县西岩镇四团村

被申诉人:肖翔　男　52 岁　汉族　干部　广东省吴川市人,现住长沙市东区五一西路 7 号

被申诉人:西岩镇人民政府

法定代表人:于澄洋　镇长

申诉事由:申诉人不服城步县人民法院(1999)城民再初字第 04 号判决。根据《中华人民共和国合同法》第 272 条第三款和《水利工程建设项目招标投标管理规定》的第二十六条,承包人未取得水利工程建设项目所需的资质,承包扩改河堤工程淹死人命,西岩镇政府戴青英诱导证人做假证,不赔偿损失,向贵院申诉。

申诉请求:请求上级法院依法判处上述二被申诉人因其有过错造成申请再审人小孩死亡赔偿金,误工费,资料费,差旅费,精神抚慰金合计 28 万元。

由被申诉人承担一、二再审的全部诉讼费。

申诉事实理由:

被申诉人肖翔是广东省吴川市停薪留职的干部,没有施工资质,因其爱人在湖南省财政厅工作的特殊关系,被申诉人西岩镇政府将 70 万元平整河床的工程发包给了没有施工资质的被申诉人肖翔。(见承包工程合同书)

1997 年 6 月 5 日下午施工到杨家山村河段,施工挖机师傅黄承焕又调转到已平整好河床的四团村河段,为方便施工人员洗澡,在三水河和大冲溪水交汇处,村民用于洗菜、洗衣,夏天小孩戏水的河床中挖了一个 2～3 米宽,2 米深的锅底形水坑。被申诉人未事先通知村委会和四团村村民,更未设置任何警示标志。1997 年 6 月 7 日,申诉人的小孩刘世规不知河中挖了个锅底形深水坑,看牛回家因天气热到河里去洗澡,掉入刚挖的锅底形水坑,爬不上来被水淹死。我夫妇在广东打工,听到这个噩耗急忙赶回家,找该工程负责人工程指挥长戴青英问个清楚,戴青英不但不进行安慰,反而恶语伤人,说申诉人欺辱外地人,要申诉人把他的屁股咬二口,一次协商没有达成赔偿协议。事故发生后,城步县劳动局伍宗告等人到现场做了调查后,向局长杨菊容做了汇报,杨菊容又包庇二被申诉人,至今未将责任事故向县政府汇报。(见原政府办主任陈亚荣证词)

申诉人为给被无辜淹死的小孩讨回公道,1997 年 7 月 25 日向城步县法院起诉。西岩镇负责该工程的指挥长戴青英诱导刘月平做假证,又串通村支部书记刘本余做假证,城步县法院审理时认定了刘月平和刘本余做的假证,于 1997 年 12 月 12 日做出(1997)城民初字第 52 号判决,邵阳市检察院 1999 年 8 月 11 日提出抗诉,城步县法院于 1998 年 8 月 20 日再审,做出(1999)城民再初字第 04 号判决。认定:被申诉人肖翔的施工人员在平整河道竣工时应部分群众要求,在河床中挖掘一个约 2 米深,2～3 米宽的水坑方便群众洗澡,并无不当,其行为与刘世规之死没有直接因果关系,故在本案中不应承担赔偿责任。申诉人认为,(1997)城民初字第 52 号判决和(1999)城民再初字

第04号判决没有根据适用本案事实的一条法律做出判决，是错误的判决，其申诉理由是：

1. 被申诉人西岩镇政府将扩改河道的工程错误地发包给没有任何资质的包工头被申诉人肖翔，违反了《中华人民共和国合同法》第二百七十二条第三款的规定和《水利工程项目建设招标管理规定》第二十六条，被申请人西岩镇政府违反招标投标规定擅自将扩改河道工程发包给不具备资质的肖翔违法，肖翔不具备水利工程建设项目资质承包工程同样违法，所以肖翔没有资质也就没有预见的能力，使该工程竣工后，为方便自己施工队人洗澡，再挖一个水坑会造成淹死人的事故发生没有被预见到。

2. 被申诉人肖翔在工程竣工后再挖一个水坑，是为方便自己工程队的人借四团村部分群众的名义挖一个水坑洗澡，超出合同施工范畴，属于违规。

3. 一审和再审时二被申诉人举证的所谓部分群众只有刘月平一人，刘月平证词中称："刘世和、刘世旺、刘高平、刘庭车四人同时要被申诉人挖水坑。"而实际上刘世和等四人均不在施工现场，其中二人在离家二百里之外亲戚家中，是戴青英为逃避责任向法庭做伪证。

4. 城步县法院城民再初字第04号认定的刘月平伪证词中所谓的部分群众仅有四人，而实际只有刘月平一人，他既不是村干部，也不是人大代表，难道仅凭刘月平一人就能代表四团村一千多口人的要求吗？岂不是更荒唐吗？（见四团村村委会证据）

5. 城民再初字第04号还称："被申诉人西岩镇政府与被申诉人签订和履行河道平整合同时没有过错，故被申诉人西岩镇政府对本案亦不应承担赔偿责任。"申诉人认为，被申诉人肖翔是一个没有资质的承包人，根据《最高人民法院关于审理建设工程施工合同纠纷案件适用法律问题的解释》法释〔2004〕14号第一条规定，建设施工合同具有下列情形之一的，应当根据《合同法》第五十二条（五）项的规定，认定无效：

（一）承包人未取得建筑施工企业资质或者超越资质等级的；

《中华人民共和国水利工程建设项目招标投标管理规定》：

第二十六条：投标人必须具备水利工程建设项目所需的资质（资格）。

申诉人认为，根据以上法律规定，被申诉人西岩镇政府与被申诉人肖翔签订的合同属无效合同，在施工中违规操作造成淹死人命大案，应承担本案全部赔偿责任。（见二被申诉人的承包工程合同）

6. 城步县法院城民再初字第04号还称："被申诉人肖翔雇请的施工人员，在河道挖掘水坑的地方不属公共场所，也不是路旁，无须设立警示标志和张贴告示。也不应承担民事赔偿责任。"申诉人认为，挖水坑的地方距村直走小道只有124米，自古就是四团村村民洗衣、放牧家禽、洗菜、夏天上百人洗澡、小孩戏水的公共场所，无安全隐患，故去此地的老幼均无须监护，申请再审人村中老少均可作证。这样一个公共场所被申请人肖翔不经四团村大多数人及村委会同意，擅自挖了一个2米多深，2～3米宽的锅底形水坑，难道不需要立警示标志和张贴公告？城步县法院却视而不见，指为不是，这跟秦王朝的赵高指鹿为马又有何区别？

7. 2006年4月15日，刘月平当着四团村村干部刘盛容、刘世红的面承认：1997年

7月29日戴青英、马进利找他做证是出于报复心理,是假的:该证明足以证明戴青英是该工程的指挥长,为逃避责任,故意诱导刘月平做假证。刘月平在1997年6月5日下午根本没有到过施工挖水坑现场,戴青英与马进利诱导刘月平做出的虚假陈述误导城步县法院做了不公正的判决。据此,二被申请人应负本案的全部法律责任。(见刘月平2006年4月15日证词)

申请再审人明白,本案的申请再审人与两个被申请人双方权力和势力、财力相差悬殊,申诉人是无权、无势、无钱的弱势农民,而被申诉人是有权、有势、有钱的西岩镇政府和腰缠万贯的包工头肖翔,原审城步县法院二次审理认定了戴青英提供的伪证,不顾事情的真相,不适用本案的法律做枉法判决,为此,申请再审人对(1999)城民再初字04号判决不服,根据《中华人民共和国民事诉讼法》第一百七十九条第(一)款、第(三)款、第(六)款规定和《中华人民共和国民法通则》第一百二十五条及《中华人民共和国合同法》第二百七十二条第三款的规定和《中华人民共和国水利工程建设项目招标投标法》第二十六条的规定,请求撤销(1999)城民再初字第04号判决,要求中级人民法院裁定再审。

此致

邵阳市中级人民法院

附新证据:1. 2006年6月15日刘月平向四团村村委会承认受西岩镇副镇长戴青英诱使做伪证,证据一份

2. 西岩镇政府与肖翔签订的合同证据一份

申诉人:刘盛宠

2009年7月29日

四、反诉状

(一) 反诉状的含义

民事反诉状是民事诉讼的被告人就原告人起诉的同一事实,向人民法院提交的请求适用同一诉讼程序与原告人的起诉合并审理、并追究原告人相应民事责任的法律文书。在民事诉讼中,被告人针对原告人提出反诉是被告人在诉讼中享有的权利,目的在于就原告人起诉的同一事实阐述原告人应当承担的相应责任,请求人民法院适用同一诉讼程序并与原告的诉讼作为同一诉讼案件合并审理,进而追究原告人应负的民事责任,以达成抵销或吞并对方诉讼请求的目的。因此,民事反诉状是被告人指控原告人的书面依据,也是人民法院对原告人的本诉、被告人的反诉适用同一诉讼程序合并审理的基础。

(二) 反诉状的格式

民事反诉状

反诉人(本诉被告):(写明姓名、性别、年龄、民族、籍贯、职业或者工作单位和职务、住址)

被反诉人(本诉原告):(写明姓名、性别、年龄、民族、籍贯、职业或者工作单位和职务、住址)

反诉人就××××一案,对被反诉人提起反诉。

反诉请求:(写明请求的具体内容)

事实与理由:(写明具体的时间、地点、经过、见证人等)

证据及其来源,证人姓名和住址:(如有证人,应当写明证人姓名和住址)

此致

××人民法院

反诉人:

××××年××月××日

附:

1. 本诉状副本×份。

2. 证据×份。

3. 证人姓名×××　　　　住址××××××

【例文】

民事反诉状

反诉人:李××,男,白族,现年56岁,云南省大理市人,现住云南省大理市××路45号,联系电话:138872×××××

诉讼代理人:马培杰,男,云南安华律师事务所律师,联系电话:13508724904

被反诉人(原告):杨××,男,白族,1960年9月6日生,云南省大理市人,现住大理市,身份证号码:532901××××232,联系电话:1398855××××

反诉请求:

1. 请求法院判令被反诉人对反诉人在承租房屋上总价71317.5元的添附进行折价补偿。

2. 本案本诉与反诉的诉讼费用由被反诉人承担。

事实及理由:

反诉人李××与被反诉人杨××此前就争议房屋有九年的租赁合同关系,三年一签。反诉人与被反诉人于2006年12月15日协商一致,签订了《房屋出租合同》。合同约定:被反诉人将其所有的位于××××大门南侧的房屋一院出租给反诉人使用,合同期限为三年,至2009年12月15日止。

合同履行期间,反诉人觉得租赁一直进行得很顺利,双方合作关系良好,肯定会和以前一样续签租赁合同。为了改善经营环境,遂分别于2008年3～4月和2009年9～10月两次对所承租的房屋进行零星改造和装修,共花费人民币71 317.5元。(2008年3～4月:55 317.50元;2009年9～10月:16 000.00元)。施工期间,被反诉人对反诉人的施工行为表示同意,未表示任何异议,也未进行任何善意提醒。2009年12月15日双方租赁合同到期当天，被反诉人杨××突然通知反诉人，告知其要收回房屋自用。

反诉人李××认为，在双方租赁合同履行期间和即将届满之时，被反诉人杨××允许反诉人对所承租的房屋进行零星改造和装修，此装修和改造已经构成我国民法规定的添附。双方对此添附的归属无约定，应当适用《关于贯彻执行〈中华人民共和国民法通则〉若干问题的意见》第 86 条之规定处理："非产权人在使用他人的财产上增添附属物，财产所有人同意增添，并就财产返还时附属物如何处理有约定的，按约定办理；没有约定又协商不成，能够拆除的，可以责令拆除；不能拆除的，也可以折价归财产所有人。"

2010 年 1 月，被反诉人向贵院提起诉讼要求反诉人返还出租房屋。现反诉人为了维护自己的合法权益，特向贵院提出反诉，主张法院判令被反诉人对反诉人在承租房屋上总价 71 317.5 元的添附进行折价补偿。望贵院判如诉请，做出合法公正判决。

此呈

××人民法院

附件：1. 本反诉状副本一份；

2. 主要证据复印件一份。

具状人：李××

2010 年 4 月 2 日

五、答辩状

（一）答辩状的含义

答辩状是指民事或行政案件被告人或被上诉人在收到起诉状或上诉状副本后，在法定限期内，针对起诉或上诉的事实、理由、请求，进行回答和辩解的一种文书。

（二）答辩状的格式

民事答辩状

答辩人：姓名、性别、出生年月、民族、文化程度、工作单位、职业、住址。

（答辩人如为单位，应写明单位名称、法定代表人姓名及职务、单位地址）

被答辩人：姓名、性别、出生年月、民族、文化程度、工作单位、职业、住址。

（被答辩人如为单位，应写明单位名称、法定代表人姓名及职务、单位地址）

答辩人因××（写明案由，即纠纷的性质）一案，进行答辩如下：

请求事项：（写明答辩所要达到的目的）

事实和理由：（写明答辩的事实依据和法律依据，应针对原告、上诉人、申诉人，即被答辩人提出起诉、上诉、申诉所依据的事实、法律和所提出的主张陈述其不能成立的理由）

此致

××人民法院

答辩人：（签名或盖章）

××××年××月××日

附：本答辩状副本×份(按被答辩人人数确定份数)。

(注：民事、行政、刑事自诉各类案件答辩状的格式基本相同)

【例文】

民事答辩状

答辩人(被告)李政，男，1970 年 8 月 9 日出生，汉族，住开封市泰山庙街 338 号。

答辩人就被答辩人(原告)陈敏、李玲、乔邦、李升起诉合伙纠纷一案，答辩意见如下：

一、起诉状称"由于李政管理不善，造成经营混乱"与事实不符。

虽然合伙协议约定"李政为合伙企业事务执行人"，但是在经营过程中，由于各合伙人的经营理念不同，从一开始，每个合伙人就各自当家，李升大肆装修自己的办公室，又装空调又铺木地板，又买家具。而李政的办公室仅有一套办公桌椅。虽然由李玲管理财务，但是各合伙人随意使用合伙资金，白条冲账的行为所在多有。在经营过程中，合伙人之间经常出现分歧，矛盾和纠纷不断，李政无法正常行使管理权，使合伙企业不能正常经营运作，最终使合伙人协商一致解散企业。各合伙人对合伙企业都有管理权和监督权，将责任全推到李政一人身上不但与事实不符，也是不公平的。

二、李政并没有将合伙企业剩余资金和剩余物资装入自己囊中，更未违反合伙协议中解散清算的约定，被答辩人的诉讼请求没有事实依据和法律依据。

2009 年 10 月 31 日合伙人算账后，在乔邦的公司办公室共同协商签订了《解散合同》，就合伙财产的处理达成一致意见"1. 李升、乔邦、李玲各分现金 57 000 元，陈敏分现金 26 000 元；2. 厂里原有剩余设备归李政所有；3. 厂里李升办公室内所有设施归李升所有；4. 上述内容已电话通知陈敏，陈敏再有异议纠纷，由李玲、乔邦、李升、李政承担"。该《解散合同》是李玲起草的，用乔邦的打印机打印的。当时仅陈敏不在现场。根据协议，李升、李玲、乔邦的现金他们均已全部拿走；陈敏也得到了 9 900 元，仅剩 16 100 元尚未领取。当时并未约定每人"先得"那么多现金，《解散合同》以及每人的收条上也没有"先得"的字样和内容。合伙企业的解散清算过程完全符合《企业合伙协议书》中关于解散清算的约定，也是全体合伙人的真实意思表示。而且这份《解散合同》正是原告起草和打印的。

李政的农业银行卡中并没有尚未分配的资金，卡中的款项是合伙人经过清算后用来归还欠款的资金，其中包括李政在合伙期间垫支的款项。这些资金在签订《解散合同》前的算账时已经考虑在内，原告现在却不承认了。

三、被答辩人增加的诉讼请求部分没有任何事实依据。他们这一诉讼行为恰恰暴露了他们不讲诚信的态度，以及他们行使诉讼权利的随意态度。这种行为也是对国家的诉讼资源的肆意占用和浪费。

2009 年 10 月 31 日所签的《解散合同》第二条约定"厂里原有剩余设备归李政所有"。《企业合伙协议书》第七条约定"李政出资比例为 22%，分配比例为 25%"，李政的分配比例应当高于其他合伙人，而李政在清算中分文未得，只分得了剩余的旧设备，这些旧设备折合成现金远远不到 50 000 元，但是李政考虑到合伙企业亏损的客观事实，本着以和为贵、朋友一场、好聚好散的想法，对现金的分配并未斤斤计较。这些旧设备至今仍然堆积在李政的房子里，原告竟然要求分割，实在令人费解。

再者，从原告的《增加诉讼请求申请书》上可以看出，原告对合伙财产掌握得是如此透彻，分割财产是如此仔细，那么，他们在签订《解散合同》时，吃亏的事情他们会干吗？他们可能留存剩余资金吗？另外，木地板、大龙骨、窗子窗帘这些装饰材料都在当时租赁的房子里，原告尽管去拆除取走好了。

会计李婷 5、6、7 三个月的工资与本案不属于同一法律关系，如果合伙企业欠她工资，那么应当由她本人做原告起诉全体合伙人来维护自己的权利。

四、2009 年 10 月 31 日所签的《解散合同》是全体合伙人的真实意思表示，其效力依法应当得到确认。

2008 年 9 月 30 日，全体合伙人所签的《企业合伙协议书》第九条规定“合伙企业解散后，清算人由全体合伙人担任，未能由全体合伙人担任清算的，经全体合伙人过半数同意可以自合伙企业解散后 15 日内指定 1 名或者数名合伙人，或者委托第三人担任清算人依法进行清算”。事实上，全体 5 名合伙人中有 4 名合伙人参与了清算，并签订了《解散合同》，完全符合合伙企业清算的约定即全体合伙人过半数同意，虽然陈敏当时未在现场，但是《解散合同》的内容当时已经电话通知了陈敏，陈敏并未提出异议，这一事实有《解散合同》上李玲、乔邦、李升、李政的签字相互印证。因此，从上述事实可以认定《解散合同》是全体合伙人的真实意思表示，其效力依法应当得到确认。

虽然合伙人没有形成书面的清算报告，但是合伙人之间的算账就是清算行为，试问如果没有清算行为，那么怎么可能签订《解散合同》呢？而《解散合同》的内容就反映出了财务清算的结果，事实上也就是一种财务清算报告。那种没有书面清算报告散伙协议就属无效的认识是没有法律依据的。

五、关于本案的法律适用问题。

本案中所称的合伙企业，并没有办理工商企业营业执照，也没有经过政府及文化主管部门的批准，在合伙经营进行期间，被告李政为了使合伙企业具备印刷合法资质身份，将王兰经营的开封市绿叶彩印厂的工商登记变更到合伙企业的地址上。而原告在诉讼中根本就不承认开封市绿叶彩印厂的存在，因为合伙企业自始至终一直对外称为开封市海堡彩印厂。所以，本案中所称的合伙企业根本就没有依法成立，事实上是一种自然人的合伙关系，故本案不适用《中华人民共和国合伙企业法》，而应当适用《中华人民共和国民法通则》和《最高人民法院关于贯彻执行中华人民共和国民法通则若干问题的意见(试行)》。

再有，《解散合同》第四条约定“若陈敏再有异议纠纷，由李玲、乔邦、李升、李政承担”。所以李玲、乔邦、李升作为共同原告起诉李政，其主体不适格。本案应当终止审理。若陈敏再有异议纠纷，应当由她将李玲、乔邦、李升、李政一并列为被告，另行起诉。

六、关于陈敏的银行卡问题。

因为银行卡里边款项的状况是动态的，该卡先后由不同的人拿着，卡在谁手里掌握，关系着谁使用了卡里的钱。李政说该银行卡是往卡里打 9 900 元（即 2009 年 11 月 6 日）以前一个月的时候从李婷手里接过来的，也就是 2009 年 10 月初的时候，而按照原告证人李婷的证言该卡是 2009 年 4 月 25 日交给被告李政的。从银行卡的交易记录上可以看到，2009 年 4 月 25 日和 2009 年 10 月初这两个时间点以前银行卡已经分别透支 9 797 元和 9 900.38 元，李政的妻子王兰于 2009 年 11 月 6 日将 9 900 元存入卡中以后，卡中透支额仅剩 290.38 元。可见这 9 900 元的性质确实是根据《解散合同》分配的资金。

综上所述，答辩人认为，除了应当支付陈敏 16 100 元清算资金以外，原告的其他诉讼请求没有任何事实和法律依据。《最高人民法院关于贯彻执行中华人民共和国民法通则若干问题的意见（试行）》第 55 条规定"合伙终止时，对合伙财产的处理，有书面协议的，按协议处理；没有书面协议，又协商不成的，如果合伙人出资额相等，应当考虑多数人意见酌情处理；合伙人出资额不相等的，可以按出资额占全部合伙额多的合伙人的意见处理，但要保护其他合伙人的利益"。本案中，合伙人已经签订了散伙协议即《解散合同》，对合伙财产进行了清算和分割。虽然原告在诉讼中称《解散合同》无效，但是当初在签字时，《解散合同》确实是全体合伙人的真实意思表示。因此，原告的诉讼请求是没有根据的，请求人民法院依法予以驳回，以维护正常的社会经济秩序和公民的合法权益，维护法律的尊严。

此致

××人民法院

答辩人：李政

2010 年 3 月 16 日

第二节　法律事务文书

法律事务文书，是指公证机关、律师或当事人为处理日常非诉讼性法律事务而制作的法律文书。这类文书虽然不以诉讼为目的，但具有法律约束力和公证作用，必要时可以作为呈堂证据用于诉讼。

法律事务文书种类很多，日常应用比较广的有协议书、遗嘱、公证书、授权委托书等。

一、协议书

（一）协议书的含义

协议书是在社会活动中就某一问题或某些事项交换意见，为维护双方的权利和利益，经过协商、谈判达成共识后，由有关各方共同签署的具有法律效力的文书。常见的协议书有就业协议、财产分割协议、赡养继承协议、收养领养协议、离婚协议等。

（二）协议书的内容和结构

协议书的写作格式包括三部分：首部、正文、尾部。

1. 首部包括标题和当事人基本情况

协议书标题的基本格式为协议内容加文种，如《财产分割协议书》。当事人基本情况包括：姓名、年龄、民族、住址等（必要时须写清与其他协议人的关系）。

2. 正文

协议书正文的主要内容为签订协议书的原因及协议书的具体条款。

3. 尾部

协议书尾部需要立约人、见证人签字、盖章，并写明立约时间。

（三）协议书的分类

按照内容和性质的不同，协议书可分为就业协议书、财产分割协议书、赡养继承协议书、收养协议书、离婚协议书等几种。

1. 就业协议书

就业协议书是明确毕业生、用人单位和学校在毕业生就业工作中权利和义务的书面表现形式。就业协议书一般由国家教育部或各省、市、自治区就业主管部门统一制作。

就业协议书与劳动合同是用人单位录用毕业生时所订立的书面协议，但两者分处两个相互联系的不同阶段，表现在：

第一，毕业生就业协议书是毕业生在校时，由学校参与见证的，与用人单位协商签订的，是编制毕业生就业计划方案和毕业生派遣的依据。劳动合同是毕业生与用人单位明确劳动关系中权利义务关系的协议，学校不是劳动合同的主体，也不是劳动合同的见证方，劳动合同是上岗毕业生从事何种岗位、享受何种待遇等权利和义务的依据。

第二，毕业生就业协议书的内容主要是毕业生如实介绍自身情况，并表示愿意到用人单位就业、用人单位表示愿意接收毕业生、学校同意推荐毕业生并列入就业计划进行派遣。劳动合同的内容涉及劳动报酬、劳动保护、工作内容、劳动纪律等方方面面，更为具体，劳动权利义务更为明确。

第三，一般来说就业协议书签订在前，劳动合同订立在后，如果毕业生与用人单位就工资待遇、住房等有事先约定，亦可在就业协议书备注条款中予以注明，日后订立劳动合同对此内容应予认可。

第四，就业协议书是毕业生和用人单位关于将来就业意向的初步约定，对于双方的基本条件以及即将签订劳动合同的部分基本内容大体认可，并经用人单位的上级主管部门和高校就业部门同意和见证，一经毕业生、用人单位、高校、用人单位主管部门签字盖章，即具有一定的法律效力，是编制毕业生就业计划的参考和将来发生违约情况时的判决依据。

【例文一】

全国普通高等学校毕业生就业协议书

毕业生____________________

用人单位____________________

学校名称____________________

国家教育部高校学生司制表

按《普通高等学校毕业生就业工作暂行规定》的要求，为维护国家就业计划的严肃性，明确毕业生、用人单位、学校三方在毕业生就业工作中的权利和义务，经协商，毕业生、用人单位、学校三方签订如下协议：

一、毕业生应按国家规定就业，向用人单位如实介绍自己的情况，了解单位的使用意图，表明自己的就业意见，在规定的时间内到用人单位报到，若遇到特殊情况不能按时报到，需征得用人单位同意。

二、用人单位要如实介绍本单位的情况，明确毕业生的要求及使用意图，做好各项接收工作。凡取得毕业资格的毕业生，用人单位不得以学习成绩为由提出违约，未取得毕业资格的结业生，本协议无效。

三、学校要如实向用人单位介绍毕业生的情况，做好推荐工作，用人单位同意录用后，经学校审核列入建议就业计划，报国家教育部批准，学校负责办理派遣手续。

四、学校应在学生毕业前安排体检，不合格者不派遣，本协议有特殊要求，原则上应在签订协议前进行单独体检，否则，以学校体检为准。

五、毕业生、用人单位、学校三方如有其他约定，应在备注栏注明，并视为本协议书的一部分。

六、本协议经各方签字、盖章后生效。三方都应严格履行本协议，若有一方提出变更协议，须征得另两方同意，并由违约方承担违约责任。

七、本协议一式三份，毕业生、用人单位、学校各执一份，复印无效。

毕业生情况及意见

姓名、性别、年龄、民族

政治面貌、培养方式、健康状况

专业学制、学历

家庭地址

应聘意见：

毕业生签名：　　　年　　月　　日

用人单位情况及意见

单位名称

邮政编码及详细地址

联系人联系电话

档案转寄单位名称、详细地址及邮编

用人单位意见：

签章

年　　月　　日

用人单位上级主管部门意见：

（有用人自主权的单位此栏可略）

签章

年　　月　　日

学校意见：

学校通讯地址、联系电话、邮政编码

学院意见：

签章

年　　月　　日

学校毕业生就业部门意见：

签章

年　　月　　日

注意事项

一、每名毕业生只有一套就业协议书，每套一式三份，用人单位、毕业生、学校各执一份。

二、就业协议的签订程序：

1. 毕业生本人填写基本情况、签署应聘意见；

2. 用人单位签署接收意见；

3. 毕业生所在学院签署意见并备案；

4. 学校毕业生就业办公室签署意见并列入就业方案。

三、报考研究生的毕业生在签订就业协议书时，应将报考研究生的有关情况告知用人单位，双方协商并达成一致意见后，在备注栏中注明。

四、毕业生与用人单位如果另有其他约定，可在备注栏中注明，并由学校盖章鉴证。

五、协议签订之后，毕业生应及时将协议书邮寄或送交用人单位。

备注

2. 财产分割协议书

财产分割协议书是指财产共有人经协商一致，对其共有的财产达成分割意见的书面协议。

分割系共有人分配共有财产的行为，常见的财产分割有：分割家庭共有财产、分割夫妻共有财产、分割共同继承或受遗赠的财产、分割合资（合作）或联营的财产等。

【例文二】

财产分割协议书

协议人：

王××，男，58岁，×族，××市××区人，退休工人，现住××市××区××胡同××号（系下列立约人之父）。

王××，男，32岁，×族，籍贯、住地同上，系王××之子。

王××，女，30岁，×族，干部，家住××市××区××小区××号，为王××之女。

见证人：赵××，男，56岁，××市人，现住××市××区××胡同××号（与立约人王××系邻居）。

立约人王××生有一男一女，二子女均已结婚，现三人均表示愿意分家产，改变过去共同生活的状态，各立门户。经协商，达成如下分产契约，并由邻居赵××做见证人：

（一）王××随其长子王××一起生活。

（二）现住平房3间，归长子王××所有，长女王××随其丈夫另住。

（三）家具及家用电器。熊猫彩电、组合音响、海尔冰箱归其长子王××，录像机、摄像机各一台，归其长女王××。

（四）存款××万元，由其长女王××分得×万元，长子王××分得×万元。其长子王××负担其父王××日常生活费用。

（五）王××如遇重病或其他意外，费用由其长子王××和长女王××共同负担。

（六）以上所列各项，立约人完全同意，并由见证人做证。

此协议书自各方签字之日起生效，立约人可以随时提出执行要求。

立约人：王××，王××，王××

见证人：赵××，××律师事务所

年　　月　　日

3. 赡养继承协议书

赡养继承协议书是协议人与关系人等在协商一致的基础上达成的关于老人的赡养以及家庭财产的继承的书面协议。

赡养继承协议一般是在家庭成员之间协商达成，也有无子女老人为了老有所靠而与无亲属关系的其他人达成赡养继承协议的情况。

【例文三】

赡养继承协议书

协议人：

刘备：男，汉族，58岁，现住武汉市汉正街1089号506室。

刘禅：男，36岁，现住武汉市中山路2073号408室，系刘备之子。

刘湘：女，32岁，现住武汉市上海路687号603室，系刘备之女。

关系人：

李琳，女，33 岁，系刘禅之妻，住址同刘禅。

张弛，男，35 岁，系刘湘之夫，住址同刘湘。

上列当事人为赡养老人和财产继承一事，依照国家法律和政策，本着互谅互让、团结友爱精神，从实际情况和需要出发，经共同协商一致，并征得众关系人同意，达成协议如下：

一、老人随刘禅生活，负责照顾衣、食、住、行和医病等事宜。

二、自××××年××月××日起，子女共同负担刘备的生活费用。刘湘家中生活困难，每月负担××元；刘禅生活较富裕，每月负担××元。刘湘应在每月初将应负担之款交给或寄给刘禅，用来安排刘备生活。

三、现有坐落在××省××市××路××号宅院××座，有住房××间，铺面××向，连院落共××平方米，房地产权所有证××号（由××保管）。分配如下：

北房××间归刘禅所有；东房××间和××间厨房归刘湘所有；西房××间和××间贮藏室归刘禅所有；临街××间铺面归刘湘所有。北屋可自住，可出租，但不能出售。

四、家中现有电视机××台、家具××套及生活用品归刘湘所有。

以上协议，各协议人均属自愿，保证遵照执行。

本协议书自签订之日起生效。一次打印××份。协议人各执×份，报街道居委会和××市房地产管理局各×份，××律师事务所律师×份。

协议人（签字）：××　　　　关系人（签字）：××

××××年××月××日　　　　××××年××月××日

见证人（签字）：××

××××年××月××日

4. 收养协议书

收养协议书是指收养人与送养人之间达成的有关收养被收养人的权利和义务关系的协议。

收养的依据是《中华人民共和国收养法》。《收养法》的规定，收养是确立拟制血亲关系的重要途径。因此，收养必须符合一定的条件，收养不得违背计划生育的法律法规，以充分维护收养人与被收养人的合法权益。

【例文四】

收养协议书

送养人：

卢崇文，男，××省××县，1965 年出生，教师，住××市××路×号，被收养人生父。

李怀英，女，××省××县，1967 年出生，教师，住址同上，被收养人生母。

收养人：

李怀明，男，××省××县，1960年出生，职员，住××市××路×号。

陈亦芳，女，××省××县，1969年出生，医生，住址同上。

被收养人：卢耀辉，男，××省××县，1997年出生，住××市××路×号。

收养人李怀明是送养人李怀英的胞兄。李怀明同陈亦芳结婚后，一直未生育。而卢宗文、李怀英育有三男一女。经协议，卢、李夫妇愿将他们的幼子卢耀辉过继给李、陈夫妇为养子，被收养人也表示愿意。

本着遵守国家法律、尊重个人意愿的原则，以上关系人一致协议如下：

一、被收养人卢耀辉于本协议签订之日起，即为李怀明、陈亦芳的养子；

二、卢耀辉改名为李耀辉；

三、卢耀辉以父母称呼其养父母；

四、今后，上列三方应共同遵守法律所规定的收养关系的权利和义务：

1. 李怀明、陈亦芳对卢耀辉承担父母对子女的抚养、教育责任；

2. 卢耀辉今后应对李怀明、陈亦芳尽子女对父母的赡养责任；

3. 卢耀辉应听从养父母的教育，努力学习，养成良好的品德；

4. 卢耀辉有权随时回家探视其生父母，其生父母亦有权随时前来探视卢。

此协议书自关系三方签字盖章之日起生效。

协议人：卢宗文（签名盖章）　李怀英（签名盖章）

　　　　李怀明（签名盖章）　陈亦芳（签名盖章）　卢耀辉（按手指印）

证明人：邱××（签名盖章）　胡××（签名盖章）

××××年×月×日

5. 离婚协议书

离婚协议书是指即将解除婚姻关系的夫妻双方所签署的，关于财产分割、子女监护与探视、配偶赡养费以及子女抚养费等的书面协议。

离婚协议书必须为书面形式，由夫妻双方当事人签字认可。

离婚协议书一旦签署，可以作为婚姻登记机关办理离婚手续的依据；经法庭认可，也可以成为离婚判决的一部分，具有其法定效力。

【例文五】

离婚协议书

男方：蓝××，男，汉族，××，××年××月××日生，住××，身份证号码：×××××

女方：刘××，女，汉族，××，××年××月××日生，住××，身份证号码：×××××

双方于××××年××月认识，于××××年××月××日在××登记结婚，婚后于××××年××月××日生育一儿子（女儿），名××。现夫妻感情已经完全破裂，没有和好可能，经双方协商达成一致意见，订立离婚协议如下：

一、男女双方自愿离婚。

二、子女抚养、抚养费及探望权：

儿子(女儿)××由女方抚养,随同女方生活,抚养费(含托养费、教育费、医疗费)由男方全部负责,男方应于××××年××月××日前一次性支付××元给女方作为女儿的抚养费(或男方每月支付抚养费××元,男方应于每月的1～5日前将女儿的抚养费交到女方手中或指定的××银行账号)。

在不影响孩子学习、生活的情况下,男方可随时探望孩子。(男方每星期休息日可探望女儿一次或带女儿外出游玩,但应提前通知女方,女方应保证男方每周探望的时间不少于一天。)

三、夫妻共同财产的处理:

1. 存款:双方名下现有银行存款共××元,双方各分一半,为××元。分配方式:各自名下的存款保持不变,但男方(女方)应于××××年××月××日前一次性支付××元给女方(男方)。

2. 房屋:夫妻共同所有的位于×××的房产价值××元,双方协议该处房产所有权归女方所有,房产权证的业主姓名变更的手续自离婚后一个月内办理,男方必须协助女方办理变更的一切手续,过户费用由女方负责。女方应于××××年××月××日前一次性补偿房屋差价××元给男方。

3. 其他财产:婚前双方各自的财产归各自所有,男女双方各自的私人生活用品及首饰归各自所有(附清单)。

四、债权与债务的处理:

双方确认在婚姻关系存续期间没有发生任何共同债务,任何一方如对外负有债务的,由负债方自行承担。(××方于××××年××月××日向×××所借债务由××方自行承担……)

五、一方隐瞒或转移夫妻共同财产的责任:

双方确认夫妻共同财产在上述第三条已明确列出。除上述房屋、家具、家电及银行存款外,并无其他财产,任何一方应保证以上所列婚内全部共同财产的真实性。

本协议书财产分割以上列财产为基础。任何一方不得隐瞒、虚报、转移婚内共同财产或婚前财产。如任何一方有隐瞒、虚报除上述所列财产外的财产,或在签订本协议之前两年内有转移、抽逃财产的,另一方发现后有权取得对方所隐瞒、虚报、转移的财产的全部份额,并追究其隐瞒、虚报、转移财产的法律责任,虚报、转移、隐瞒方无权分割该财产。

六、经济帮助及精神赔偿:

因女方生活困难,男方同意一次性支付补偿经济帮助金××元给女方。鉴于男方要求离婚的原因,男方应一次性补偿女方精神损害费××元。上述男方应支付的款项,均应于××××年××月××日前支付完毕。

七、违约责任的约定:

任何一方不按本协议约定期限履行支付款项义务的,应付违约金××元给对方(按××支付违约金)。

八、协议生效时间的约定:

本协议书一式三份，男、女双方各执一份，婚姻登记机关存档一份，自婚姻登记机关颁发《离婚证》之日起生效。

男方：(签名)　　　　女方：(签名)

××年××月××日　　　　××年××月××日

二、遗嘱

(一) 遗嘱的含义

遗嘱是指遗嘱人生前在法律允许的范围内，按照法律规定的方式对其遗产或其他事务所做的个人处分，并于遗嘱人死亡时产生法律效力。

任何成年的公民都可以在任何时候就他个人的合法财产设立遗嘱。

(二) 遗嘱的内容和结构

遗嘱一般包含九个方面的内容：

① 标题——遗嘱(居中、大字)；② 立遗嘱人：(基本情况)；③ 立遗嘱原因；④ 立遗嘱人的所有财产名额、特征；⑤ 立遗嘱人对身后所有财产的具体处理意见，对于不动产，应写明财产坐落的地址；⑥ 所立遗嘱的份数；⑦ 立遗嘱人；⑧ 见证人；⑨ 成文时间。

遗嘱的结构格式如下：

【例文】

遗　嘱

立遗嘱人：

(姓名)　　(婚姻状况)　　(职业)　　(身份证号码)

由于本人已经风烛残年，身体多病，又子女较多，且各自成家独立门户，为避免本人百年之后子女为继承财产发生矛盾，特立此遗嘱，以免后患。

一、本人指定及委派　　　　(姓名、身份证号码、居住地址)为本人此遗嘱之唯一执行人及受托人。

二、本人将本人名下　　　　(物业名称、数量、详细地址、权证号码)之物业遗赠××(受益人姓名)承受及享用。

三、本人将本人名下的　　　　(财物名称、数量、存放地点)等财物遗赠　　　　(受赠人姓名、身份证号、居住地)承受及享用。

四、本人将本人名下的　　　　(财物名称、数量、存放地点)等财物遗赠　　　　(受赠人姓名、身份证号、居住地)承受及享用。

五、除上述第二、三及四段的产业外，本人将本人名下在各处所有之不动产及动产产业，除清付本人丧葬费及其他费用(包括债项在内)外，全部尽行遗赠　　　　(受赠人姓名、身份证号、居住地)承受及享用。

立遗嘱人（签字）

年 月 日

上面遗嘱，××人在场见证：由该立遗嘱人（立遗嘱人姓名）亲自签署，作为其遗嘱；同时××人应其所请，为之见证，于签署名字做见证人时，该立遗嘱人与××均同时在场，此证。

见证人

姓名：

身份证号码：

签署：

三、公证书

（一）公证书的含义

公证书，是指公证处对当事人申请公证的事项，经过审查核实，认为符合公证条件的，按照法定程序制作的，具有特殊法律效力的司法证明文书，是司法文书的一种。

（二）公证书的内容和结构

公证书应按司法部门规定或批准的格式制作，内容主要包括，公证书编号、当事人的基本情况、公证证词、承办公证员的签名（签名章）、公证处印章和钢印、出证日期。结构格式如下：

【例文】

财产公证

（×）字第××号

根据×××（调查材料等），兹证明×××（性别，××××年×月×日出生）在本公证日拥有以下个人财产：

1. 房产：××
2. 机动车：××
3. 银行存款：××
4. ……
5. ……

中华人民共和国××省××市（县）公证处

公证员（签名）

××××年××月××日

四、授权委托书

（一）授权委托书的含义

公民授权委托书，是当事人、法定代表人依法委托他人作为代理人，向人民法院提交的写明委托事项和委托权限的文书。

（二）授权委托书的内容和结构

第一，名称。应写明“授权委托书”。

第二，委托人（即被代理人）和受委托人（即委托代理人）的个人基本情况。即姓名、性别、年龄、民族、籍贯、职业、住址。

第三，委托的实质内容。包括三个方面：① 委托代理的是什么案件。要写明案件的名称，如继承案或是经济合同纠纷案等。② 根据法律规定，写明“委托人×××自愿委托×××，并经其同意为受委托人”。③ 必须具体说明委托的事项和权限。委托人所委托代理的事项和权限，根据委托人的授权而有所不同。诉讼委托书应说明是全权委托或部分委托。如果是全权委托，应说明：“全权代表委托人出庭进行一切诉讼事宜。”如果是部分委托，则应说明具体的部分事项和权限。不论是何种委托，对于全部或部分放弃诉讼请求、承认诉讼请求、变更诉讼目的、与对方和解、不服判决提起上诉、领取判给的财产等等，都必须在诉讼委托书中特别予以说明。其目的是明确责任，以便受委托人按委托人明确的委托权限进行诉讼。如有超越代理权限的行为，对委托人不发生效力。按照诉讼委托书中所规定的代理权所实施的一切诉讼行为，其法律后果均由委托人承担。因此，诉讼委托书在具体说明委托事项和权限时，其法律用语的含义应十分明确，不能笼统，如“给予法律上的帮助”和“部分诉讼代理”等含义不清的用语应当忌用。

第四，结尾。委托人签名并盖章；受委托人签名并盖章，注明具文时间（年、月、日）。

【例文一】

授权委托书

委托人：　　　　身份证号码：　　　　联系电话：

受托人：　　　　身份证号码：　　　　联系电话：

就中关村证券股份有限公司行政清理工作组（以下简称“中关村证券清理组”）个人债权人申报登记债权的事宜，委托人对受托人授权如下：

1. 授权受托人代理委托人向中关村证券清理组提交并接收申报债权的有关资料；

2. 授权受托人代理委托人根据《中关村证券股份有限公司债权登记公告》的规定办理向中关村证券清理组申报登记债权的其他事宜。

本授权委托书自委托人签字之日生效。

委托人（签字）：

受托人（签字）：

××××年×月×日

【例文二】

授权委托书

（法人或其他组织的委托代理人用）

委托单位名称：

所在地址：

法定代表人或代表人姓名：　　　　　　职务：

受委托人姓名：　　　　　　　　　　　性别：　　　　　身份证号：

工作单位：　　　　　　　　　　　　　电话：

住址：

现委托　　　　　在我单位与　　　　　　　　　　一案中，作为我方参加诉讼的委托代理人。委托权限如下：

1. 授权受托人代理委托人接收法院通知并与法院沟通；
2. 授权受托人代理委托人应诉，并依法维护委托人的合法权益；
3. 授权受托人代理委托人与对方谈判、调解，并维护委托人的合法权益；
4. 授权受托人代理委托人调查与本案相关的人、事，并获取相关证据。

委托单位：

年　　月　　日

思考与练习

一、简答题

1. 请从特点和格式上对比本章介绍的几种诉状的相同点和不同点。
2. 起诉状是在什么情况下产生的？起诉状的格式是怎样的？
3. 常用的协议书有哪几种？其各自的内涵分别是什么？

二、写作题

蓝天旅行社拟招三名旅游学院毕业的学生，请你为蓝天旅行社拟写一份就业协议书。

第九章　经济文书

第一节　经济文书概述

一、经济文书的含义

在经济活动中形成并使用，以书面语言（包括图表、公式、数字和符号等）为表达手段，反映经济规律、处理经济事务、研究经济问题，具有实用价值和具有一定的惯用文章体式的应用文叫经济文书。

二、经济文书的特点

（一）实用性

实用，是经济文书的价值取向。任何经济文书都不是一般的有感而发，而是为事而作，力求能够解决实际问题。具体来说，它的实用价值体现在：

第一，能够反映经济建设中的新动态、新情况、新经验、新问题，并认真地加以剖析研究，从而探索和发现经济活动的发展规律，为制定方针政策、做出决策、制定计划提供科学的依据。

第二，针对现代经济管理活动中的各种实际问题，适时地做出决策、指令、通报和说明。提出解决问题的措施和办法，使管理活动能够沿着正确的轨道正常运行，促进现代化的经济管理。

第三，能够梳理适合我国国情和市场经济发展的新经济形式，反映其发展与优化的过程，对经济改革做正确的导向。对经济文书来说，如果能实实在在解决问题，就一定会对经济工作有指导意义，也就具有较高的实用价值。

（二）真实性

经济文书是反映经济活动规律，解决实际经济问题的，它应当从实际出发，原原本本反映客观事物的真实面貌，传递准确无误的信息。它不能像文学作品那样可以进行艺术虚构，它必须实事求是，事必有据，反对歪曲事实、弄虚作假和夸大其辞。具体来说，要做到这样几个方面：

第一，反映的时间、地点、人物、事件、背景、过程、细节等都符合事实的本来面目，不掺假、不夸张、不走样。

第二，引用的各种资料、统计数据要准确无误。尤其对一些重要数据，必须反复核实测算，不能出丝毫差错。

第三，要反映客观事实本身的逻辑关系，揭示客观经济规律，不能片面强调求真，去纯客观地“有闻必录”。不能只见树木不见森林，只见现象不见本质，只见偶然否定必然。

（三）效益性

经济活动与其他活动相比的一个根本区别就在于它必须讲求经济效益。

经济文书是直接反映、影响与作用于经济活动的，就必然与经济效益发生不解之缘。这就要求经济文书要从不同的角度、不同的方面，以不同的内容、形式和方法与经济效益挂钩，为提高经济效益服务。如市场调查报告要为企业产品适销对路服务；经济合同要为企业的切身经济利益着想……总之，经济效益是经济管理的核心内容，提高经济效益是所有经济管理活动的根本目标，也是经济文书写作的终极目的。

因此，经济文书在写作中必须牢固地树立效益观念，注重对经济活动中影响经济效益诸因素的分析，注重提供有助于提高经济效益的切实可行的措施与方案，保证经济活动的正常运行，实现最佳的经济效益。

（四）政策性

市场经济就是法制经济，有关的经济法规和经济政策就是经济运行的基本规则，也是经济文书写作的指导方针。这就要求经济文书的内容要体现和渗透经济法规和经济政策的精神，要以有关的法规和政策为依据去分析经济现象，研究经济形势，解决经济问题；要结合具体的经济工作任务、具体的事件、具体的问题去自觉贯彻宣传国家的有关法规和政策，反映国家政权的政治意向和根本利益。如签订经济合同，其内容必须遵循《合同法》的有关规定，必须规范在国家法律以及有关税务、财务、物价等方面的政策允许的范围之内，具有很强的政策性。

（五）程式性

从格式来讲，经济文书专业性很强，为了表达得准确得体，处理得及时迅速，在长期的写作实践中，逐渐形成了各自不同的、相对固定的格式与写作规范。各种文体都有自己大致的模式，写作也要按照一定的规格、程式、标准和要求进行，不允许随心所欲，自行改变。

从语言来讲，经济文书在长期写作中也形成了一些惯用语即程式化的语言，形成了规范、严谨的语体特点。

规范化是实现经济文书统一性、完整性、准确性和有效性的重要保证，是提高经济写作的速度与效率的基本措施，同时，也为经济文书运用写作进行科学化管理奠定了基础。但规范化与僵化的模式是有本质区别的。僵化的模式是一种已经不适应形势发展需要、束缚思想内容的公式化、概念化的东西，绝不能把二者混为一谈，以假乱真。

（六）时效性

经济文书要承担收集、编制、传递和应用经济信息的职能，发挥指导经济工作、解决实际问题的作用，在写作上就必须做到争分夺秒，不失时机。市场如战场，在风云变幻的经济领域，捕捉有价值的信息，做出科学的预测和正确的决策，提出切实可行的措施方案，都必须以及时为先决条件，竞争中的成败往往就体现在“时间差”上。抓住时机，因势利导，就会在竞争中稳操胜券；反之，拖拖拉拉，慢慢腾腾，只会坐失良机。盲目输送过时的信息，不仅无益，还会造成损失。信息流通得越快，经济文书的指导性就越强，它的价值也就越大。

三、经济文书的作用

（一）管理和指导作用

在整个社会的经济实践活动中，无论从哪个层面来看，都需要管理，才能保证整个经济活动的有序进行、高效运转。中央决策的贯彻，国家意图的实现，政府计划的落实，上级安排的执行，领导层、管理层对各行各级的管理，很多都需要通过应用文来体现。所以，经济文书的首要作用便是它的管理作用。

经济管理是一个多层次的系统结构，为了使各个部门各个环节的活动协调一致、就必须借助于经济文书及时地将党和国家的方针政策以及上级部门的指令、决策、任务、要求、计划等传达给下级部门，对基层单位的工作进行具体领导和指导，以便统一思想，统一行动，令行禁止，步调一致，用以维护正常的经济秩序，实现对经济活动的有效管理。

（二）沟通和交流作用

社会是一个庞大的有机组织，为了让这个有机组织中的方方面面、各个层次在经济活动中相互了解，人们必须通过各种手段联系沟通，经济文书就是沟通的主要手段之一。

基层单位要通过经济文书向上级部门汇报工作、反映情况、提出建议，主动接受上级机关的领导；单位之间、部门之间也要通过经济文书交流信息，加强横向联系，相互沟通、取长补短，促进竞争，获得支持和帮助。

即使是在通信手段高度发达的今天，经济文书的联系沟通作用仍具有其不可替代性。

（三）推广和宣传作用

这一点主要表现在三个方面：

第一，表现在对典型经验的推广与宣传方面。通过经济文书，我们可以对错综复杂的经济现象进行科学的研究与分析，以便总结经验，揭示规律，抓住典型，指导一般，对经济工作做正确引导。

第二，表现在对商情的反映与宣传方面。通过经济文书，企业可以及时发布商品产、供、销方面的信息，加速商品流通，开拓市场，扩大销售，提高效益。

第三，表现在对企业的推销与宣传方面。企业的发展与其社会知名度是分不开的，社会知名度越高，社会评价越好，其发展的社会环境就越优越，前景就越广阔。反之，在其发展的道路上便会遇到重重障碍和困难。怎样提高企业的社会知名度与美誉度呢？除了靠自身的业绩外，在很大程度上还得通过一定的形式来推销，这种推销，正是通过相应的经济文书来实现的。

（四）依据和凭证作用

来自上级部门的经济文书常常是下级单位做出决策、开展工作的政策依据；来自下级单位的经济文书常常是上级机关制定政策、部署工作的情况依据；与有关方面发生权益关系而形成的经济文书则是维护自身合法权益的凭证，一旦发生经济纠纷，它们就会从法律的角度出现，成为处理纠纷、分清违约责任的依据。

在完成了特定的任务后，有些经济文书还需要归档保存，以备查考。这些文书得作为珍贵的历史资料，将信息储存起来，供以后研究经济活动的规律，总结经营管理的经验教训，预测经济发展的趋势，制定经济规划参考。作为依据和凭证，它们不仅发挥现实作用，还将具有长远的历史作用。

四、经济文书的分类

经济文书的种类极其繁杂，我们从不同的作用和日常工作需要的角度出发，将其分为以下三类：

第一，经济合同类：即特指经济合同。

第二，经济报告类：包括市场调查报告和可行性研究报告。

第三，经济协约类：包括招标书和投标书。

五、经济文书的写作要求

（一）主题

写作经济文书要求主题先行，即根据某种实际需要先确定一个主题，然后再根据主题寻找材料，写出文章。

同时，经济文书的主题具有单一性，即一文一事。每一篇经济文书只谈一个主题，如果有多项议题，则需要我们写作相应的多篇文章来解决。

经济文书的主题要正确、集中、深刻、鲜明。在经济文书的写作过程中，我们只有努力提高思想水平和政策水平，才能保证文章的主题不偏离国家的大政方针，不与国家的法律法规相冲突。另外，经济文书的主题要做到集中、深刻，一篇文章解决一个事件，而且要使主题突显，让读者一目了然。

（二）材料

经济文书的材料具有真实性。经济文书的写作目的是办理公务或处理个人事务。因此，如果我们在处理事务过程中采用了与事实不一致的信息，在写作过程中使用了不真实的材料，那么问题的处理结果一定是与理想目标大相径庭的。

经济文书的材料具有时效性和典型性。为了及时、有效地处理好事务，我们在处理问题的过程中，必须要选用那些最近时期发生的、对现在还有参考价值的材料。比如我们在写市场调查报告时，就必须要进行现实的调查，如果采用以往的一些统计数字，确实省时、省事不少，但却解决不了任何问题。

经济文书的材料要真实、准确、完整、充分。在经济文书的写作过程中，必须要把所有支持我们处理相关事件的材料全部真实、准确地书写出来。这样才能保证我们对事务有全面的认识，从而保证我们可以周全地考虑处理问题的办法。

（三）语言

经济文书的语言具有书面化的特点。这样才能更充分地体现其规范性与公务性，让读者读起来能多少感觉到经济文书的韵味，这一点对于初学者很具有挑战性。

经济文书的语言具有数字化及精准化的特点。为了使我们的表述更加精准，采用数字来说话，不失为一种好办法。正由于此，很多同学会认为经济文书写作的学习很枯燥。其实，这是由于我们只看到了事物的表面，而对这种数字化、精确化的语言产生畏难情绪。只要我们充分认识到学习的必要性，深入研究，反复练习，就一定能真正掌握这一技能。

经济文书的语言要准确、简要、平实、规范。经济文书写作的语言要求首先是准确和精要。善于以文章所涉行业的专业名称和准确的关联词语来遣词造句，使文章晓畅清晰，言简义丰。同时，要尽量避免语言过于花哨，避免使用过多修辞与铺垫，要做到有一说一。

总之，经济文书写作的总体要求是：一文一事、就事论事、有为而发、事毕则止。

第二节　经济合同

一、经济合同概述

1999 年 10 月 1 日实施的《中华人民共和国合同法》第二条规定：合同是平等主体的自然人、法人、其他组织之间设立、变更、终止民事权利义务关系的协议。

由此可知，经济合同是指平等主体的自然人、法人、其他组织之间，为实现一定的经济目的，明确相互权利义务关系而订立的合同。

经济合同的法律主体包括：自然人、法人、其他组织。

自然人：是指因出生而获得生命的人类个体，不仅包括公民（依法享有民事权利承担民事义务的人），还包括外国人和无国籍人。

法人：经国家认可，有独立的财产或独立的预算，具有民事权利能力和行为能力，依法独立享受民事权利和承担民事义务的组织。

法人特点之一是一种独立的社会组织；特点之二是拥有独立的财产；特点之三是能够独立承担民事责任；特点之四是能够独立参加民事活动。

自然人和法人相对立，一个反映自然属性，一个反映法律拟制的人。

其他组织：是指不具有我国企业法人资格，但具有相对独立的财产，能承担民事责任，可以进行必要的民事活动以及以经营为目的的社会组织。

签订经济合同是一种法律行为，因此，当事人在签订经济合同时，必须遵循一定的基本的原则，根据《经济合同法》及有关法律规定，当事人在签订经济合同时，必须遵守以下三项原则：

（一）合法原则

《经济合同法》第四条规定："订立经济合同，必须遵守法律和行政法规"这一规定是对当事人在签订经济合同时最基本的要求，当事人只有遵循这一原则，签订的经济合同，才能得到国家的认可和具有法律效力，当事人的利益才能受到保护。这里所说的法律和行政法规，不仅包括《经济合同法》及其配套的条例，而且包括一切与订立经济合同有关的法律、规范性文件及地方性法规。

（二）平等原则

《经济合同法》第五条规定："订立经济合同，应当遵循平等互利、协商一致的原则"，这项原则主要包含两个要素：

一是经济合同当事人的法律地位平等。在中国经济合同当事人无论是法人，还是个体工商户，无论是国有企业，还是私营企业，无论是大企业，还是小企业，它们的主体资格，即权利能力都是平等的，任何一方都不能对他方强迫命令，不能要求不平等的权利。

二是当事人在签订经济合同时，必须协商一致。经济合同的签订是当事人自愿的行为，是建立在当事人各方自愿基础之上的，因此，当事人在签订经济合同时，必须要进行充分协商，只有经过充分协商，考虑到各方利益，才能最终达成一致协议，并达到各自的经济目的。

（三）诚信原则

诚信原则也是当事人在签订经济合同时应当遵循的一项基本原则，这项原则的核心是要求当事人在签订经济合同时，主观上没有故意损害国家、社会利益和他人的利益，做到不欺诈、不规避法律，恪守信用，尊重商品交易的道德和习惯，尊重社会公德。

二、经济合同的分类

经济生活的复杂丰富性决定了经济合同的多样性。依不同标准，有多种分类：

（一）按合同形式划分

经济合同从形式角度划分，有口头经济合同和书面经济合同两类。口头合同多用于可即时清结、数额不大的任意性经济交往中；书面合同多用于不能即时清结，内容较复杂，数额较大的经济往来中。书面合同在格式上又有条文式和表格式两种。

（二）按合同的有效期限划分

以有效期限为标准，则经济合同可划分为长期合同、短期合同、年度合同、季度合同等。凡期限在一年以上的均为长期合同。

（三）按合同成立的程序划分

经济合同按其成立的程度可划分为承诺合同和实践合同。凡双方意思表示一致，合同即告成立的叫承诺合同，如购销合同、建筑工程承包合同等。凡双方达成协议后，还须交付标的才能成立的合同叫实践合同，如借款合同、保管合同和运输合同等。

（四）按合同成立是否需要特定方式划分

经济合同按其成立是否需要特定方式可划分为要式合同与非要式合同。凡需要履行特定的方式才能成立的合同称为要式合同，如需要经济签证、公证或有关机关核准登记才算成立的合同等属于要式合同。要式合同未履行特定方式前，合同不算成立，也不发生法律效力。

（五）按合同标的划分

经济合同按其标的的不同可划分为转移财产合同、提供劳务合同和完成工作合同。转移财产合同是一方将一定财产转移给对方，由对方付给价款的合同。一般有三类情况：财产所有权的转移，如购销合同；财产管理权的转移，如供用电合同；财产使用权的转移，如房屋、土地的租赁合同。转移财产合同也包括无形财产的转移，如专利权、商标专用权转让合同。

提供劳务合同和完成工作的合同都要求一方按约定条件付出劳动，对方支付报酬。但两者区别在于：前者只提供服务，不产生新的劳动成果。如货物运输合同、仓储保管合同等；后者则最终要表现为新的劳动成果的产生，如勘测设计合同、建筑安装工程承包合同、科研试制合同和加工承揽合同等。

（六）按业务性质和内容划分

这是目前最常用的分类方法。我国《合同法》的“分则”部分把常用合同按业务性质和内容分为15类：

第一，买卖合同：又称购销合同，是出卖人转移标的物的所有权于买受人，买受人支付价款的合同。

第二，供用电、水、气、热力合同：是供电（水、气、热力）人向用电（水、气、热力）人供电（水、气、热力），用电（水、气、热力）人支付电（水、气、热力）费的合同。

第三，赠予合同是赠予人将自己的财产无偿给予受赠人，受赠人表示接受赠予的合同。

第四，借款合同：是借款人向贷款人借款，到期返还借款并支付利息的合同。

第五，租赁合同：是出租人将租赁物交付承租人使用、收益，承租人支付租金的合同。

第六，融资租赁合同：是出租人根据承租人对出卖人、租赁物的选择，向出卖人购买租赁物，提供给承租人使用，承租人支付租金的合同。

第七，承揽合同：是承揽人按照定做人的要求完成工作，交付工作成果，定做人给付报酬的合同。

第八，建设工程合同：是承包人进行工程建设，发包人支付价款的合同。建设工程合同包括工程勘察、设计、施工合同。

第九，运输合同：是承运人将旅客或者货物从起运地点运输到约定地点，旅客、托运人或者收货人支付票款或者运输费用的合同。

第十，技术合同：是当事人就技术开发、转让、咨询或者服务订立的确立相互之间权利和义务的合同。

第十一，保管合同：是保管人保管寄存人交付的保管物，并返还该物的合同。

第十二，仓储合同：是保管人储存存货人交付的仓储物，存货人支付仓储费的合同。

第十三，委托合同：是委托人和受托人约定，由受托人处理委托人事务的合同。

第十四，行纪合同：是行纪人以自己的名义为委托人从事贸易活动，委托人支付报酬的合同。

第十五，居间合同：是居间人向委托人报告订立合同的机会或者提供订立合同的媒介服务，委托人支付报酬的合同。

三、经济合同的法律特征与作用

经济合同不仅是一种经济文书，而且还是一种体现着商品交换关系的法律文书，其本质是一种受法律保护的合意或协议。据此可见，经济合同具有以下法律特征：

（一）经济合同是平等主体的自然人、法人和其他组织所实施的一种民事法律行为

民事法律行为是民事主体实施的能够引起民事权利和民事义务的产生、变更或终止的合法行为。因此，只有在合同当事人所做出的意思表示符合法律要求的情况下，合同才具有法律约束力，并受到国家法律的保护。如果当事人做出了违法的意思表示，即使达成协议，也不能产生合同的效力。

同时，由于订立合同是一种民事法律行为，因此民法关于民事法律行为的一般规定，如民事法律行为的生效要件、民事行为的无效和撤销等，均可适用于合同。

另外，合同是由平等主体的自然人、法人或其他组织所订立的，这就是说，订立合同的主体在法律地位上是平等的，任何一方都不得将自己的意志强加给另一方。

（二）经济合同以设立、变更或终止民事权利义务关系为目的

设立民事权利义务关系，是指当事人订立合同旨在形成某种法律关系（如买卖关系），从而具体地享受民事权利、承担民事义务。

变更民事权利义务关系，是指当事人通过订立合同使原有的合同关系在内容上发生变化。变更合同关系通常是在继续保持原合同关系效力的前提下变更合同内容，如果因为变更使原合同关系消灭并产生一个新的合同关系，则不属于变更的范畴。

终止民事权利义务关系，是指当事人通过订立合同，旨在消灭原合同关系。

（三）经济合同是当事人协商一致的产物，是意思表示一致达成的协议

合同是合意的结果，它必须包括三个要素：① 合同的成立必须要有两个以上的当事人；② 各方当事人须互相做出意思表示；③ 各个意思表示达成一致。

随着我国社会主义市场经济的发展，经济合同的使用越来越广泛，它在经济领域发挥的作用也越来越重要。这主要表现在以下几个方面：

（一）有效保护当事人的合法权益

首先，合同的签订是一种预防措施。它把合同双方的权利和义务以文字形式固定下来，作为检查履行合同情况的依据。合同中的违约责任一款，是由当事人协商一致后确定的，双方十分清楚违约的后果。这无疑强化了当事人的责任意识，使其能认真、自觉地按合同中的相关条款履行职责，保障了当事人的权益。

其次，经济合同具有法律效力。合同一旦确立，就规定了当事人的权利和义务，双方都要受相关法律的约束。任何一方不履行合同规定事宜而发生纠纷时，另一方可通过法律程序起诉，人民法院会依法按照合同规定对违约一方进行裁决，赔偿或补偿对方的损失，这样就使当事人的合法权益受到保障。

（二）能稳定市场环境，维护社会主义市场经济秩序

经济合同还能促进当事人之间的经济协作。合同各项条款严格规范了当事人的经济行为，使其在稳定有序的情况下进行，从而最大限度地实现各自的经济利益。这就促使当事人自觉维护市场秩序，营造稳定的市场环境，保证社会主义市场经济有序运行，还有利于进一步开放市场，搞活社会主义市场经济。

（三）有利于调动合同主体生产经营的积极主动性，提高经济效益

经济合同是促进合同当事人提高经济效益的有效措施。合同主体在签订合同后，都有一种期待意识，在这次经济行为中，除实现预期经济目的外，还希望得到预期外的利润。在保证合同顺利履行的同时，合同当事人都会实施有效的经营管理，做好经济核算，充分利用自己的人力、物力和科技能力，采取各种方式降低消耗，精打细算，努力提高经济效益。当然，这必须以不损害对方利益为前提。这样，在提高当事人自身经济效益的同时，也促进了整个社会经济效益的提高。

四、经济合同的基本条款

合同的条款，由当事人协商确定。它们规定了当事人各自的权利和义务，是当事人履行合同约定的主要依据，决定了合同的合法有效性。合同种类繁多，各个类型合同的具体条款都有各自的特点，不同类型的合同，按其相应的需要来规定必要条款。但整体来说，合同一般应包括以下 8 项基本条款：

（一）当事人的名称和住所

这里指的是自然人的姓名、住所以及法人和其他组织的名称、住所。当事人如果是法人，应写明全称、法定代表人的姓名及代理人姓名；如果当事人是其他组织则要写明全称及代表人姓名。不管是法人还是其他组织，其全称指的是经登讯机关核准登记的名称。住所，是指当事人的主要办事机构所在地。

（二）标的

标的是指合同当事人权利和义务共同指向的对象。它的表现形式可以是实物、货币、工程项目、劳务或智力成果等。合同类型不同，其标的也不同。例如，买卖合同的标的是产品，建设工程合同的标的是工程项目，而技术合同的标的则是智力成果。

（三）标的的数量

数量是对标的的具体计量，是衡量标的的尺度，它由数字和计量单位组成。其中数字要准确、具体，计量单位要采用国家规定的统一计量单位，计量方法也应按国家标准或双方协商确定的方法，如计量产品重量应明确是毛重还是净重。

（四）标的的质量

质量是检验标的内在品质和外观形态优劣的标尺。它针对标的的类型、规格、性能、等级等。合同中的这一条款一定要做到明确、详细、具体、全面，谨防出现漏洞让对方钻空子。对于标的质量的规定，应遵循国家各部门制定的相关标准（国家标准、部颁标准或企业标准）或双方协商确定的标的质量的具体标准和检验方法。

（五）价款或报酬

价款指以实物或货币为标的物的合同规定的，在未来履行过程中，取得标的的一方当事人向另一方支付的金钱，以作为获取标的的代价。

报酬又称为酬金，是指以劳务为标的的合同中，获取劳务的一方当事人应当向对方当事人支付的货币。

在合同中，必须明确写明价款或报酬，以及价款或报酬的计算标准、结算方式或付款程序。如果是对外贸易，合同还需要标明用何种货币支付价款或报酬。

（六）履行期限、地点和方式

履行期限是指当事人履行合同条款的时间限制，也就是当事人提交标的、支付价款或报酬的时间界限。在订立合同时，一定要明确、具体地规定双方履行权利和义务的期限，这一点十分重要。因为它关系到合同能否顺利履行，还关系到当事人的切身利益。

履行地点是指合同当事人提交标的和支付价款报酬的地点，如交货地点、施工地点、交款地点等。履行方式是指合同当事人提交标的和支付价款或报酬的方式，如交款方式、结算方式、验收方式等。

标的不同的合同，履行地点和方式各不相同，订立合同时应根据不同内容做出合情、合理、明确、具体的规定。

（七）违约责任

违约责任是指合同当事人一方不履行合同中规定的义务或履行合同规定义务时不符合约定而应承担的民事责任。违约责任包括支付违约金、赔偿金和其他制裁方法。

违约责任这一条款的存在,能督促当事人严格、认真、全面、及时地履行合同,是维护当事人合法权益的保证,也是避免经济损失、维护合同严肃性的重要措施。

应该注意的是,对因当事人无法采取预防措施而发生了意外事件,以致不能按规定履行合同的情况,一般不作为违约行为看待。出现这种"不可抗力"引发的事件,可不必承担违约责任,但必须在订立合同时,写明"不可抗力"引发的事件的范围。"不可抗力"主要有两种:一是自然力量,如地震、水灾、火山爆发、台风等;二是社会力量,如政府政策、战争等。

(八) 解决争议的方法

解决争议的方法是指合同当事人解决合同纠纷的手段、地点。订立合同时,要写明当遇到纠纷时,是采用诉讼还是仲裁的方式,以及说明诉讼或者仲裁的管辖机关等。

以上只是合同中必须具备的几项条款。在实际订立合同的过程中,还需要根据类型和内容来确定详细、具体的条款。

五、经济合同的内容和结构

经济合同一般由标题、首部、正文和结尾几部分构成。

(一) 标题

标题也称合同的名称,一般能说明合同的性质。合同的标题由合同性质和文种组成,书写在第一行的正中位置,如《运输合同》《租赁合同》《借款合同》等。

(二) 首部

合同的首部指立约人和合同编号。一般情况下,立约人名称书写于标题左下方、正文之上。这个名称必须是各方的全称,不能以简称代之。为了正文行文方便,还应在各当事人全称之后用括号注明甲方、乙方等,或是根据合同内容标注为"借方""贷方""买方""卖方""承租方""出租方"等。

合同编号应写于标题右下方。

(三) 正文

正文是合同的主体部分,包括引言和具体条款两部分。

引言须扼要说明签订合同的目的和依据,是合同的总纲,常以"为了……经双方共同协商,特订立本合同,以资共同遵守"之类话语引出下文。

具体条款是合同内容的集中体现,应将合同当事人的各项权利和义务详细、具体、准确地书写清楚。

此外,还应有说明性款项,即在经济合同正文末尾注明合同的生效日期、有效期限、合同份数等情况。如有图纸、表格等附件,还要列出附件条款。

(四) 结尾

合同的结尾部分主要包括:当事人署名、签章、日期及附加项目。当事人如果是法人,署名必须是全称,还应加写代表姓名并加盖印章。重要的合同还应写上签证机关名称，并加盖印章。有些合同根据需要，在结尾处注明当事人的单位和地址、电话、开户银行、账号等。之后，标明签订合同的具体日期。

【例文】

西藏自治区劳动合同

编号：__________

甲方（用人单位）名称：______________________

法定代表人（委托代理人）：_______　联系电话：__________

地　　址：___________________

乙方（劳动者）姓名：______　性别：_____

家庭住址：_________________________________

身份证号码：____________　　联系电话：__________

根据《中华人民共和国劳动法》《中华人民共和国劳动合同法》和《西藏自治区关于全面实行劳动合同制度的意见》，甲乙双方在平等自愿、协商一致、诚实信用的基础上，签订本劳动合同，共同遵守执行。

一、劳动合同期限

第一条　甲乙双方约定按下列___种方式确定劳动合同期限：

（一）有固定期限：自_____年___月___日起至_____年___月___日止。

（二）无固定期限：自_____年___月___日起至甲乙双方约定的劳动合同终止条件出现时止。

（三）以完成一定的工作为期限：自_____年___月___日起至____。

其中，试用期自_____年___月___日起至_____年___月___日止。

二、工作内容及工作地点

第二条　根据甲方工作需要，乙方同意从事_______工作。经甲乙双方协商同意，可以变更工作岗位。

第三条　乙方应按照甲方的要求，按时完成规定的工作数量，达到规定的质量标准。

第四条　乙方的工作地点________________________________。

三、工作时间和休息休假

第五条　甲方安排乙方执行_______工时制。

（一）实行标准工时工作制的，甲方安排乙方每日工作时间不超过8小时，每周不超过40小时。甲方由于工作需要，经与工会和乙方协商后可以延长工作时间，一般每日不得超过1小时，因特殊原因需要延长工作时间的，在保障乙方身体健康的条件下延长工作时间不得超过3小时，每月不得超过36小时。

（二）实行综合计算工时工作制的，平均每日工作时间不得超过8小时，平均每周工作时间不得超过40小时。

（三）实行不定时工作制的，工作时间和休息休假由乙方自行安排。

实行综合计算工时或不定时工作制的，要经当地人力资源和社会保障行政部门批准。

第六条　甲方安排乙方延长工作时间、休息日、法定节假日工作的，按照《劳动法》第四十四条执行。

第七条　乙方在合同期内享受国家规定的各项休息、休假的权利，甲方应保证乙方每周至少休息1天。

四、劳动保护、安全卫生和劳动条件

第八条　甲方必须执行国家和自治区有关劳动安全卫生的法规标准，采取劳动保护措施，提供和改善劳动条件，建立安全生产规章制度，保证安全生产和劳动者健康。

第九条　甲方应根据国家有关规定，给乙方发放劳动保护用品，保健食品。

第十条　甲方应对乙方进行安全生产教育和技术培训，乙方从事特种作业的，必须经专业训练，并经地、市及其以上人力资源和社会保障行政部门考核合格发证后持证上岗。

第十一条　甲方不得安排未成年工从事矿山井下，有毒有害国家规定的第四级体力劳动强度的劳动和其他禁忌从事的劳动。

第十二条　甲方应按国家有关规定，不得安排女职工禁忌从事的劳动和工作岗位。

第十三条　甲方应对从事有毒、有害工作的乙方定期进行健康检查。

第十四条　甲方应定期对生产场所，危险设施进行安全检查，消除事故隐患，纠正违章。乙方对甲方管理人员违章指挥，强令冒险作业有权拒绝执行。对危害生命和身体健康的行为有权提出批评并向有关部门检举控告。

五、劳动报酬

第十五条　乙方试用期的工资标准为______元/月。(试用期间工资不得低于本单位同工种、同岗位最低档工资或者劳动合同约定工资的80%)。

第十六条　乙方试用期满后，甲方应根据本单位的工资制度，确定乙方实行以下第____种工资形式：

(一) 计时工资。乙方的工资由以下几部分组成：______、______、______、______；其标准分别为______元/月、______元/月、______元/月、______元/月。如甲方的工作制度发生变化或乙方的工作岗位变动，按新的工资标准确定。

(二) 计件工资。甲方应制定科学合理的劳动定额标准，计件单价约定为______元。

(三) 其他工资形式。具体约定______________________________。

第十七条　甲方应以法定货币形式按月于每月____日支付乙方工资，不得克扣或无故拖欠。甲方支付乙方的工资，应不违反国家有关最低工资的规定。

第十八条　甲方安排乙方延长工作时间的，应支付不低于乙方工资150%的工资报酬；安排乙方休息日工作又不能安排补休的，支付不低于乙方工资200%的工资报酬；安排乙方在法定休假日工作的，支付不低于乙方工资300%的工资报酬。

第十九条　非因乙方原因造成甲方停工、停产、歇业，未超过1个月的，甲方应按本合同约定的工资标准支付乙方工资；超过1个月，未安排乙方工作的，甲方应按不低于当地失业保险标准支付乙方停工生活费。

第二十条　乙方依法享受年休假、探亲假、丧假等假期，期间甲方应按国家和西藏自治区有关规定的标准或劳动合同约定的标准，支付乙方工资。

六、社会保险和福利待遇

第二十一条　甲方应按国家和西藏自治区有关社会保险的法律法规和政策规定为乙方缴纳基本养老、基本医疗、失业、工伤、生育保险费用；社会保险费个人缴纳部分，甲方可从乙方工资中代扣代缴。

第二十二条　乙方患病或非因工负伤的医疗待遇按照国家和西藏自治区有关政策规定执行。

第二十三条　乙方工伤待遇按国家和西藏自治区有关政策法规执行。

第二十四条　乙方在孕期、产期、哺乳期内的各项待遇，按国家和西藏自治区有关生育保险政策规定执行。

七、劳动纪律和规章制度

第二十五条　甲方依法制定的各项规章制度应向乙方公示。

第二十六条　乙方应严格遵守甲方制定的规章制度、完成劳动任务，提高职业技能，执行劳动安全卫生规程，遵守劳动纪律和职业道德。

第二十七条　乙方违反劳动纪律，甲方可依据本单位规章制度，给予纪律处分，直至解除本合同。

八、劳动合同的变更、解除、终止、续订

第二十八条　经甲乙双方协商一致，可以变更本合同约定的相关内容。变更劳动合同，应当采用书面形式。

第二十九条　经甲乙双方协商一致，本合同可以解除。

第三十条　乙方提前三十日以书面形式通知甲方，可以解除劳动合同。乙方在试用期内提前三日通知甲方，可以解除劳动合同。

第三十一条　甲方有下列情形之一的，乙方可以解除劳动合同：

（一）未按照劳动合同约定提供劳动保护或者劳动条件的；

（二）未及时足额支付劳动报酬的；

（三）未依法为乙方缴纳社会保险的；

（四）甲方的规章制度违反法律法规的规定，损害乙方权益的；

（五）因《劳动合同法》第二十六条第一款规定的情形致使劳动合同无效的；

（六）法律、行政法规规定乙方可以解除劳动合同的其他情形。

第三十二条　乙方有下列情形之一的，甲方可以解除本合同。

（一）在试用期间，被证明不符合录用条件的；

（二）严重违反劳动纪律或甲方规章制度的；

（三）严重失职、营私舞弊，对甲方利益造成重大损害的；

（四）乙方同时与其他用人单位建立劳动关系，对完成本单位的工作任务造成严重影响，或者经甲方提出，拒不改正的；

（五）因《劳动合同法》第二十六条第一款规定的情形致使劳动合同无效的；

（六）被依法追究刑事责任的。

第三十三条　有下列情形之一，甲方提前三十日以书面形式通知乙方本人或者额外支付乙方一个月工资后，可以解除劳动合同：

（一）乙方患病或非因工负伤，在规定的医疗期满后不能从事原工作，也不能从事甲方另行安排的工作的；

（二）乙方不能胜任工作，经过培训或者调整工作岗位，仍不能胜任工作的；

（三）劳动合同订立时所依据的客观情况发生重大变化，致使劳动合同无法履行的，经甲方与乙方协商，未能就变更劳动合同内容达成协议的。

第三十四条　有下列情形之一，需要裁减人员二十人以上或者裁减不足二十人但占企业职工总数百分之十以上的，甲方提前三十日向工会或者全体职工说明情况，听取工会或者职工的意见后，裁减人员方案经向劳动行政部门报告，可以裁减人员；

（一）依照企业破产法规定进行重整的；

（二）生产经营发生严重困难的；

（三）企业转产、重大技术革新或者经营方式调整，经变更劳动合同后，仍需裁减人员的；

（四）其他因劳动合同订立时所依据的客观经济情况发生重大变化，致使劳动合同无法履行的。

第三十五条　乙方有下列情形之一的，甲方不得依照本合同第三十三条、第三十四条的规定解除劳动合同：

（一）从事接触职业病危害作业的劳动者未进行离岗前职业健康检查，或者疑似职业病病人在诊断或者医学观察期间的；

（二）在本单位患职业病或者因工负伤并被确认丧失或者部分丧失劳动能力的；

（三）患病或者非因工负伤，在规定的医疗期内的；

（四）女职工在孕期、产期、哺乳期的；

（五）在本单位连续工作满十五年，且距法定退休年龄不足五年的；

（六）法律、行政法规规定的其他情形。

第三十六条　有下列情形之一的，劳动合同终止：

（一）劳动合同期满的；

（二）乙方开始依法享受基本养老保险待遇的；

（三）乙方死亡，或者被人民法院宣告死亡或者宣告失踪的；

（四）甲方被依法宣告破产的；

（五）甲方被吊销营业执照、责令关闭、撤销或者甲方决定提前解散的；

（六）法律、行政法规规定的其他情形。

第三十七条　甲方应当在解除或者终止劳动合同时出具解除或者终止劳动合同的证明，并在十五日内为乙方办理档案和社会保险关系转移手续。

乙方应当按照双方的约定，办理工作交接。甲方依照《劳动合同法》有关规定应当向乙方支付经济补偿金的，在办理工作交接时支付。

第三十八条　甲乙双方应在合同期限满前15日内向对方表示是否续订劳动合同的意向。双方经协商同意，可以续订劳动合同。

九、经济补偿与赔偿

第三十九条　甲方违反本劳动合同规定，应按下列标准支付乙方经济补偿金：

（一）甲方克扣或者无故拖欠乙方工资的，拒不支付乙方延长工作时间工资报酬的，除在规定的时间内全额支付乙方工资报酬外，还需加发相当于工资报酬25%的经济补偿金。

（二）甲方支付乙方的工资报酬低于当地最低工资标准的，要在补足低于标准部分的同时，另外支付相当于低于部分25%的经济补偿金。

第四十条　有下列情形之一的，甲方应当向乙方支付经济补偿金。

（一）乙方依照本合同第三十一条规定解除劳动合同的；

（二）甲方依照本合同第二十九条规定向乙方提出解除劳动合同并与乙方协商一致解除劳动合同的；甲方依照本合同第三十三条规定解除劳动合同的；

（三）甲方依照本合同第三十四条规定解除劳动合同的；

（四）除甲方维持或者提高劳动合同约定条件续订劳动合同，乙方不同意续订的情形外，依照本合同第三十六条第一项规定终止固定期限劳动合同的；

（五）依照本合同第三十六条第四项、第五项规定终止劳动合同的；

（六）法律、行政法规规定的其他情形。

第四十一条　经济补偿按乙方在本单位工作的年限，每满一年支付一个月工资的标准向乙方支付。六个月以上不满一年的，按一年计算；不满六个月的，向乙方支付半个月工资的经济补偿。

劳动者月工资高于用人单位所在地直辖市、设区的市级人民政府公布的本地区上年度职工月平均工资三倍的，向其支付经济补偿的标准按职工月平均工资三倍的数额支付，向其支付经济补偿的年限最高不超过十二年。

第四十二条　甲方违反本合同规定解除或者终止劳动合同的，应当依照本合同第四十一条规定的经济补偿标准的二倍向乙方支付赔偿金。

第四十三条　甲方有下列情形之一的，给乙方造成损害的，应当承担赔偿责任：

（一）以暴力、威胁或者非法限制人身自由的手段强迫劳动的；

（二）违章指挥或者强令冒险作业危及乙方人身安全的；

（三）侮辱、体罚、殴打、非法搜查或者拘禁乙方的；

（四）劳动条件恶劣、环境污染严重，给乙方身心健康造成严重损害的。

第四十四条　甲方为乙方提供专项培训费用，对其进行专业技术培训的，可以与乙方订立协议，约定服务期。乙方违反服务期约定的，应当按照约定向甲方支付违约金。违约金的数额不得超过甲方提供的培训费用。甲方要求乙方支付的违约金不得超过服务期尚未履行部分所应分摊的培训费用。

第四十五条　甲方与乙方可以在劳动合同中约定保守甲方的商业秘密和与知识产

权相关的保密事项。对负有保密义务的乙方,甲方可以在劳动合同或者保密协议中与乙方约定竞业限制条款,并约定在解除或者终止劳动合同后,在竞业限制期限内按月给予乙方经济补偿金。乙方违反竞业限制约定的,应当按照约定向甲方支付违约金。

十、劳动争议处理

双方履行本合同如发生争议,可先行协商解决;不愿协商或协商不成的,可以向本单位劳动争议调解委员会申请调解;调解无效,可在争议发生之日起1年内向有管辖权的劳动人事争议仲裁委员会申请仲裁;甲乙双方也可以直接向劳动人事争议仲裁委员会申请仲裁。

十一、其他双方需协商的事项

____

____

____

十二、本合同未尽事宜或条款与今后的法律法规、规章有抵触的,按有关规定执行。

十三、本合同一式二份,甲乙双方各执一份。本劳动合同自甲乙双方签字、盖章之日起生效。

甲方(盖章): 乙方(签字盖章):

法定代表人(签字盖章)

合同签订日期: 年 月 日

六、经济合同语言表达的常见问题

(一) 语体问题

合同所用的语言应该是专业书面语,语体风格呈现精确、庄重、严密和正式特征。经济合同的语言表达如果离开这类特征,往往会令合同显得不伦不类。

1. 使用口语

口语的特点是句子简短、表达方式灵活,多用于直接的、口头的、即时的交流。由于口语交流是即时的、处于特定的场景或背景下,许多表述内容即使不严谨各方也均能理会。但将口语表述的内容全面转成文字,由于脱离了口语表达时的场景,文字内容会变得意思不确定、不严谨,也不够庄重。如在一份合同中约定:

> 无论在什么情况下终止服务,乙方都应及时、合理、充分地告知用户终止服务事宜和妥善地处理善后事宜,同时乙方必须保证白天(上午8:00～下午5:30)手机不关机。

在这一条款中,“无论在什么情况下”“手机不关机”是标准的口语,甚至条款中的“都”“白天”也都带有标准的口语色彩,令人感到合同非常随意。转成书面语则为:

在任何情况下终止服务，乙方均应及时、合理、充分地告知用户终止服务事宜和妥善地处理善后事宜，同时乙方必须保证工作时间（上午8:00～下午5:30）手机通信畅通。

2. 使用广告语体

广告用语可能是语意最不确定的语言，而法律用语则是最正式的语言，二者完全没有“兼容”的余地。广告语的目的是引起人们的关注，而法律用语的目的是明确双方的权利和义务。与法律用语相比，广告用语带有许多不确定性，往往无法明确具体的权利义务关系。如在一份合同中约定：

我们的宗旨是向客户提供一整套的优质服务，我们的服务就是为客户方便、自由、快捷的信息沟通提供全面的支持方案。我们的理念是通过销售全方位的优质通信服务，与客户建立一种互利互惠的长期合作伙伴关系。

这一条款没有实际意义、内容不确定，理解为合同目的还勉强可以，如果作为合同条款则其内容不知所云。

3. 使用商业信函语

商业信函比较讲究礼仪和措辞，注重在发函时除了把意思表达清楚外，还要特别体现对对方的尊重。而合同在商务活动中基本上已经经过唇枪舌剑的讨价还价过程而进入实质性的利益分配阶段，因而所用的语言是“毫不含糊”的、实质性的，已经无须过多的礼仪。因而以商业信函的语言制作合同实有隔靴搔痒的感觉。如一份合同中的语言为“我们将予以扣除”，如果转换成法律语言则是“×方予以扣除”。而另一份合同中的“如果您……，您就可以得到……”更像是在要约而不像是合同条款，用法律语言表达应该是“如果×方……，则将取得……”。

此外，人称代词中的“您”“你”“我”“他”“她”“它”等，由于过于口语化，即使是正式场合的口语中也很少采用，而以表示同样身份或指代对象的词代替，如“陛下”“阁下”“贵公司”等。合同强调的是权利义务的主体，最能代表合同特色并表示在合同中身份的措辞是“甲方”“乙方”，或是“出卖人”“买受人”，如果用通常口语中的“我”“你”反而无法判断是合同中的哪一方。

（二）用句问题

合同要求语言严谨，因而并非所有句式都适合用于合同。一般来说，多用长句、复句并多用连词、副词等加以“黏合”，以体现语意的完整及逻辑的严谨。

短句相对于长句而言属于初级语言，除了用于列举，一般不在合同中大量采用。合同为了保证语句的严密，往往不得不采用长句，长句也因此成为合同用句的特点之一。如一份合同中的条款的表现形式是这样的：

乙方有权对广告的样本进行认可及提出异议；

乙方有权决定规定的宣传横幅上的具体宣传内容；

乙方应于2015年5月25日之前提供所有需乙方提供的宣传内容；

乙方享有对宣传海报的冠名权及所有权；

乙方对宣传海报的设计方案需经过甲方的认可。

这些条款完全是单句的罗列，完全可以合并成长句表述以使其看上去更“像”合同条款。合同一共使用了五个“乙方”，这种重复浪费了读者大量的注意力。合同虽然不至于“惜墨如金”，但没有必要的重复也是不提倡的。单句罗列成的合同无法使文字表达精练，也无法避免表述内容上的重复。

此外，单句罗列的表述方式在效果和质量上也无法与正式法律语言的表述方式相比。例如“甲方业务活动所造成的损失由甲方承担；其余业务活动所造成的损失由乙方全部承担”这一条款，如果改成标准的法律语言长句则是“因业务活动所造成的损失由乙方全部承担，但甲方原因造成的损失除外”。后句比前句要庄重、简练得多，也更加“专业”。

七、经济合同与意向书、协议书的区别

意向书是国家、单位、企业以及经济实体与个人之间，对某项事务在正式签订条约、达成协议之前，由一方向另一方表明基本态度或提出初步设想的一种具有协商性的应用文书。

意向书的主要作用是传达“意向”，提请对方注意或供参考，可以约束双方的行动，保证双方的利益；意向书能反映业务工作上的关系，能保证业务朝着健康有利的方向发展；意向书可为正式签订协议或合同打下基础。

经济合同与意向书两者的区别在于：

（一）内容不同

经济合同的内容是合同签订主体之间的民事权利义务关系，而意向书的内容仅是合同签订主体就某一事项共同意识的一致认定，并不是双方民事权利义务关系。

（二）签订时间不同

经济合同的签订时间是双方就权利义务关系达成一致协议后，而意向书是双方就某一事项达成共识后就可以签订。

（三）法律后果不同

经济合同的签订会导致法律效力的产生，对签约主体具有约束力，而意向书的签订不会导致法律效力的产生，对签约主体不具有约束力。

但有的意向书具备了签约主体之间法律权利义务关系的内容，因此是对签约主体具备法律约束力的，实际上已经属于经济合同了，只是名称不同而已。

所以，不能片面地认为意向书具备法律效力或不具备法律效力，关键还是要看其内容是否具备了合同的内容。

【例文】

××市××路商贸步行街改造合作意向书

甲方：××市××区人民政府

乙方：____________________

为把××路改造成××市商贸步行街，甲、乙双方在平等的基础上，就××市××路改造一事，达成一致意见，特签订本意向书。

一、甲方同意按指定××路路段(自××大桥向南至××路约1.3公里长)给乙方改造成商贸步行街。

二、商业街改造期为三年，时间以正式动工日为准，改造期三年内乙方享有××区最优惠的投资政策。

三、甲方协助乙方做好如下前期准备工作：

(一)协助乙方将××路的××小商品市场搬迁出××路；

(二)联系市交通局把11路公交车改道，商业街改造期内不从××路通过；

(三)联系市交警部门在××路靠河边的沿江路设置一定数量的停车位；

(四)协助投资者做好该地段的店铺租用等相关的工作。

四、乙方改造规划设计必须遵循“以人为本”的原则，以建设高效的城市商业中心区为规划目标，营造出一种具有文化内涵的商业氛围；注重××路商业环境和生活质量，合理分配和使用各项资源，全面体现可持续发展思想，把打造具有吸引力与辐射效应的中心商业区作为规划设计的基本出发点和最终目的。且设计方案必须得到有关行政规划部门认可同意方能执行。

五、乙方在合乎改造要求的条件下，从规划设计、改造开发到包装招商及后期的经营管理自行运作。

六、本意向书一式二份，作为备忘录，各执一份备查。

甲方(签章)：　　　　乙方(签章)：

年　月　日　　　　年　月　日

经济合同与经济协议书有一定的相似性，例如，都是经各方当事人协商约定后签订的、明确各自权利和义务关系的文书；都有法律约束力，当事人应严格履行各自的义务，否则按违约行为处理等。所以，有时二者可以同等对待。一些小型经济活动或关系比较近的经济活动主体有时为了方便或节省时间，便以协议书代替了合同，这时，二者在法律效力上是相同的。不过二者还有一些区别，不是任何情况下都可以互相代替的。它们的不同之处大致有以下几点：

第一，适用范围不同。经济合同以达到实现一定的经济利益为目的，主要用于经济活动领域，所签订的合同内容以《中华人民共和国合同法》中列名的为主。一般用于只有两方当事人的经济活动中。经济协议书虽然用于经济领域，但不一定以实现当事人各自的经济利益为目的，如可以为捐赠生产机器而签订协议书。所以，协议书的适用范围更广，常用于技术或贸易合作方面，它的当事人可以超过两方。

第二，规范程度不同。经济合同完全以实现经济利益为目的，所涉及的内容以《中华人民共和国合同法》中规定的为主，相对比较简单。为了健全经济秩序，国家颁布了各种有关经济合同的法律法规，对其各个方面加以规范。而经济协议书无论签订目的、内容、适用范围还是使用频率，都比较纷繁复杂，难以系统地整理和规范，所以，虽然在个别法律法规中，某些条款涉及它，但整体来看它的规范程度没有经济合同高。

第三，时效性能不同。经济合同的有效期限不会太长，一般当事人各自的经济利益实现以后，合同的效用也宣告终止。经济协议书则因为其目的超越了经济利益范围，可能会因为国家、社会和人类的利益而具有永久的时效性。

【例文】

编号：NO.

西藏自治区普通高等学校毕业生
基层就业协议书

毕 业 生：________________
基层单位：________________
学　　校：________________

西藏自治区学生资助管理中心制表

为落实好《西藏自治区人民政府关于我区高校毕业生就业制度改革的实施意见》(藏政发〔2006〕22号)精神，积极推进高校毕业生学费和国家助学贷款代偿工作，毕业生、基层单位、学校三方根据有关法律法规规定，在平等自愿、协商一致的基础上，同意订立本协议，共同遵守本协议所列条款。

一、毕业生应按国家及自治区有关规定就业，向基层单位如实介绍自己的情况，了解基层单位的使用意图，表明自己的就业意见，在规定的时间内到基层单位报到，若遇到特殊情况不能按时报到的，需征得基层单位同意。

二、基层单位要如实介绍本单位的情况，明确对毕业生的要求及使用意图，做好各项接收工作。

三、学校要组织毕业生签订就业协议并为毕业生和基层单位做好服务工作。

四、毕业生、基层单位、学校三方要为各自填写的内容负责，如一方有弄虚作假的，本协议即失效。

五、毕业生、基层单位、学校三方如有其他约定，应在本协议内页另附纸张说明，并视为本协议的一部分。

六、本协议经各方签字、盖章后生效。三方都应严格履行协议，若有一方变更协议，须征得另两方的同意。

七、基层单位和学校应建立毕业生工作信息联系制度，如毕业生在本协议期限内工作发生变动的，基层单位应及时通知相关学校，经学校记录备案后方可办理离职等手续。

八、本协议一式三份，全区统一编号，毕业生、基层单位、学校各执一份，复印无效。

九、本协议仅是普通高等学校毕业生学费和国家助学贷款代偿核算的依据之一，不作他用。

<table>
<tr><td rowspan="5">毕业生情况及意见</td><td>姓　名</td><td></td><td>性别</td><td></td><td>身份证号码</td><td colspan="3"></td></tr>
<tr><td>学　号</td><td></td><td>民族</td><td></td><td>政治面貌</td><td></td><td>健康状况</td><td></td></tr>
<tr><td>毕业时间</td><td></td><td>专业</td><td></td><td>学历</td><td></td><td>学制</td><td></td></tr>
<tr><td>家庭地址</td><td></td><td></td><td></td><td></td><td></td><td></td><td></td></tr>
<tr><td colspan="8">就业意见：
经慎重考虑，本人愿意在______（单位）就业，服务期限为____（大写）年。
毕业生签名：
______年____月____日</td></tr>
<tr><td rowspan="7">基层单位情况及意见</td><td>单位名称</td><td colspan="7"></td></tr>
<tr><td>联系人</td><td></td><td>联系电话</td><td colspan="2"></td><td>邮政编码</td><td colspan="2"></td></tr>
<tr><td>单位地址</td><td colspan="7">西藏自治区____地区（市）____县（区）____乡（镇）______村</td></tr>
<tr><td colspan="2">档案转寄单位名称</td><td colspan="6"></td></tr>
<tr><td colspan="2">档案转寄地址</td><td colspan="3"></td><td>邮政编码</td><td colspan="2"></td></tr>
<tr><td colspan="2">户口迁移地址</td><td colspan="6"></td></tr>
<tr><td colspan="4">基层单位上级主管部门意见：
（有用人自主权的单位此栏可略）
（签　　章）
______年____月____日</td><td colspan="4">基层单位意见：
（签　　章）
______年____月____日</td></tr>
</table>

续 表

<table>
<tr><td rowspan="3">学校意见</td><td>学校联系人</td><td></td><td>联系电话</td><td></td><td>邮政编码</td><td></td></tr>
<tr><td>学校通讯地址</td><td colspan="5"></td></tr>
<tr><td colspan="3">院(系)意见:
经审核,该生基本信息属实,且符合代偿申请条件,同意上报。
(签　　章)
______年____月____日</td><td colspan="3">学校学生资助工作部门意见:
该生符合学费和国家助学贷款代偿条件,申请代偿总额为______元(学费、国家助学贷款)。
(签　　章)
______年____月____日</td></tr>
</table>

说　明

一、本协议书须用蓝黑或黑色钢笔填写,做到字迹端正,不得涂改。

二、本协议书全区统一编码,编码方案为:年度+高校次序代码(西藏大学01、西藏大学农牧学院02、西藏民族学院03、西藏藏医学院04、西藏职业技术学院05、西藏警官高等专科学校06、拉萨师范高等专科学校07、自治区财经学校08、日喀则职业技术学校09)+毕业生学号,如毕业生为西藏民族学院2007届毕业生,学号为103508402,则协议书编码为200703103508402。

三、封面中的“基层单位、学校名称”须写全称,其中“基层单位名称”由毕业生到基层单位报到后与基层单位签约时填写,“学校名称”由毕业生在离校前填写。

四、表格中的“毕业生情况及意见”栏由毕业生本人填写,其中“健康状况”填“健康”或“良好”,“学制”填“全日制”或“非全日制”,“家庭地址”填父母(或其他法定监护人)现在的户籍地址,“就业意见”由毕业生到基层单位报到后与基层单位签约时填写。

五、表格中的“基层单位情况及意见”栏由毕业生到基层单位报到后与基层单位签约时交基层单位填写。其中“基层单位意见”由基层单位人事部门填写,“基层单位上级主管部门意见”由基层单位上一级主管部门人事部门填写。

六、表格中的“学校意见”栏由学校填写。

七、为提高工作效率,若毕业生签订的“基层单位”和“基层单位服务期限”有其一不符合我区高校毕业生学费和国家助学贷款代偿政策的,本协议即失去签订的意义,毕业生不必再寄回学校,可自行处理;若仍有寄回学校的,学校可集中销毁。

第三节 市场调查报告

一、市场调查与市场调查报告

市场调查，是指有目的、有计划地深入实际，系统地了解、分析市场的需求情况以及与此有关的情报资料，掌握市场信息，发现存在的问题并找出问题产生的原因，进而提出解决的办法和措施。市场调查与经营决策关系十分密切，从某种意义上讲，市场调查是经营决策全过程的一个有机组成部分，一个关键环节。市场调查具有如下四方面的作用：

第一，提供多方面参考的依据；

第二，市场营销活动的起点；

第三，对付竞争对手的手段；

第四，改善经营管理的办法。

市场调查依据调查的内容可分为：政治环境的调查、经济环境的调查、社会文化环境的调查、市场需求的调查、商品（产品）情况的调查、消费者和用户情况的调查、市场同行竞争的调查等。

人们在社会活动中，常用的市场调查方法有：询问（观察、实验）调查法、文案调查法、抽样调查法、书面调查法等方法。

市场调查报告则是市场调查人员以书面形式，反映市场调查内容及工作过程，并提供调查结论和建议的报告，是市场调查研究成果的集中体现。其作用在于帮助企业了解掌握市场的现状和趋势，增强企业在市场经济大潮中的应变能力和竞争能力，从而有效地促进经营管理水平的提高。

市场调查报告可以从不同角度进行分类：按其所涉及内容含量的多少，可以分为综合性市场调查报告和专题性市场调查报告；按调查对象的不同，可以分为市场供求情况的市场调查报告、产品情况的市场调查报告、消费者情况的市场调查报告、销售情况的市场调查报告以及市场竞争情况的市场调查报告；按表述手法的不同，可分为陈述型市场调查报告和分析型市场调查报告。

二、市场调查报告的特点和作用

市场调查报告是市场调查活动的直接结果，其目的在于展现市场调查的成果，把获得的市场信息传递给决策者和领导者。在市场调查活动中，调查机构通过调查策划，收集市场信息，并对资料进行整理分析，做出符合实际的结论和判断，最终形成某种形式的报告提交给市场调查活动的组织者或委托者。

同普通调查报告相比，无论是从材料的形成还是结构布局方面，虽然两者都存在着明显的共性特征，但市场调查报告比普通调查报告具有更为鲜明的针对性、时效性、创新性和典型性的特点：

针对性是指调查报告应针对不同的调研目的和不同的阅读对象安排报告的内容和格式。

时效性是为了使企业更好地适应市场竞争，调查报告及时反馈给使用者，以便其适时做出决策。

创新性是指调查报告中应总结有创见的观点、结论，以提升调查报告的使用价值，更好地指导企业的生产经营活动。

市场调查主体对调查活动最为关心的就是调查报告，调查主体进行市场调查活动的直接目的就是获得市场调查报告。这是因为市场调查报告具备以下作用：

（一）市场调查报告能将市场信息传递给决策者

这是调查报告最主要的功能。决策者需要的不是市场调查采集的大量信息资料，而是这些市场信息资料所蕴含的市场特征、规律和趋势。市场调查报告能在对信息资料进行分析的基础上形成决策者需要的结论和建议。

（二）市场调查报告可以完整地表述调查结果

调查报告应对已完成的市场调查做出完整而准确的表述。能够详细地、完整地表达出市场调查的目标、调查方法及评价，以文字表格和形象化的方式展示的调查结果、调查结论和建议等内容。

（三）市场调查报告是衡量和反映市场调查活动质量高低的重要标志

尽管市场调查活动的质量还要体现在调查活动的策划、方法、技术、资料处理过程中，但调查活动的结论和论断以及总结性的调查报告无疑也是重要的方面。

（四）市场调查报告能够发挥参考文献的作用

调查报告的使命是作为决策者和领导者做出重大决策时的参考文献。调查报告包含了一系列意义重大的市场信息，决策者在研究问题时，往往要以调查报告作为参考。

（五）市场调查报告可被作为历史资料反复使用

当一项市场调查活动完成之后，调查报告就成为该项目的历史记录和证据。作为历史资料，它有可能被重复使用，从而实现其使用价值的提升。

三、市场调查报告的内容和结构

尽管市场调查报告的格式会因项目和读者的不同而有所差异，但调查报告要把市场信息传递给决策者的功能或要求是不能改变的。因此，在长期的实践中逐渐形成了市场调查报告的常规格式。一份完整的调查报告可分为四大部分：文首、正文、结尾和落款。

（一）文首

1. 标题

标题是市场调查报告的题目，一般有两种构成形式：① 公文式标题。即由调查对象和内容、文种名称组成。值得注意的是，实践中常将市场调查报告简化为“调查”，也是可以的。② 文章式标题。即用概括的语言形式直接交代调查的内容或主题。实践中这种市场调查报告的标题多采用双题（正副标题）的结构形式，更为引人注目，富有吸引力。

2. 目录

一般的调查报告都应该编写目录，以便读者查阅特定内容。目录包含报告所分章节及其相应的起始页码。通常只编写两个层次的目录。较短的报告也可以只编写第一层次的目录。

如果报告含有图表，那么需要在目录中包含一个图表目录，目的是帮助读者很快找到对一些信息的形象解释。

3. 前言

前言又称引言、导语，是市场调查报告正文的前置部分，要写得简明扼要，精练概括。一般应交代出调查的目的、时间、地点、对象与范围、方法等与调查者自身相关的情况，也可概括市场调查报告的基本观点或结论，以便使读者对全文内容、意义等获得初步了解。然后用一过渡句承上启下，引出主体部分。

（二）正文

包括调查目的、调查方法、结果、局限性、结论和建议。

1. 调查目的

在报告正文的开头，调查人员首先应当简明扼要地指出该项调查活动的目的和范围，以便阅读者准确把握调查报告所叙述的内容。

2. 调查方法

如何阐明所用的调查方法是一件不太轻松的事，因为对技术问题的解释必须能为读者所理解。调查方法部分要阐明以下五个方面的内容：

第一，调查设计。说明所开展的项目是属于探索性调查，或因果性调查，以及为什么适用于这一特定类型调查。

第二，资料采集方法。所采集的是初级资料或是次级资料。结果的取得是通过调查、观察，还是实验，所用调查问卷或观察记录表应编入附录。

第三，抽样方法。总体目标是什么，抽样框如何确定，是什么样的样本单位、它们如何被选取出来。

第四，实地工作。启用了多少名、什么样的实地工作人员，对他们如何培养、如何监督管理，实地工作如何检查。这一部分对于最终结果的准确程度十分重要。

第五，分析。说明所使用定量分析方法和理论分析方法。

3. 结果

结果在正文中占较大篇幅。这部分报告应按某种逻辑顺序提出紧扣调查目的的一系列项目发现。发现结果可以以叙述形式表述，以使得项目更为可信，但不可过分吹嘘。

4. 局限性

完美无缺的调查是难以做到的。所以,必须指出调查报告的局限性。讨论调查报告局限性是为给正确评价调查成果以实现的基础。在报告中,承认调查的局限性和应用前提是科学的态度。当然,也没有必要过分强调它的局限性。

5. 结论和建议

结论是基于调查结果的意见,而建议是提议应采取的相应行动。因此建议的阐述应该较为详细,而且要辅以必要的论证。

(三) 结尾

结尾是正文的最后一部分,写法也是多样的。一般有以下几种情况:

第一,没有结束语,有关结论、预测、建议等内容已在正文里表述了,就无须再加结尾。

第二,归纳全文,得出总结论。

第三,预测发展趋势,展望未来前景。这些内容在正文里没有写时,可放在结尾写。

第四,根据调查情况和分析,提出决策性的建议。

(四) 落款

最后注明调查单位名称或调查者本人姓名,以及写作时间。署名可在标题之下正中,落款不再署名;时间也可在标题之下加括号注明,落款不再写时间。

四、市场调查报告的写作要求

(一) 调查要深入

市场调查报告的材料来源于市场调查,而调查必须深入。要做到深入调查,就要认真做好三个方面的工作:一是做好调查前的准备,包括调查目的、选题(含调查目标、内容和范围)、调查程序、方法等,还要了解本企业、本单位的生产、经营情况,拟好调查提纲,有目的地去调查;二是深入实地调查,灵活运用各种调查方法,如普遍调查、抽样调查、典型调查、重点调查等,多方面、多层次地掌握第一手材料;三是查阅各种文献、档案资料,获取间接材料。

(二) 材料要典型

调查时要尽可能多地收集直接的和间接的市场信息及资料,“以十当一”;写作时,则要去伪存真、去粗取精,筛选出最有价值,最能反映本质规律的典型材料,“以一当十”。

(三) 观点要正确

市场调查报告不能只是陈述一下调查的基本内容,堆砌一些原始材料,它必须通过对事实做出准确判断,表明正确观点。要做到观点正确,就要深入调查,掌握真实而典型的材料,并对材料进行分析、综合、提炼、升华。

（四）分析要客观

市场调查报告的分析要严格从客观的市场信息资料出发，不能用主观臆断代替客观分析、不能把局部和整体、假象和实质混为一谈，以偏概全。

五、撰写市场调查报告应注意的问题

市场调查报告是经济写作中常用的文种，它是对市场进行了深入的调查，并对调查中获得的资料和数据进行归纳研究之后写成的书面报告。它的主要作用是为有关部门进行市场预测和经济决策提供科学的依据，是市场预测和经济决策的基础，因此，市场调查报告十分注重科学性和客观性。

市场调查报告不仅仅是对市场现状的一种反映，而且要求在对市场现状进行深入了解的基础上，归纳出合乎市场经济发展规律的结论，并提出相应的对策。因此，它必须具备市场调查与市场研究两大要素，市场调查是市场研究的基础，市场研究是市场调查的进一步深化，两者缺一不可。

要写出一篇有质量的市场调查报告，要注意三个问题：

一忌：根据自己的主观意愿选取调查样本

市场调查是市场调查报告写作的基础，要写作一篇具有一定质量的市场调查报告，首先要高度重视市场调查的质量。为了保证市场调查的科学性、客观性，选取合适的调查样本是十分关键的一步，切忌根据自己的主观意愿来选取调查样本。这种带有强烈的调查者主观因素的非随机抽样法，因为抽取的调查样本不具有广泛的代表性和客观性，会扭曲市场发出的信号，得出的结论会与市场实际状况有很大的出入，最终会影响到市场调查报告的科学性和客观性。

如《大学生消费状况调查》，作者仅从自己认识或熟悉的大学生中选取调查样本，这篇调查报告得出的结论与大学生实际消费水平产生了很大的偏差，最终使这篇市场调查报告成了一篇无效的调查报告。

因此，为了保证市场调查的科学性与客观性，在市场调查方法上可采用随机抽样法来确定调查的样本。随机抽样法具有两大特点：

一是遵循随机原则，即它在抽取样本时，总体中每一个个体中选的机会都是均等的，完全排除了调查者的主观因素，从而保证了中选的样本的客观性。

二是可以从中选的样本来推断总体情况。但中选的样本要保证一定的数量，否则由于样本的数量太少，会影响到调查的质量，据此推出的结论会产生以偏概全的弊病。

有时为了保证中选的样本在总体中平均分布，还可以同时采用等距抽样法或分层抽样法：

等距抽样法即是给所有的调查对象编上号码，然后按抽样的比例将总体划分成若干份，每一份中按相等的间隔距离抽取所需的样本。

分层抽样法即是将所有的调查对象按一定的标准划分为若干类别，然后在各类别采用等距抽样法来抽取所需的样本。

通过这样的方法抽取的样本就能保证市场调查所调查的样本具有广泛的代表性，

真实客观地反映市场的实际状况，最后得出的结论必然是科学的、客观的，是能反映市场本身的真实面貌的。这才能使在市场调查基础上写成的市场调查报告成为有关部门进行市场预测和经济决策的可靠依据。

二忌：仅对市场调查的结果做客观的描述

在市场调查报告写作中，进行深入的市场调查是写作的基础，是十分重要的一环。但一篇有质量的市场调查报告不能仅停留在对市场调查的结果进行客观的描述上，而要对市场调查的结果做进一步的分析与研究，找出其中带有规律性的东西，以提供给相关部门作为经济决策的参考。

目前我们看到一些市场调查报告成了市场调查结果的流水式描述，从这类市场调查报告中我们只能了解到市场的现状，而看不到作者的观点以及作者对市场研究的结果。

如《南方车展消费者调查》对参加车展的消费者进行了调查：

调查表明，来看车展的人群当中，4 成是有车一族，而 6 成是没有车的。他们以中青年人居多，平均年龄约 30 岁。

消费者身份以经理主管、专业技术人士、业务销售、个体经营者为多，占了约 62%，而高校学生也有不少，占了约 13%。当然，学历整体水平也较高，大专以上学历占了 72%。

来看车展的人家庭经济实力较强，家庭月度平均收入达到 7 400 元。

有效的市场营销必须基于对消费者群体的深入分析，市场细分工作越来越重要。今后的汽车产品销售及服务策略将会呈现出更具个性化、针对性的发展趋势。

车展是一个十分强有力的推广渠道。作为参展厂商，应该充分把握时机，向消费者传递公司的最新产品信息及品牌文化，相信必定会取得丰厚的回报。

在这篇市场调查报告中作者虽然对参加车展的消费者进行了较深入的调查，但是没有围绕所调查的结果进行深入的分析与研究，“今后汽车产品销售及服务策略将会呈现出更具个性化、针对性的发展趋势”，这一结论应该是对调查结果分析研究后自然生发出来的，而不应该是作者外加上去的。因为缺少深入的分析研究，所以这一结论就缺少说服力。从这篇市场调查报告中参展厂商仅了解到消费者的构成情况，却看不到这种消费者的构成与汽车生产销售之间的联系，这正是参展厂商最关心的问题。但遗憾的是，这篇市场调查报告没有起到应有的作用，其主要原因就是这篇市场调查报告中缺少对汽车消费者调查结果的分析与研究。

三忌：游离于市场调查结果的“空对空”的研究

市场研究必须基于市场调查的结果，如果市场研究不围绕着市场调查结果展开，空发议论，这种市场研究就会成为“空中楼阁”。

这种现象在一些以新闻采访代替市场调查而写成的市场调查报告中尤为多见，主要原因是这些市场调查报告缺少一个必需的要素，没有深入进行市场调查，而是以“蜻蜓点水”式的新闻采访代替了深入的市场调查。

如在《我国儿童消费市场调查》中，看不到作者对市场调查结果的描述，其分析与议论不是基于市场调查结果的：

> 调查表明，近年来我国家庭儿童的消费持续增长。儿童消费已占到了家庭支出的相当大比例。但是，在针对 6 岁以下城市儿童家长的焦点小组座谈和问卷调查中我们发现，在这看似繁荣的儿童消费市场的背后，却隐藏着家长的许多焦虑。
>
> 例如，在儿童玩具及营养品购买的调查中，家长们普遍表现出一定的困惑。拿玩具来说，当作为一个消费者步入玩具商场时，我们能感受到什么呢？琳琅满目！五光十色！但这时的消费者恐怕大多都要迷失了，如果想挑选一件称心如意的商品那将要大费周折，这里的原因是：
>
> 1. 在大多数情况下，玩具商场的商品都是以下列方式陈列的：制造商品牌，如×××专柜；商品的物理特征，如长毛绒玩具、塑胶玩具、木制玩具。这与多数情况下消费者的搜索目标是不相吻合的，这就意味着消费者要进行不断的搜寻、挑选和反复的比较。如某消费者想给 3 岁的男孩买一样培养动手能力的玩具，他就要在整个商场走上几圈，因为他所要的东西可能会存在于任何柜台。
>
> 2. 大多数情况下，商家都在极力地发挥着信息不对称的威力，总是试图要消费者相信，本柜台的商品正是其最佳选择。这又给消费者的选择平添了几分困难。之所以会这样，是因为现在儿童商品由制造商主导，以产品为中心而非以消费者为中心。如果企业能从消费者的需求出发，会有意想不到的收获。下面的案例或许能带来一些启发。2000 年我们曾在北京某大商场开设了一个儿童用品专柜，所经营的品种与市场上其他商家并无很大差别，不同的是，首先在形式上我们摒弃了商品按其物理特征进行分类的常规做法，而是根据消费者的搜索目标加以区分，以期最大限度地与消费者意愿相吻合，从而大大地降低了顾客的搜索成本；其次，在终端促销方面，我们选择了强调产品价值而非产品功能的做法，客观地帮助消费者建立目标商品与其购买意图之间的联系，以帮助消费者实现其“投资效益”的最大化；此外，我们还根据消费者普遍关心的问题和困惑，提供了一系列的增值服务，使顾客的消费过程成为愉快的体验。

作者的分析研究必须基于市场调查的结果，但这篇市场调查报告却把主次颠倒了，用作者的分析与议论来代替市场调查的结果。结果是这篇市场调查报告事实上成了一篇阐述作者对儿童消费市场个人观点的研究报告。市场调查报告的主体应该是市场调查，市场研究是为了深化市场调查的结果，是为市场调查服务的，离开了市场调查的“空对空”的研究往往会脱离市场的实际状况，成为一种大而无当的空谈。这对于儿童消费品的生产者与经营者来说又有什么意义呢？

写作市场调查报告实际上是一项系统工程，在写作之前必须要进行深入的市场调查，搜集大量与调查主题相关的资料，然后对这些资料进行分类统计，归纳分析，进而以经济学理论对归纳出来的问题进行研究，提出解决的对策。在这一系列环节中，市场调查是最基础的环节，离开了市场调查就无所谓市场调查报告。但仅做市场调查，不对市场调查的结果进行系统的分析研究，就无法对市场中存在的问题提出相应的建议或对策。这两方面相辅相成，缺一不可。因而在具体的表述方法上应以叙述为主，以议论为辅，议论为叙述服务，这样写成的市场调查报告才不会出现喧宾夺主的问题，这是在写作市场调查报告时必须关注的问题。

【例文】

大学生笔记本电脑市场调查报告

摘　要：伴随着信息技术的高速发展，电脑已经成为人们日常生活中必不可少的物品。然而，现在市场上有各种各样的电脑，如何选择已经成为很多人探讨的问题。笔者对大学生笔记本电脑市场进行了调研，分析了笔记本电脑市场的现状及大学生对笔记本电脑各项指标的偏好程度，以为更多大学生和供应商提供参考。

关键词：笔记本电脑市场；问卷调查

一、市场背景

××××年整个IT市场都呈现萎靡状态，但是笔记本电脑的销量仍然保持着稳步的增长。随着IT行业不断发展，笔记本电脑也越来越普及。我们预测，在以后较长的时间内，笔记本电脑需求增长的趋势还将继续保持。

目前，我国在校大学生人数达1 600万，其数量正逐步增加。笔记本电脑的消费，在研究生与刚刚毕业的“亚学生”中也存在一定市场。且他们对产品的喜好度与大学生十分接近。学生市场的基本状况是：基数越来越大，购买比例越来越高。学生群中摇摆不定者的比例也比无购买欲者高。

二、研究内容与方法

（一）研究内容

对××大学本科大一至大四学生进行了随机抽样调查，同时结合访谈法，内容涉及被调查者的个人基本情况、购买动机、笔记本电脑品牌偏好、产品信息来源等。调查共发放问卷120份，回收问卷105份，回收率达87.5%。其中有效问卷100份，占95.2%。在本次调查中，受访的在校大学生男生50人，占样本总数的50%；女生50人，占样本总数的50%。

（二）研究方法

1. 问卷调查法也称“书面调查法”或“填表法”，是通过向调查者发出简明扼要的征询单，请其填写对有关问题的意见和建议来间接获得材料和信息的一种方法。

2. 访谈调查是访谈员根据调查的需要,以口头形式,向被访者提出有关问题,通过被访者的答复来收集客观事实材料的方法。这种调查方法方便可行,可以按照研究的需要向不同类型的人了解不同类型的材料。

(三) 调查问卷信度与效度分析

为了更好地设计出一份比较完善的调查问卷,正式发放问卷前我们对已设计完毕的问卷进行了预调查工作,希望通过对信度与效度的分析来适当完善问卷。为了对问卷的信度进行分析,我们在××校区6栋女生寝室随机抽取10位同学,要求她们分两次填写同一份问卷,间隔时间为一周。我们发现两次的填写结果几乎相同、误差很小,用克伦巴赫α信度系数法求得信度系数为0.923,这反映了我们的原始问卷信度较高。为了对问卷的效度进行分析,我们讨论了原始问卷中的问题能否全面地代表我们所研究的主题。考虑到题目设置中没有满意度调查的试题,我们选择用逻辑分析法进行效度研究,即由研究者评判所选题项是否"看上去"符合测量的目的和要求。经过分析,对问卷做出了适当调整。

(四) 数据描述

调查中发现,50%的同学已经拥有一台属于自己的笔记本电脑,就算暂时还没购买笔记本电脑的同学,其中大部分人认为学生很有必要有一台笔记本电脑。其理由是:首先,学习需要。其次,娱乐休闲所需。

1. 笔记本电脑的品牌。调查发现大学生所购买的笔记本电脑品牌基本上都是联想、戴尔、华硕、惠普,四者共占调查总数的72.2%。而其他品牌问津者很少,如海尔、方正、东芝等,所购者不多,一起共占27.8%。

2. 笔记本电脑的价格。所购笔记本电脑价格在4 000~5 000元之间的学生比例约为32.7%,在5 000~6 000元之间的约为28.3%,在3 000~4 000元之间的约为28.2%,在3 000元以下的约为11.23%,其他的约为0.57%。

3. 笔记本电脑的性能。大学生是追求个性的群体,在笔记本电脑的选择上也不例外,近32.0%的学生注重外形设计,61.6%的学生注重硬件系统,其中注重CPU速度的约占47.01%,注重硬盘容量的约占11.67%。

4. 信息来源。大学生的笔记本电脑产品信息来源主要是品牌专卖场和网络,分别占42.7%和34.2%,通过大卖场和电脑城等获得笔记本电脑产品信息的学生约占23.1%。

5. 购买时间。调查发现大学生购买笔记本电脑的时间多集中在大一下学期。

6. 笔记本电脑的置新。大学生处于经济来源有限的时期,使得他们的消费存在一定程度的限制。笔记本电脑置新的影响因素,主要为配置落伍、损坏严重和外观丑陋,比例分别为28.1%、37.3%、23.1%,而其他因素的比例为11.5%。

三、研究结果分析

(一) 对各种电脑的优劣分析(略)

(二) 结果分析

现在的笔记本电脑市场已经从当年的卖方市场转变为现在的买方市场。卖方市场是指市场供应关系中出现供不应求的现象，买方之间竞争激烈，使卖方居于有利地位的市场态势。买方市场是指市场供求关系中出现供过于求的现象，卖方之间竞争激烈，使买方居于有利地位的市场态势，这一转变也是笔记本电脑价格下降但功能却增强的原因，因而企业战略的每一步都有可能关系到自身的存亡。

中国有着巨大的人口基数，因而成为各国厂商所青睐的对象，国外老牌笔记本电脑制造商与强势崛起的新锐品牌来势汹汹，无论是国内还是国外，在如今自由化的国际市场上淘汰是必然存在的。学生占据着笔记本电脑消费市场的一大部分，因此，各电脑生产厂商加强了对学生市场的开发和管理。

1. 购买着重点。

58%的同学表示，在购买笔记本电脑的时候，最看重性价比。作为大学生，学费和生活费都由父母支付，因此，在购买笔记本电脑的时候经济实惠是最能吸引学生顾客群的。还有人表示，现在科技更新的速度很快，想要永远走在科技的前沿是不可能的，而且学生使用笔记本电脑几乎就是学习和娱乐，几个专业的软件在学校的机房都可以运行，因此，一般配置的笔记本电脑是完全可以满足需要的。而这部分人所能接受的价格范围是 4 000～6 000 元，他们认为此价格就可以获得一个很不错的配置。

另有 17%的学生表示他们更在意配置，如显卡、显存和 CPU 等。这部分同学使用笔记本电脑玩“魔兽世界”等大型网络游戏，因此，好的配置可以让他们更流畅地行走于虚拟的冒险乐土。这部分学生可以接受的价格在 10 000 元以上。

从如此大的差距中可以看出，应基于笔记本电脑用途的差别也划分相应的市场。

还有 19%的同学会偏向品牌信誉好的笔记本电脑。在这部分同学看来，好品牌就等同于好的性能加好的售后服务。他们会担心性价比过高的产品，因为这些笔记本电脑很可能忽略了防水、防辐射或人性化设计等因素。而且在宿舍和公共场合，笔记本很容易遭受意外，这时，良好的售后服务就是很大的保障。

2. 品牌倾向。

有 34%的学生倾向于欧美系笔记本电脑品牌，如戴尔、IBM 和苹果等。欧美系的笔记本电脑以其较高的性价比，良好的品牌和先进的科技赢得了较大的市场。

11%的学生偏向日系笔记本电脑，因为喜欢日系笔记本电脑的精致和美观。

23%的学生欣赏新兴的台系笔记本电脑，26%的学生信赖大陆系笔记本电脑，原因是性价比较欧美系笔记本电脑更高。

作为以前的硬件供给商，台系和大陆系笔记本电脑制造商一直在苦心研究技术并等待时机，扎实的技术和低调的作风，加之进口关税的原因，二者的产品相对于欧美系和日系的笔记本电脑有更高的性价比，这为新兴的台系笔记本电脑以及老牌大陆系笔记本电脑赢得了光辉的市场前景。

3. 购买方式。

67%的学生是在电脑城中的数码产品专卖店把自己的笔记本电脑带回家的。因为这里品牌集中而全面，可以走马观花，也可以货比三家，所以成了大家的首选。

20%的人选择区品牌专卖店，这部分人通常品牌忠诚度很高，而且认为品牌专卖店服务更周到。比如，在电脑出现故障的时候，专业人士会是最了解，而且能提供原厂配件的人。

还有13%的人选择区综合商场，虽然价格普遍比较高，但是，可以保障质量和售后服务，让人很放心。

4. 目前笔记本电脑的不足。

59%的学生认为目前笔记本电脑的主要不足是不方便携带。随着电脑越来越深入我们的生活，以及无线网络的普及，人们的生活和工作也越来越高效，但是阻碍其便捷的主要原因就是笔记本电脑还是不够轻便。尽管相对于台式机笔记本电脑已经有了很大的改进，但是，在科技日新月异的今天，我们还是期待一场更大的变革。

（三）总结

经过品牌了解、购买和之后一段时间的使用，人们普遍(95%的人)认为笔记本电脑市场的发展会越来越好，势态上升，秩序井然，商家的信誉也很令人满意。相信随着科技和社会的进步，销售商一定会给人们更好的服务。

（四）市场分析

我们认为笔记本电脑竞争市场主要为垄断竞争市场，这主要是因为：

1. 产品差别。不同厂商生产的笔记本电脑在外观、性能、质量、售后服务、商标、广告、宣传等方面的差别，能够满足消费者不同的偏好。

2. 笔记本电脑市场上有众多的厂商，也有众多的消费者。

3. 老厂商比新厂商有较高的市场占有率，较低的平均成本，较先进的科研能力，规模经济使新厂商的进入有一定障碍。

调查得知，在大学生购买的笔记本电脑当中，联想和惠普的数量分庭抗礼，居于高位。

四、营销建议

（一）大学生营销市场特征

大学生笔记本电脑营销市场是笔记本电脑市场的一个特殊细分市场，它具有较明显的消费群体雷同特征，这使企业在开发的过程中易于降低开发成本。但同时它还有着区别于其他笔记本电脑细分市场的特征：

1. 讲究性价比，更加注重笔记本电脑的价格。

调查显示，大学生对价格较为敏感，81.53%的学生认为购买笔记本电脑，首先会考虑的就是价格，其次依次是性能、品牌、外观、售后服务等。在购买笔记本电脑过程中对外观和售后服务要求不高，讲究经济实惠，特别是售后服务方面只要得到基本满足即可。此外，大学生对笔记本电脑功能的开发充满兴趣，更加重视笔记本电脑的多样性和实用性。调查显示，63.43%大学生购买笔记本电脑的动机为辅助学习，丰富业余生活，娱乐休闲。因此，学习型、体验型、多功能型的笔记本电脑产品需要进一步开发，且价格需要控制在3 000～6 000元之间。

2. 笔记本电脑品牌的选择以知名度和大众口碑较好的为主。

根据调查结果，62.5%的大学生在购买过程中易受他人对产品评论的影响。在笔

记本电脑品牌的选择上，大学生偏好联想、戴尔、华硕、惠普等知名品牌。

3. 对笔记本电脑外形等方面的设计更注重人性化和便携性。

调查显示，87.9%的大学生偏向于购买12～14英寸的笔记本电脑。在笔记本电脑细节的设计上注重人性化，便于日常使用，更轻薄便携。

4. 购买方式以品牌专卖场购买和电脑城购买为主。

大学生自我意识较强，更喜欢灵活自主且经济实惠的购买方式；同时，大学生购买笔记本电脑具有明显的安全意识，更喜欢在专卖场所购买，比较排斥风险较高的购买方式，如网上购买。

5. 大学生从众心理显著，信息传递迅速。

大学生营销市场主要集中在高等院校。大学生作为一个集中的消费群体，购买决策易受同学或朋友等相关群体影响。再加上产品信息不对称等原因，大学生购买笔记本电脑常常没有充分的前期准备，情绪易波动，从众心理显著；同时，由于市场集中，群体间联系广泛，购买信息传递迅速。

（二）建议

要想做好笔记本电脑销售，第一点，就是要了解自己的产品，这叫知己。熟悉所卖笔记本电脑的详细情况，如功能、配置、个性特点、电脑行业知识、软硬件情况等，熟悉这些产品的参数是让客户信赖你的基础。

调查表明，大部分大学生购买笔记本电脑时注重的是性价比和配置状况，因此，供应商首先应该考虑的是怎样用最低的成本制造高品质的电脑，满足大学生这一消费群体的需要。

第二点，就是要知彼了，也就是要了解自己的目标客户。我们首先要搞明白，消费者买笔记本电脑到底是为什么，这样我们才能更好地去设计自己的销售策略。要学会看透消费者购买笔记本电脑的真正意图，比如说送给客户，要的是品味；自己用，要的是实惠等。

第三点，就是要综合运用前两点，对目标客户进行顾问式的引导消费。前两点如何关联到一块呢？了解了产品的参数之后，要对这些参数进行有机消化，将这些产品的参数与消费者购买笔记本电脑真正的意图联系在一起，做到烂熟于心，不同的人给出不同的产品特点，用不同的促销资源来吸引不同需求的客户。

（三）大学生笔记本电脑市场开发策略

对大学生笔记本电脑市场的开发建议采取现有市场—新产品的产品开发策略，采用差异化市场策略，推出多种信息产品和服务，并配以多种宣传促销手段。

1. 体验营销。

体验营销是指企业以客户为中心、以产品为道具、以服务为舞台，以满足消费者的心理与精神需求为出发点，通过对事件、情景的安排以及特定体验过程的设计，让客户在体验中产生美妙而深刻的印象或体验，获得最大程度上的精神满足的过程。

“体验营销”并非是一种营销手段，确切地说它是一种营销心理、一种营销文化、一种营销理念，它最大的特征就是要求企业首先要能以顾客需求为导向并且要关注顾客的个性以及吸引顾客主动参与。

尤其是大学生这个极富个性的消费群体，对其消费个性的把握是企业首先要做的事。我们了解到大多数的大学生消费者并不是专业的笔记本电脑用户，他们大都只能靠参考同伴的意见或者销售人员的解说来选择买与不买，他们需要的笔记本电脑样式、配置、性能、键盘，以及音效等，都无法从同伴和销售人员那里得到完美的解答。同时伴随着市场竞争的愈演愈烈，消费者尤其是大学生消费者的消费行为越来越趋向于个性化、情感化和直接参与化，他们更加注重自己在使用或消费产品时的体验和感受。

正因为如此，体验营销正势如破竹地在各个行业中兴起。笔记本电脑市场面对现在日趋白热化的竞争状况，也不得不将这一营销模式摆在自己营销的前沿了，在这样一个注重体验的年代，给顾客一个全新体验，将会直接影响营销效果。

2. “植入式”营销。

又称“植入式广告”，是指将产品或品牌及其代表性的视觉符号甚至服务内容策略性融入电影、电视剧或电视节目内容中，通过场景的再现，让观众留下对产品及品牌的印象，继而达到营销的目的。植入式广告不仅运用于电影、电视，而且被“植入”报纸、杂志、网络游戏、手机短信，甚至小说之中。

大学生消费群体有着自己对新鲜事物以及潮流趋势的追逐与见解，每个人都特立独行，但是又不乏对自身感兴趣的人或事的不懈追求。他们每天面对各式各样的信息的轰炸，多少会有点“信息接收疲劳”，商家对这一消费群体的心理诉求把握得准，动机就容易实现。大学生消费者们已经不再喜欢那些生硬的推销方式，而对一些设计巧妙的营销小伎俩反而无力招架，一些新颖别致的“植入”便应运而生。

植入式营销算是广告但并不招致人反感，它淡化了广告的性质但是加强了广告的内涵，使得产品在消费者心目中有一个固定的印象。让人在不知不觉之间接受产品，并且在观看之后对产品或是商家有具体的印象。会给浏览者带来探索欲，会让浏览者重点去关注故事的本身，从而加强对商家产品的印象。在这个过程中，很少有人会首先想到这是不是一种宣传方式，因为在消费者接受宣传的过程中，消费者也被该种销售方式蕴含的意义所吸引，从而提升了自己的心理接受程度。这种方式相比老套的直白广告更有吸引力，更容易被大众接受。

3. “病毒式”营销。

大学生消费群体从读书的时代就开始接触互联网，他们每天面对来自博客、论坛、BBS社区等各种网友集聚地的信息，使得“病毒式”营销这种最独特、最直接、最有效的营销方式取到了一次又一次的成功。

所谓病毒式营销是指发起人最初将产品的信息发给用户，用户在网络中进行宣传，信息像病毒一样传播和扩散，利用快速复制的方式传向数以千计、数以百万计的受众。也就是说，通过提供有价值的产品或服务，“让大家告诉大家”，通过别人为你宣传，产生“营销杠杆”的作用。

“病毒式”营销的基础在于提供有价值的产品或服务，只有厂家提供优质的产品或服务，或提供的产品或服务有与众不同的亮点时，公众才有积极性去传播。突出产品或服务的亮点就是差异化，想别人还没想的，做别人还没做的，不但服务市场，而且创造市场。

总的来说，随着社会的进一步发展，网络已成为大学生消费者生活的一部分，未来会有更多的大学生消费者把时间和精力转移到网络上。要想发展网络时代的客户，病毒式营销将会成为企业的利器。

4. 推出多种符合大学生需求的笔记本电脑产品。

推出多种有特色的笔记本电脑产品，满足大学生个性化的需要，这是从根本上有效地开发大学生笔记本市场的途径。

第四节　可行性研究报告

一、可行性研究与可行性研究报告

可行性研究是指对技术方案、建设方案和生产经营方案等的经济有效性、技术合理性、项目风险性等问题，进行分析论证的科学方法。

一般来说，可行性研究具有预见性、公正性、可靠性、科学性的特点。它以市场供需为立足点，以资源投入为限度，以科学方法为手段，以一系列评价指标为结果。

虽然各类可行性研究的内容侧重点差异较大，但通常包括以下内容：

(一) 投资必要性

主要根据市场调查及预测的结果，以及有关的产业政策等因素，论证项目投资建设的必要性。

(二) 技术的可行性

主要从项目实施的技术角度，合理设计技术方案，并进行比选和评价。

(三) 财务可行性

主要从项目及投资者的角度，设计合理的财务方案，从企业理财的角度进行资本预算，评价项目的财务盈利能力，进行投资决策，并从融资主体(企业)的角度评价股东投资收益、现金流量计划及债务清偿能力。

(四) 组织可行性

主要制定合理的项目实施进度计划、设计合理的组织机构、选择经验丰富的管理人员、建立良好的协作关系、制定合适的培训计划等，保证项目顺利执行。

(五) 经济可行性

主要是从资源配置的角度衡量项目的价值，评价项目在实现区域经济发展目标、有效配置经济资源、增加供应、创造就业、改善环境、提高人民生活等方面的效益。

（六）社会可行性

主要分析项目对社会的影响，包括政治体制、方针政策、经济结构、法律道德、宗教民族、妇女儿童及社会稳定性等。

（七）风险因素及对策

主要是对项目的市场风险、技术风险、财务风险、组织风险、法律风险、经济及社会风险等因素进行评价，制定规避风险的对策，为项目全过程的风险管理提供依据。

可行性研究报告又称可行性报告，是在从事经济活动（生产、基建、科研）之前，通过对经济、技术、生产、供销直到社会各种环境、法律等各种因素进行具体调查、研究、分析，确定有利和不利的因素，估计成功率大小而撰写的一种书面材料。

可行性研究报告主要是通过对项目的主要内容和配套条件，如市场需求、资源供应、建设规模、工艺路线、设备选型、环境影响、资金筹措、盈利能力等，从技术、经济、工程等方面进行调查研究和分析比较，并对项目建成以后可能取得的财务、经济效益及社会影响进行预测，从而提出该项目是否值得投资和如何进行建设的咨询意见，为项目决策提供依据的一种应用文。

根据国家有关规定，凡是重大经济技术决策、行业规划、生产经营管理、新产品开发、技术开发及科学实验，以至自然和社会的改造，为了求得良好的投资效果、最佳的实施方案，都需进行可行性研究并写出可行性研究报告。

二、可行性研究报告的分类

第一，可行性研究报告按内容可分建设方案可行性研究报告、技术方案可行性研究报告和生产经营方案可行性研究报告。

建设方案可行性研究报告主要是指国家计委制定的《关于建设项目进行可行性研究的试行管理办法》中规定项目的可行性研究报告；技术方案可行性研究报告主要是指技术改造、技术引进和进口设备等的可行性研究报告；生产经营方案可行性研究报告是指开辟和拓展新市场、开发新产品和新技术、采用新工艺和新管理方法的可行性研究报告。

第二，可行性研究报告按范围可分为一般可行性研究报告、大中型项目可行性研究报告。

一般可行性研究报告主要是指规模小、投资少的小项目的可行性研究报告；大中型项目可行性研究报告主要是指规模大、投资多、涉及面广的大中型项目的可行性研究报告，包括新建和扩建项目、工程浩大的技术改革项目、全局性的经营管理改革和重大科学实验等的可行性研究报告。

第三，可行性研究报告按步骤可分为机会可行性研究报告、初步可行性研究报告和最终可行性研究报告。

机会可行性研究报告主要是通过对发展机会和潜力的初步评价，为撰写项目建议书提供依据；初步可行性研究报告是在机会可行性研究报告批准后，进一步对经济规模、适用技术、设备造型等进行分析论证，为撰写最终可行性研究报告打下基础；最终可行性研究报告在前两个阶段取得的成果的基础上，对项目各个方面，全面深入地进行技术经济分析论证，最后确定项目是否必要与可行。

三个阶段分析论证的内容和范围都大致相同，但详略、深浅却不一样，而且每一阶段都要写可行性研究报告，只有前一阶段报告获得批准后，才能进行下一阶段的研究。

第四，可行性研究报告按性质可分为可行性报告、否定性报告和选择性报告。

可行性报告即肯定项目实施的必要性和可行性，大多数可行性报告均属此类；否定性报告即否定项目实施的必要性和可行性；选择性报告一般需写出两个以上的可行性报告，供决策者选择。

三、可行性研究报告的特点

（一）科学性

可行性研究报告作为研究的书面形式，反映的是对项目的分析、评判，这种分析和评判应该是建立在客观基础上的，所以科学性是可行性研究报告的第一特点。

首先，可行性研究报告的科学性体现在可行性研究的过程中，即整个过程的每一步都力求客观全面；其次，科学性体现在分析中，即用正确的理论和依据相关政策来研究问题；再次，科学性体现在对可行性研究报告的审批过程中，这种审批过程，对科学的决策起到了重要的保证作用。

（二）翔实性

可行性研究报告的内容越翔实越好。如果是关于一个项目的报告，一般来说，应从它的自主创新、环境条件、市场前景、资金状况、原材料供应、技术工艺、生产规模、员工素质等诸多方面，进行必要性、适应性、可靠性、先进性等多角度的研究，将每一种数据展现出来，进行比较、甄别、权衡、评价。只有详尽完备地研究论证之后，其“可行性”或“不可行性”才能显现，并获得批准通过。

（三）程序性

可行性研究报告是决策的基础。为保证决策的科学正确，一定要有可行性研究这么一个过程，最后的获批也一定要经过相关的法定程序。在写作上，有些需要加上封面，按照不同的内容性质而分章分节地逐一说明。这些程序性的要求和处理手法是可行性研究报告的一个特色。

四、可行性研究报告的作用

第一，可行性研究报告是建设项目论证、审查、决策的依据；

第二，可行性研究报告是编制设计任务书和初步设计的依据；

第三，可行性研究报告是筹集资金，向银行申请贷款的重要依据；

第四，可行性研究报告是向有关主管部门申请专项资金的重要依据；

第五，可行性研究报告是股票发行，向证监会申请股票上市的重要依据；

第六，可行性研究报告是取得用地，向国土部门、开发区、工业园申请用地的重要依据；

第七，可行性研究报告是与项目相关部门签订协作合同或协议的依据；

第八，可行性研究报告是引进技术、进口设备和对外谈判的依据；

第九，可行性研究报告是环境部门审查项目对环境影响的依据。

五、可行性研究报告的内容和结构

一般来讲，机构编写一个项目的可行性研究报告应包括以下部分：

（一）封面

封面一般要反映可行性研究报告的名称，编写机构名称及编写报告的时间三项内容。

（二）摘要

摘要是用简洁明了的语言概要介绍项目的概况、可行性研究的结论及有关说明或假设条件。重点要突出，假设条件要清楚，使阅读人员在短时间内能了解整个报告的精要。也有人主张不写摘要，因为可行性研究报告事关重大，阅读者理应仔细全面阅读。

（三）目录

由于一份可行性研究报告少则十余页，多则数十页，为了便于写作和阅读人员把握报告各部分的前后关系、假设条件及具体内容，必须编写目录。

（四）正文

正文是可行性研究报告的主体，通常包括以下内容：

1. 项目概况

主要包括：项目名称及背景、项目开发所具备的自然、经济、水文地质等基本条件，项目开发的宗旨、规模、功能和主要技术经济指标、委托方、受托方、可行性研究的目的、可行性研究报告的编写人员、编写的依据、编写的假设和说明。

2. 市场调查和分析

在深入调查和充分掌握各类资料的基础上，对拟开发的项目的市场需求及市场供给状况进行科学的分析，并做出客观的预测，包括开发成本、市场售价、销售对象及开发周期、销售周期等。

3. 规划设计方案优选

在对可供选择的规划方案进行分析比较的基础上，优选出最为合理、可行的方案作为最后的方案，并对其进行详细的描述。包括选定方案的建筑布局、功能分区、市政基础设施分布、建筑物及项目的主要技术参数、技术经济指标和控制性规划技术指标等。

4. 开发进度安排

对开发进度进行合理的时间安排，可以按照前期工程、主体工程、附属工程、竣工验收等阶段安排好开发项目的进度。作为大型开发项目，由于建设期长、投资额大，一般需要进行分期开发，需要对各期的开发内容同时做出统筹安排。

5. 投资估算

对开发项目所涉及的成本费用进行分析评估。房地产开发所涉及的成本费用主要有土地费用、前期工程费用、建筑安装费用、市政基础设施费用、公共配套费用、期间费用及各种税费。估算的精度没有预算那样高，但需力争和未来开发事实相符，提高评价的准确性。

6. 资金筹集方案及筹资成本估算

根据项目的投资估算和投资进度安排，合理估算资金需求量，拟订筹资方案，并对筹资成本进行计算和分析。房地产开发投资巨大，必须在投资前做好对资金的安排，通过不同的方式筹措资金，减少筹资成本，保证项目的正常进行。

7. 财务评价

依据国家现行的财税制度、现行价格和有关法规，从项目的角度对项目的盈利能力、偿债能力和外汇平衡等从财务状况角度进行分析，并借以考察项目财务可行性的一种方法。具体包括预计损益表、预计资产负债表、预计财务现金流量表的编制，债务偿还表、资金来源与运用表的编制，以及财务评价指标和偿债指标的计算，如财务净现值、财务内部收益率、投资回收期、债务偿还期、资产负债率等，据以分析投资的效果。

8. 不确定性分析和风险分析

主要包括盈亏平衡分析、敏感性分析和概率分析等内容。该分析通过对影响投资效果的社会、经济、环境、政策、市场等方面的因素的评估，了解各种因素对项目影响的性质和程度，为项目运作过程中对关键因素进行控制提供可靠依据。同时根据风险的可能性，为投资者了解项目的风险大小及风险来源提供参考。

9. 可行性研究的结论

根据对相关因素的分析和各项评价指标数值，对项目的可行与否做出明确的结论。

10. 研究人员对项目的建议

由研究人员对项目中存在的风险和问题提出改善建议，以及对建议的效果做出估计。

(五) 附件

附件包含可行性研究的主要依据，是可行性研究报告必不可少的部分。一般来说，一个项目在做正式的可行性研究时，必须有政府有关部门的批准文件。专业人员必须依照委托书和上述文件以及相应的法律法规方能编写项目可行性研究报告。

(六) 附图

一份完整的可行性报告应包括以下附图：项目的位置图、地形图、规划红线图、设计方案的平面图，有时也包括：项目所在地区或城市的总体规划图等。

六、可行性研究报告写作常见的问题

（一）内容不全

所谓内容不全，就是缺少应设的篇章。例如：有的可行性研究报告没有节能篇，有的没有环境保护篇，有的没有建设进度计划，有的在设计方案中没有方案比选及其推荐方案的论述，特别是有关章节没有风险分析等。

（二）依据不足

有的可行性研究报告在建设必要性的论述中没有国家和地区或行业的长远规划，没有国家产业政策，没有项目建议书及其批文；大中型骨干项目，没有必要的资源报告，对于需利用矿产资源的项目，没有国家批准的矿藏资源报告；在投资估算中，没有主要设备的咨询价格资料，没有相应的工程造价的定额、标准；在经济评价中，随心所欲地采用一些自定的财务三率和参数等。

（三）深度不够

所谓深度不够，就是该写的篇章都写了，但研究得不深不透，论据不充分，论述不详细，定性描述多，定量计算差。例如：有的可行性研究报告缺少生产规模确定原则和计算过程；有的缺少设计方案的确定原则；有的缺少主要生产设备的计算方法；有的节能篇中只是泛泛地描述，缺少具体的节能措施和节能指标；有的环境保护篇仍然采用已经作废的标准，缺少具体的环保措施；有的在经济评价中，对基础数据的来源不调查、不研究、不分析其可靠性和真实性等。

（四）市场预测不准

在市场经济条件下，一个建设项目，如果不能占有市场，或者市场占有份额很小，这个项目将难以生存。因此市场预测在可行性研究中是非常重要的，切不可等闲视之。有的可行性研究的市场预测，缺少对产品销售范围内市场需求（包括显在需求和潜在需求）的调查研究，缺少产品寿命期的分析，缺少替代产品的竞争分析，缺少价格分析，缺少风险分析和营销战略分析。

（五）人为掺“水”

可行性研究报告人为掺“水”表现为：有意压低设备价格和建筑安装费用，降低投资估算；有意压低成本，抬高产品售价，满负荷生产，无库存积压，抬高经济效益；对各种风险分析轻描淡写，有意降低项目风险等。把“可行性”编制成“可批性”，甚至编制成“可骗性”。

【例文】

网游中华五千年（唐朝版）项目可行性研究报告（结构）

第一章　网游中华五千年（唐朝版）总论

一、网游中华五千年（唐朝版）项目背景

说明：概述市场及技术发展现状和项目提出的理由

二、网游中华五千年(唐朝版)项目简介

(一)项目名称

(二)项目建设单位

(三)项目拟建地区和地点

(四)项目建设内容

(五)项目建设进度

(六)投资估算和资金筹措

三、网游中华五千年(唐朝版)项目可行性与必要性分析

四、主要经济指标说明

第二章　网游中华五千年(唐朝版)项目建设单位介绍

一、建设单位简介

二、企业

三、管理团队

四、劳动定员与人员培训组织结构

第三章　网游中华五千年(唐朝版)市场分析与预测

一、市场规模

二、目标市场分析

三、项目建设规模

第四章　网游中华五千年(唐朝版)产品与技术方案

一、产品方案

二、生产技术方案

三、生产工艺流程

四、主要生产设备

第五章　网游中华五千年(唐朝版)项目建设条件

一、项目选址

二、项目建设地区地理位置

三、项目建设地区基础设施

四、项目建设地区产业基础

第六章　网游中华五千年(唐朝版)工程建设方案与总体布置

一、工程建设原则

二、总平面布置和运输

三、主体建筑工程

四、辅助工程建设

第七章　网游中华五千年(唐朝版)节能、节水保护

一、编制依据

二、能耗与水耗分析

三、节能、节水措施

第八章　网游中华五千年(唐朝版)环境保护与安全卫生

一、设计依据及执行标准

二、环境影响分析

三、环境保护措施

四、劳动保护与安全卫生

五、消防措施

第九章　网游中华五千年(唐朝版)项目实施进度安排

一、项目实施阶段规划

二、项目实施进度表

第十章　网游中华五千年(唐朝版)建设投资估算

一、投资估算范围

二、建设投资估算

(一) 项目总投资

(二) 固定资产投资

(三) 流动资金

三、分年投资计划表

四、资金筹措

第十一章　网游中华五千年(唐朝版)项目财务评价

一、基本财务数据

二、销售收入预测与成本费用估算

三、盈利能力分析

1. 损益和利润分配表

2. 现金流量表

3. 计算相关财务指标

四、敏感性分析

五、盈亏平衡分析

六、财务评价结论假设

第十二章　网游中华五千年(唐朝版)项目综合评价结论

一、项目可行性分析结论

二、项目建设建议

第十三章　附件

(略)

第五节　招标书与投标书

一、招投标概述

招标与投标是当今社会广泛采用的一种公开竞争方式，通过招标与投标可以实现贸易成交，有利于打破垄断行为，进行正当的市场竞争，对于促进企业的改革与管理，增强企业的活力，提高企业的经济效益，促进企业的进一步发展具有十分重要的作用。

招投标活动是以法规为标准，相互依存，相互约束。招标有众多投标者应标，并从众多投标者中选择最佳对象为中标者，以同其订立合同进行交易为活动的最终点；投标则是对招标的响应，是竞标者的经济行为。招投标者在参与这样的经济活动时，既要充分考虑自己的利益追求和活动特点，又要考虑对方的利益追求和活动特点，从而保证双方所参与的招投标活动的顺利进行，进而实现经济利益"双赢"的目的。

（一）招投标的作用

1. 有利于实现最佳经济效益

招标者将有关生产、建设、设计、劳务、货物等项目公之于众后，只要有两个以上投标者，招标者就有了选择余地，进行综合比较、评议后，便可选定质量有保证、价格最合理的一方进行合作，从而使自己获得最佳经济效益。

2. 有利于维护招标者的自主权

在完全实行计划经济的条件下，企事业单位无权对项目承包者或承买者进行选择。如果实行招标，招标者就可以在若干投标者中选择最有利于自己的一方，同时，招标是受国家有关法规保护的。

3. 有利于促进竞争

实行招标，必然引起投标者之间的竞争，在优胜劣汰的竞争形势下，机关、单位、集体、个体只有挖掘潜力，提高经营管理水平，引进新技术、新工艺，改造更新设备等，才能得以生存、发展。

4. 有利于交流经济信息

在招标和投标中，对同样的项目或有可比性的项目，招标者要公布自己的具体要求，投标者也要报出自己的各项标准、条件和价格等。

（二）招标的程序

第一，成立招标、评标组织，公布招标公告；

第二，审查投标者资格；

第三，通知投标者购买招标文件，密封报送投标书；

第四，进行招标、评标，确定预中标者；

第五，调查核实，确定中标者，签订合同。

（三）投标的程序

投标的程序一般为：① 购买招标文件认真研究；② 填写招标文件，报送招标单位或个人；③ 签订经济合同，严格履行合同。

二、招标书

招标书是招标单位为了征招承包者或合作者而公布标的和条件，利用投标者之间的竞争优选投标人，向有关部门提出招标申请和进行招标的一种专门文书。

根据国家有关规定，招标活动应当分步进行。一般先由招标单位向有关主管部门报送招标申请书，经批准后，由招标单位编制标的和条件，而后再正式发布招标文书，通常以公告、通告、广告、通知或说明书、邀请书等形式出现。

据此可见，招标书是一种概称，是包括诸如招标申请书、招标公告、招标通告、招标通知、招标邀请书和招标说明书等在内的文书组合。

（一）招标书的分类

招标书可以从不同的角度进行分类。依性质和内容划分有工程建设招标书、大宗商品招标书、企业承包招标书、企业租赁招标书以及选聘企业经营者招标书等；依时间划分有长期招标书和短期招标书；依范围划分有企业内部招标书和公开招标书；依计价方式划分有固定总价项目招标书、单价不变项目招标书和成本加酬金项目招标书等。

（二）招标书的写作特色

1. 广告宣传性

招标书的广告宣传特点不像广告、海报等文体那样鲜明，但仍有自己的特色。招标具有择优性特点，目的是让招标单位寻找到理想的合作伙伴，因此，招标单位在开展招标活动时，就要考虑是否能吸引邀请社会众多符合条件的企业单位，甚至于是国内外较为优秀的企业单位参与竞标。

为达到吸引潜在的投标者参与竞标的目的，招标书在公布招标项目有关信息时，就要突出招标项目中能对投标者有吸引力的信息内容，这些信息内容包括招标单位简介、招标项目名称性质、招标项目的审批编号、审批时间、项目内容范围说明、资金来源等，总之，要让潜在的投标者清楚地了解招标项目的合法性、可靠性、利益性，进而付诸投标行动。招标书在介绍这些内容时，并不是像广告、海报那样做人为的形象夸张和描述，以对读者进行吸引、打动和招徕，而是对这些内容做如实的，精当的，简明清晰的陈述和说明，让投标者如实掌握情况，作为投标行动的参考和依据。

招标书的广告宣传性不仅体现在对投标者有吸引力的项目内容信息的公布上，而且还体现在招标书内容表现完备谨严，以及招标书设计制作的精当等这些招标单位“软实力”的表现上，如果招标单位这些方面工作做得好，便能给投标者以信任感，从而放心参与投标。

2. 指导参与性

每次招标活动在进行时，由于其背景、性质、条件、要求的不同，其活动程序和条件要求也是不同的，投标者在参与投标时，其投标活动的开展需要得到招标者正确有效的指导。因此，招标书在制作时，就要考虑对投标者正确参与投标活动给予明确的指导。

招标书在写作时，招标组织工作、联系方式；招标步骤、程序；投标者资格、条件；投标文件的组成、份数、内容、格式、密封和标记；投标书的提交、截止日期；开标、评标的方式、程序、要求；中标通知；签订合同的时间、要求；投标费用的承担；投标保证金的支付等，都要给予具体、清楚、准确的说明，以让投标者能顺利有效地参与到投标活动中。

3. 制作的规范性

招投标书均具有法律效应，受国家法律保护与约束。一旦确立中标，招投标文件即是制定合同的依据，不得随意更改，否则即是违约。因此，招标书内容应严格规范。

招标书写作的规范性首先体现在其法律规范性上，即其写作内容是否符合国家相关法律法规及政策规定和要求。如其写作登载的内容是否体现了国家法规要求的招标投标活动应当遵循的公开、公平、公正和诚实信用的原则；内容表述是否执行了国家颁布的技术规范和质量标准；招标公告是否载明了招标人的名称和地址、招标项目的性质、数量、实施地点和时间以及获取招标文件的办法等事项；招标文件内容是否包含了招标项目的技术要求、对投标人资格审查的标准、投标报价要求和评标标准等所有实质性要求和条件以及拟签订合同的主要条款；对于国家有特定的技术、标准规定的招标项目，招标文件是否按国家规定在招标文件中提出了相应的技术、标准要求等。

其次，招标书写作的规范性体现在其写作的具体内容是否做到了严密周全，特别是项目名称、规格、数量、质量以及进度要求等是否都做到完备无遗，无漏洞和空子可钻；语言表述是否做到了准确无误，没有歧义。

再次，招标书写作的规范性还体现在是否对投标者在投标活动中的行为内容和方式进行了规范。如对投标文件构成、投标书格式内容的规范要求；对投标者提供证明其有关资质和业绩情况文件资料的规范要求；对投标文件编写时所采用的语言、计量单位的规范要求；对投标书书写编排的规范要求等。

（三）招标书的内容和结构

一份完整的招标书应当包括如下几个部分：

1. 标题

招标书的标题通常由招标单位名称、招标项目和文种三个要素组成，如《那曲地区安多县巴荣神山生态旅游景区建设项目招标公告》。有时也可省略招标项目，如《西藏类乌齐县招标公告》，甚至只写“招标书”“招标通告”等。

2. 引言

这是招标书正文的前置部分，要写得简明扼要，精练概括。一般应交代招标单位的简要情况以及招标的目的、依据和项目名称、范围等诸项要素，以便给投标者一个完整清晰的印象。

3. 正文

正文部分是招标书的主体，要写得完整、准确、具体。用简要语句将招标项目名称、型号、地址、工程总量或者购置物品的品名、数量以及各种条件、要求等如实予以载明。要着重交代清楚中标的条件，以及相关的时间安排等项内容，以便使投标者权衡利弊，抓住机遇，适时投标。

招标书的正文部分内容表达言简意赅，具体事项易于操作，符合一般工程项目招标书的写作要求。

4. 结尾

这部分应主要写明招标单位的名称、地址、电话、传真、电子邮箱等，并署上日期，加盖公章。值得注意的是，如系面向国际范围内的招标，则应在结尾处写明招标范围所包括的国家和地区以及使用的货币、付款方式等，以确保招标的顺利进行。

（四）招标书的写作要点

1. 要法理相寓

招标书的制作，其所涉及的内容事项必须符合国家的有关法律法规和政策规定，既要遵守国家对招标工作的有关规定和具体办法，又要执行国家颁布的技术规范和质量标准。在此基础上，认真考虑招标书的实际内容，力求使招标单位的思路与招标书的内容合拍，从而确保整个招标方案趋于科学合理、具体可行。

2. 要严谨周密

撰写招标书，对招标内容和招标具体事宜的表达必须做到严谨周密，包括诸如项目名称、规格、数量、质量以及进度要求等，都必须完备无遗，不能粗疏。否则就会有损招标书的质量，给招标单位的经济利益带来损失。

3. 要言简意明

招标书是一种实用性很强的文书，因而在语言表达上应力求准确、简要，特别是涉及有关的技术指标、规格、质量要求等，更应如此。避免使用诸如“尽可能”“力争”“××以后”等模糊性强的词语，以免言不及义。

【例文】

中国水利水电建设股份有限公司
西藏林拉高等级公路项目钢材采购项目投标邀请书
项目编号：SINOHYDRO－04/04－13068

中国水电四局西藏林拉高等级公路项目第三标段，经有关机关批准开工建设，但目前业主尚未拨付资金。为满足工程施工需要，中国水电第四工程局有限公司委托中国水利水电建设股份有限公司设备物资采购中心（以下简称“招标机构”）对项目建设所需的钢材进行邀请招标。现将有关投标事项告知如下：

一、中国水电四局西藏林拉高等级公路项目计划采购钢材用于中国水电四局西藏林拉高等级公路项目的建设，并计划使用自有资金用于本次招标后所签订合同的支付。工程使用钢材总量约为11 284吨。本次招标为邀请招标。

二、中国水利水电建设股份有限公司设备物资采购中心受中国水电四局委托，现邀请资格预审合格的投标人就下列内容和有关服务提交密封投标：

1. 本次招标为确定供应商和钢材采购定价方式。

2. 供应总量为：11 284吨。

3. 交货日期：××××年××月底前必须保证运送2 600吨钢材到需方工地以保证工程的正常施工需要，其余钢筋量按需方通知进行发货。

4. 交货地点：西藏自治区林芝县百巴镇三标段施工现场。

5. 钢材采购采取的定价方式：

5.1　投标钢材的报价为送到西藏拉萨火车站的综合交货单价(拉萨火车站价格，包括出厂价、检验费、装车费、运输费、站台费、仓储费、保险费及所有税、费、利润等)。

5.2　投标钢材的报价为送到中国水电四局林拉公路项目部指定地点的综合交货单价(工地交货单价，包括出厂价、检验费、装车费、运输费、站台费、仓储费、保险费及所有税、费、利润等)。

三、受邀请的投标人可于××××年××月××日至××××年××月××日期间(每天上午8:30至11:30，下午14:00至17:30，节假日不休息)，到青海省西宁市八一中路十九号中国水利水电第四工程局有限公司资产管理部(海关大楼921室)购买招标文件。招标文件为中文，发售价格为每套人民币2 000元，售后不退。招标人将同时提供电子版的招标文件，如电子版与印刷文件有差异，以印刷招标文件为准。

四、各投标人前来购买招标文件时必须携带单位营业执照复印件。

五、所有投标文件应于××××年10月31日10:00(北京时间)之前递交到青海省西宁市八一中路十九号中国水利水电第四工程局有限公司(海关大楼)10楼会议室。

六、招标活动定于××××年××月××日10:00(北京时间)在青海省西宁市八一中路十九号中国水利水电第四工程局有限公司(海关大楼)10楼会议室举行。届时请参加投标的投标人代表出席开标仪式。

机构名称：中国水利水电建设股份有限公司设备物资采购中心

地　　址：北京市海淀区车公庄西路22号中国水利水电建设股份有限公司办公大楼1218室

邮　　编：100048

联 系 人：林××

电　　话：010－58382294

传　　真：010－58382276

监督机构：中国水利水电建设股份有限公司监察部

监督电话：010－58382809

××××年××月××日

三、投标书

投标书是投标人在投标时所使用的投标文书的总称，主要包括投标申请书、投标书（投标文件）、投标保证书等。

从实质上讲，投标是对招标提出的要约的响应或承诺，同时提出具体的标价和有关事宜来竞争中标。

（一）投标书分类

投标书可以从不同的角度进行分类。依性质和内容划分有工程建设项目投标书、大宗商品交易投标书、企业承包投标书、企业租赁投标书、选聘企业经营者投标书和劳务投标书等；依投标人员的组成情况划分有个人投标书、合伙投标书、企业投标书、企业联合体投标书等。

（二）投标书的写作特色

1. 严密的针对性

招标书是投标书的引导，投标书是对招标书的响应。为确保招标目的的实现和招标活动的顺利进行，招标书对投标书的制作做出了具体的指导与严格的规范，具有项目标准确立的主导性与要求的特殊规定性。招标人依法确立的项目标准与要求，投标人必须遵循。因此，投标人在编制标书前，对招标书中的每一内容，诸如招标目标、缘起、对招标者的要求、招标程序、附件要求等，投标人都必须反复地阅读、研究、判断，读懂吃透，从中获得关键与必备信息，并据此细分责任，准备投标文字材料。

在编写投标书时，最核心的要点是要对照招标书的要求，逐条响应招标书，不能有遗漏。其中的具体内容，如目标、造价、技术、设备、质量、安全措施、进度等，都要紧紧围绕招标书提出的目标、要求予以明确，使招标方能准确、清晰地看出投标方的投标意愿和投标能力。不管招标书中包含多少内容，投标书均应按招标书的要求制作、排列各部分内容，一一回答每个问题。投标书如果对招标书的内容答非所问，必然会影响投标活动的正常开展，以致投标在竞争中失利。

2. 合理的竞争性

在招投标活动中，招标者通过招标引入竞争机制，以利用投标者之间的竞争，获得自身相关工程建设与商品采购项目利益的最大化。投标者必须通过投标竞争以获得新的市场机会，进而求得生存与发展。因而投标是一种竞争活动，是投标者之间比实力、比技术、比信誉、比价格、比能力、比策略的竞争过程。

投标书是投标者参与竞争的唯一武器，因此，投标书的写作便鲜明地体现出竞争性特色，即投标者要根据招标项目的性质、特点、背景及竞争对手的状况，有针对性地充分展示出投标者实力，展示出投标者技术、信誉、价格、能力、服务、策略等方面的优势与长处，从而积极争取中标机会。投标书的竞争性除体现在实力的表现上，还体现在编制形式的呈现上，一份内容全面、完整，结构逻辑性强，语言规范，数字精确，概念术语准确清晰，外表包装精美的投标书，直接反映出投标单位良好的人员素质和公司形象，透露出公司的技术水平，给人以可信赖感，帮助投标者迈出中标的第一步。

招标与投标都是在国家政策法规允许的条件下，十分严肃的交易行为，其整个过程都要受到国家有关监督机关和部门的指导和约束。因此，投标书虽然具有竞争性，但在撰写时必须坚持实事求是的原则，做到量力而行。投标书制作要在对招标的项目做周密的调查研究和精确计算，充分了解市场信息的基础上，知己知彼，合理核算成本，做到报价不高不低，让投标既有竞争力，又能取得一定利润。切忌为中标而妄加许诺。否则，就会给国家、招标单位以至投标单位自身利益造成难以预料的损失。

3. 编写的规范性

投标书既与招标书一样受国家法律的保护和约束，是中标后签订合同的依据，同时，还要做到对招标书的无偏差响应，因而其制作必须规范。

首先，作为规范性的体现，投标书在制作时，要做到既遵守国家对招投标工作的有关规定和具体办法，又要执行国家颁布的技术规范和质量标准，不能随心所欲，任意制作。

其次，撰写投标书时，对其所涉及的每一项内容，特别是有关的目标、标价、完成期限、质量标准以及服务承诺等，必须写得明确具体，切实可行。要对照招标书的要求，对投标书的各项内容的表达进行严格的检查，做到严谨周密，完备无遗，防止粗心大意，遗漏重要事项。

再次，投标书在语言表达上应力求准确、严密，特别是涉及有关的技术指标、质量要求、服务承诺等，更应如此。在报送投标书之前，要对投标书进行最后的检查，看标书是否已加印，字迹是否清楚，是否已密封好，能否在规定的时间内送到，以防止标书成为废标书，给整个投标工作带来不必要的损失。

招投标者在进行招投标书的写作时，如充分了解招投标书的文体特点，便能迅速掌握其写作要领，形成作者特有的写作心理定式，积累强大的写作心理能量，进行高效的写作。

（三）投标书的内容和结构

一份完整的投标书应当包括如下几个部分：

1. 标题

投标书标题一般由项目名称和文种组成，如《××县××乡中心小学改扩建项目投标书》。有时为了简略起见，标题也可只写“投标书”或“投标单”等。

2. 致送单位

致送单位即投标书的致送对象，指招标单位或者招标办公室，要写其全称或者规范化简称，以示郑重。

3. 引言

引言是投标书的导语，要用较为概括的语句，简要明确地交代出投标的目的或依据，如：

根据已收到的招标编号为 CETDC—ZB001 号的工程招标文件，遵照《工程建设施工招标投标管理办法》的规定，我单位经考察现场和研究上述工程招标文件的投标须知、合同条件、技术规范、图纸、工程量清单和其他有关文件后，我方决定参加投标。

例文中将投标的依据表达得十分明确，使人一目了然。

4. 正文

正文部分是投标书写作的重心，必须着力写好。要紧紧围绕招标文件的具体要求进行表述，充分展示出本企业的实力和竞争力，从而取得竞标成功。切忌旁骛其他，抑或过多地进行企业的自我介绍，那样反而令人反感。就通常情况而论，投标书的内容应主要载明承包项目的价格（标价）、保证和条件等，要注意写得明确、具体、完整。其中项目的价格（标价）部分应首先将有关承包招标的内容、项目名称、地点、承包形式和数量等交代清楚，然后写明完成招标项目的总金额、单位金额以及完成项目的分解金额等；保证和条件是指要载明保证完成的工期，要写得明确具体，即总计需要多少天，到何年何月何日完工或交货；同时还要写清相关的质量等级以及保证质量的有效措施，以便招标单位通盘考虑，认真权衡，予以采纳。

在具体写法上，可以采取表格形式，也可采取分条列项的形式，将有关内容依次陈述清楚即可。要注意所用数据必须做到完整、准确，所提目标必须确凿可信，所提措施必须切实可行。如：

(1) 我方愿以人民币××万元的总价，按照上述招标条件、技术规范、图纸、工程量清单的条件承包上述工程的施工、竣工和保修。

(2) 一旦我方中标，我方保证在××××年×月×日开工，××××年×月×日竣工，即××天（日历日）内竣工并移交整个工程。

(3) 如果我方中标，我方将提供金额为合同价 5%的履约保证金，作为履行合同的担保。

(4) 我方同意所递交的投标文件在“投标须知”第 11 条规定的投标有效期内有效，在此期间我方的投标有可能中标，我方将受此约束。

(5) 除非另外达成协议并生效，你方的中标通知书和本投标文件构成约束我们双方的合同。

(6) 我方金额为人民币××万元的投标保证金与本投标书同时递交。

可以看出，这篇投标书采用分条列项的形式，将有关项目价格和保证条件等明确做出列示，层次清楚，条理分明，目标明确，可行性强，值得借鉴。

5. 结尾

投标书的结尾部分应当写明投标单位的名称、地址、邮编、联系人姓名和电话以及电子邮箱等，并署上日期，加盖公章。

（四）投标书的写作要点

1. 要及时拟制和提交

由于招标是招标单位为了营建工程项目或者买卖大宗商品，将有关条件和要求予以公布，利用投标者之间的竞争而优选投标人的行为，具有明确具体的时限要求，因此，投标单位必须确切把握，抓住时机，在特定的时限内拟制并适时送交投标书，以便实现投标的目的。不然，时过境迁，就会贻误良机，使中标的愿望落空。

2. 要坚持实事求是的原则

投标是在国家政策规定允许的条件下十分严肃的贸易行为，其整个过程都要受到国家有关监督机关和部门的指导和约束，因此，在撰写时必须坚持从实际出发，实事求是的原则，不容粗疏延误。特别是投标书，作为投标单位一方，必须做到这一点。要认真细致地权衡自身所具有的技术水平、经济实力以及相应的赔偿能力，做到量力而行。切不可只为中标而夸大其词或弄虚作假，否则，就会给国家、招标单位以至自身利益造成难以预料的损失。

3. 要讲求明确性和可行性

撰写投标书，其所涉及的每一项内容，特别是有关的目标、造价、完成期限（开工、竣工日期）、质量标准以及工程进度等，必须写得明确具体，切实可行。要本着适度的原则，尽量预见各种可能遇到的情况，充分展示出自身的经济实力、技术水平和不凡的经营策略。既不要“好高骛远”，妄加许诺，也不能过于“保守”，而在用语上流于空洞浮泛，以致有损投标书的质量，影响中标。

【例文】

西藏芒康县觉巴水电站进厂公路工程投标报价书

华能澜沧江上游水电有限公司：

1. 我方已仔细研究了西藏芒康县觉巴水电站进厂公路工程施工招标文件的全部内容（含补遗书），在考察工程现场后，愿意以人民币（大写）柒拾捌万捌仟叁佰壹拾贰元（￥788 312 元）的投标总报价（或根据招标文件规定修正核实后确定的另一金额），工期 90 日历天，按合同约定实施和完成承包工程，修补工程中的任何缺陷，工程质量达到合格。

2. 我方承诺在投标有效期内不修改、撤销投标文件。

3. 随同本投标函提交投标保证金一份，金额为人民币（大写）壹万元（￥10 000.00 元）。

4. 如我方中标：

（1）我方承诺在收到中标通知书后，在中标通知书规定的期限内与你方签订合同。

（2）随同本投标函递交的投标函附录属于合同文件的组成部分。

（3）我方承诺按照招标文件规定向你方递交履约担保。

（4）我方承诺在合同约定的期限内完成并移交全部合同工程。

5. 我方在此声明，所递交的投标文件及有关资料内容完整、真实和准确，且不存在第二章“投标人须知”第四项规定的任何一种情形。

6. 在合同协议书正式签署生效之前，本投标函连同你方的中标通知书将构成我们双方之间共同遵守的文件，对双方具有约束力。

7.（其他补充说明）无。

投标人：西藏川峰建筑工程有限公司（盖单位章）

法定代表人或其委托代理人：　　　　　　　（签字）

地址：拉萨市曲米路那曲电信退休基地（NO. D09353）

电话：0891－6383309

传真：0891－6383309

邮政编码：850000

××××年××月××日

思考与练习

一、简答题

1. 说说经济文书的特点。
2. 说说经济合同的特点。
3. 说说签订经济合同的三条原则。
4. 签订合同应注意哪几点？
5. 说说市场调查报告的作用。
6. 可行性研究报告的含义是什么？
7. 可行性研究报告的结构和内容是怎样的？
8. 招投标包括哪些程序？

二、论述题

1. 试述经济合同的法律特征与作用。
2. 试述经济合同与意向书、协议书的区别。
3. 试述市场调查与市场调查报告的关系。
4. 撰写可行性研究报告应注意什么？
5. 试述投标书与招标书的写作要求。

三、写作题

1. 请依据班级情况，自主选题，分工合作，针对西藏大学农牧学院，组织一次市场调查活动，并撰写一份具有封面、目录和文本（含市场调查问卷）三大部分的《我院大学生××市场调查报告》。

2. 指出下列合同的问题并重写。要求：首先指出问题，然后再另写一份，不得在原文上改动。

经济合同

立合同人　××市高新技术开发区××装配间第二组　(甲方)

立合同人　××市建筑工程股份有限公司××项目组　(乙方)

为建造××市高新技术开发区××装配间第二组新厂房,经双方协商,订立本合同。

1. 甲方委托乙方建造新厂房一座,由乙方全面负责建造。

2. 全部建造费(包括材料、人工)九十三万七千元。

3. 甲方在订立合同后先交一部分建造费,其余在新厂房建成后抓紧归还所欠部分。

4. 待乙方筹备就绪后立即开工,力争四月中旬开工,争取十一月左右交活。

5. 建筑材料由乙方全面负责筹备。

6. 本合同一式二份,双方各执一份。

立合同人　××市高新技术开发区××装配间第二组　(公章)

组长×××　(私章)

立合同人　××市建筑工程股份有限公司××项目组　(公章)

经理×××　(私章)

××××年×月×日

3. 指出下列招标文书的错误之处,并根据写作要求改写。

××自治区机电设备招标公司招标公告

××自治区机电设备公司受××自治区人民政府采购中心委托,就××大学电教设备项目进行国内公开招标,邀请有兴趣的合格投标人参加投标。

招标编号:0612C2005011

招标名称及数量:投影机13台,电动银幕13张,电脑13台。详细技术规格参阅招标文件中的用户需求。

交货时间:所购设备合同签订后10日内交付。

购买标书时间:××××年×月×日至××××年×月×日。

购买标书地点:××大厦10F30室(××自治区机电设备公司办公室)。

投标截止及开标时间:××××年×月××日上午×点。

联系方式:有关此次招标事宜,可按下列联系方式向招标机构查询。

地　址:××市德吉东路356号

电　话:0891－6243258

传　真:×××××××

网　址:××××@.com

联系人:丹增先生

开户银行:×××××××

账　号:×××××××

××自治区机电设备公司

××××年×月×日

主要参考文献

1. 尹依.新编财经写作[M].北京:中国商业出版社,2006.
2. 邱宣煌.财经应用文写作[M].大连:东北财经大学出版社,2001.
3. 叶子雄.经济应用文写作[M].北京:中国广播电视大学出版社,1993.
4. 谢忠前.大学应用写作[M].南昌:江西高校出版社,2003.
5. 栗斌.新编应用写作简明教程[M].北京:科学出版社,2012.
6. 王凯,赵雪迟.行政公文写作[M].北京:中国纺织出版社,2014.
7. 姜本红,朱俊霞,向诤.应用文写作(第二版)[M].南京:南京大学出版社,2018.
8. 李昌远.现代通用公文写作学[M].石家庄:河北人民出版社,2012.
9. 岳海翔.最新党政公文写作小百科[M].北京:人民出版社,2013.
10. 章毅.大学应用文写作教程[M].天津:南开大学出版社,2012.
11. 杨文丰.现代应用文书写作[M].北京:中国人民大学出版社,2001.
12. 张保忠.公文写作规范指南[M].北京:经济科学出版社,2012.